古代歷史文化研究輯刊

十三編

王明蓀 主編

第1冊

《十三編》總目

編輯部編

殷墟卜辭所見之自然神信仰研究

陳儒茵 著

國家圖書館出版品預行編目資料

殷墟卜辭所見之自然神信仰研究／陳儒茵 著 -- 初版 -- 新北市：
花木蘭文化出版社，2015〔民 104〕
目 2+230 面；19×26 公分
（古代歷史文化研究輯刊 十三編：第 1 冊）
ISBN 978-986-404-011-7（精裝）
1. 民間信仰 2. 商代
618   103026941

ISBN-978-986-404-011-7

9 789864 040117

古代歷史文化研究輯刊
十三編 第 一 冊   ISBN：978-986-404-011-7

殷墟卜辭所見之自然神信仰研究

作　　者　陳儒茵
主　　編　王明蓀
總 編 輯　杜潔祥
副總編輯　楊嘉樂
編　　輯　許郁翎
出　　版　花木蘭文化出版社
社　　長　高小娟
聯絡地址　235 新北市中和區中安街七二號十三樓
　　　　　電話：02-2923-1455／傳真：02-2923-1452
網　　址　http://www.huamulan.tw 信箱 hml810518@gmail.com
印　　刷　普羅文化出版廣告事業
初　　版　2015 年 3 月
定　　價　十三編 27 冊（精裝）台幣 52,000 元
　　　　　　　　　　　　　　　　　　　　版權所有 · 請勿翻印

《十三編》總目

編輯部　編

《古代歷史文化研究輯刊》
十三編　書目

《古代歷史文化研究輯刊》十三編各書
作者簡介・提要・目錄

第一冊　殷墟卜辭所見之自然神信仰研究

作者簡介

陳儒茵，臺灣高雄市人，一九八四年生，國立臺灣師範大學國文研究所畢業，現任國立嘉義女子高級中學國文科代理教師。

提　要

本論文研究之議題爲殷墟卜辭所見之自然神信仰，旨在探討殷商時期的自然神信仰的文化現象，並以理性的態度省思殷商的自然神信仰文化。材料以出土卜辭爲第一手資料，且對卜辭資料進行斷代分期，以研究宗教思想的變遷情況。

文中討論的自然神信仰對象共十九位，依類別分成：帝、天神、地祇三類。天神包含有：日、月、星、風、雨、雲、雪、雷、虹等九位。地祇包含有：山、岳、水、河、土、方、巫、東母、西母等九位。闡述的重點有三：一是崇拜意識，二是宗教儀式，三是對人世的作用。

首先，帝信仰之來源是人偶的神像形象，且帝對人世的作用不具理性成分，殷人只能消極接受。此外，帝非至上神，僅是掌管氣象諸神的最高神祇。殷人之帝沒有接受祭祀，但有燎祭、五鼓之聲祈上帝下世的請神儀式。再者，天神、地祇信仰的崇拜意識源於自然界提供生存所需，加上人類依賴自然，尤其是跟生活息息相關的物事，如河、岳，此二者是殷人自然神信仰中最依

賴的神祇，遂使得崇拜意識具有「生活」和「實用」的目的性，河岳二神作
用於人世之權能亦多集中在天象和年成兩方面，是一種基於農業經濟考量的
信仰形態。此外，在天神信仰中的星辰信仰，僅有祭大火星之例，沒有後世
二十八星宿的概念。在宗教儀式方面，天神、地祇神祭祀的特殊性表現在祭
祀行爲和祭牲之上，具有原始性質配合自然神神性，並透過「象徵性」和「共
融性」使人和神互相作用。

　　至於殷人信仰自然神的態度，並非純然迷信，而是人們與自然相處的過
程中的生活經驗和心理慰藉。而殷人在崇拜之外，也開展出天文、氣象的知
識，呈現出自然界的宗教性和自然性的雙重面向。此外，自然神信仰的歷時
變化，因爲天神信仰的退出、祖先祭祀的重視和人智意識的發展等三個原因，
可以看出殷人宗教信仰的**轉變趨勢**，對神鬼的相信到懷疑，使得人本意識在
殷末已經萌芽。

目　次

第二冊　漢初平城戰役之研究

作者簡介

陳知浩，台灣嘉義人，國立嘉義大學史地系碩士，研究領域在秦漢史與邊疆史，本書為相關研究之著作。

提　要

本文研究的目的，主要綜合探討漢朝初年平城戰役之始末經過及其影響。發生在西元前 200 年的平城戰役，是東亞兩個大國——匈奴與漢朝首次正面對決，長城以北，引弓之騎盡出，長城以內，冠帶之士雲集，漢皇帝與匈奴單于親于率兵決戰，漢匈雙方傾國動員，集合高達七十幾萬的兵力決戰，在匈漢關係史上可謂空前絕後，漢朝的皇帝甚至被匈奴包圍住，幾乎成為胡人的俘虜。這場戰役揭開兩國日後數百年和戰關係的序曲，在未來匈漢關係上產生深遠的影響。

論文分別探討匈奴與漢朝兩國的政局，首先討論冒頓單于取得政權後的做為，主政後對外一連串的軍事擴張行動，逐步帶領匈奴建立北方草原大國，進而評估匈奴盛世強大的政治、軍事力量；再以中原因長期戰亂，社會經濟所遭受的破壞，漢朝賴以建國的封建諸侯王，成為中原一統後，漢帝國內部的兩大難題；漢帝企圖將削弱封建諸侯王之力，與備胡問題做聯結，在平城戰役前，形成漢的北疆邊防之新佈局；最後析論漢、匈關係決裂，平城戰役的過程中，雙方在戰爭過程中的角力，白登之圍如何化解，並探討此戰對爾後兩國互動發展上，所帶來的種種影響。

目　次

第三冊　漢代宗室王侯犯罪研究

作者簡介

　　彭海濤，1982 年 5 月生，男，北京市人。2012 年 6 月畢業於首都師範大學，獲歷史學博士學位，研究方向爲秦漢史。現就職於中國出版集團中版數字傳媒公司。曾發表論文爲《漢代宗室犯罪的調查與審理》、《漢代政府對宗室的褒賞與懲罰》、《黑水城所出八件佛經殘片定名及復原》。

提　要

　　本書以漢代宗室王侯的犯罪問題主要研究對象，兼論漢代政府對宗室王侯的管理與約束。此，本書共分四章。

　　第一章主要對漢代宗室王侯的犯罪進行歸納分類研究。即按照罪行的不同性質，將其劃分政治犯罪、倫理犯罪、刑事犯罪三大類，在此基礎上，對每一項罪行的基本情況進行介紹，並試圖對其社會危害性進行評估。

　　第二章則對漢代宗室王侯的訴訟程序進行分析整理，突出審理宗室王侯犯罪案件的程序性特點：如國家機構對宗室王侯犯罪案件的介入、宗室王侯享有的法律特權、皇權對訴訟程序的影響等。

　　第三章中將集合圖表，來分析漢代宗室王侯犯罪的時代特徵，並尋找宗室王侯獲罪的政治、社會因素。此外，本章還會重點討論宗室王侯中存在的亂倫行，將其漢代宗室王侯犯罪中一個特殊現象，嘗試對其生及消失的原因進行分析。最後，本章中還將前代諸侯、王族、公族的犯罪情況與作比較對象，以闡述在統一帝國建立之後，漢代宗室王侯犯罪所表現出的新特徵。

　　第四章則是總結了漢代政府對宗室王侯的思想控制方法，這其中包括了教育、官吏監督、獎勵、策戒、賜諡五種方式，它們對於預防宗室王侯的犯罪，乃至對其進行控制和規訓，都起到了舉足輕重的作用。

目　次

第四、五冊　曹魏西晉選舉制度、問題與對策之研究

作者簡介

　　李昭毅，男，1973 年生，臺灣臺北人。

　　1997 年臺灣大學電機工程學系學士畢業。

　　2001 年中正大學歷史學系碩士畢業。指導教授雷家驥教授。

　　2011 年中正大學歷史學系博士畢業。指導教授雷家驥教授。

　　現任臺中科技大學、勤益科技大學、朝陽科技大學、亞洲大學等校通識教育中心兼任助理教授。

提　要

　　全文結構與要點如下。第二章以魏初九品官人法的成立為中心，探討九品官人法的成立過程，主題分為三節討論，第一節為基本內容與制度淵源探討，前者主要是依據魏文帝黃初元年制度成立後直至明帝時期，此一初期的實施狀況來說明，後者主要指鄉論與清議兩大淵源。第二節以曹操集團發展與漢末政局之關係為軸，探討曹操集團結構的演變，並進一步將焦點集中於曹操集團人事政策的發展，分別從集團發展、集團結構、政局演變等面向，探討人事政策之形成與發展，「唯才所宜」選舉標準的確立，以及以名實問題

爲核心的選舉問題。第三節結合前論與魏晉禪代前夕的政局，探討九品官人法的成立與精神要旨。第三章以魏初九品官人法實施後的選舉問題、對策與制度改革方案的落實爲中心，討論九品官人法成立之後至嘉平年間以前，現實政治上所遭遇的選舉問題，及朝臣、國家的相關對策，並順此脈絡一併探討九品官人法第一次制度改革 州大中正制的成立。因此本章分爲三節進行討論，第一節探討魏初選舉問題及其對策的發展脈絡，作爲探討制度轉變與政局變動的基礎。第二節探討正始年間曹馬二集團之衝突，二集團的結構特質，以及高平陵政變前後政權性格之轉變。第三節探討州大中正制的成立與前述兩大面向的關係。第四章以魏末西晉以降中正評品制度的成立、運作方式與機制爲中心，專就魏末西晉以後制度穩定之後的運作方式，進行細部討論。因此本章分爲四節，第一節承續魏初中正評品制度的發展，探討繼州大中正制成立後，制度運作健全化的最後步驟，即司徒府典選制的成立，並從中央選舉系統權力結構變動的脈絡，探討司徒府典選制的合理性。第二節討論中正評品制度運作的人事資料內容與型態。第三節探討司徒府中正系統的職權，司徒府部分包括司徒、左長史、左西曹掾屬的基本職權，選任中正的基本程序，以及中正人選的基本條件，中正部分包括三年一清定制度，清定九品的運作機制（包括清議貶品、舉寒素升品），司徒府對州郡中正職務的監督作用等，最後總論中正評品制度運作程序。第四節則針對入仕前後，鄉品與官職、官品之關係，說明中正評品制度具有資格審查與準考課兩種機制，並說明中正評品外的其他入仕途徑。第五章以魏末西晉選舉問題與對策之發展脈絡爲中心，從兩種角度觀察九品官人法的精神轉變，一爲非選舉制度本身，另一則是選舉問題與對策的發展脈絡。故本章分爲三節，第一節從清議機制在中正評品制度中的作用之質變過程、禮的法制化脈絡、官品等級序列的二層分化等三種角度，來觀察九品官人法的精神轉變。而進入西晉以後，選舉問題陸續出現，大體有二大問題，包括浮華士風與「計資定品」的問題，另有相伴而生的「清途」與「非清途」分途發展、官吏遷轉流徙頻繁之弊、官人重內官輕外官等問題。故第二節將從西晉選舉問題出發，透過「身資」與「門資」兩大因素，探討浮華士風與計資定品兩大選舉問題，藉以釐清西晉選舉問題的發展脈絡，以便從中瞭解九品官人法精神轉變的過程。而面對這些選舉問題，朝臣與國家陸續有若干對策與應對措施。在士大夫的對策方面，對於身資問題，陸續從考課制度、官制改革等方向著手，其中官制改革則以

選例九等之制與九班之制的提出最具代表性。對於門資因素，主要是主張廢除中正評品制度、實施土斷，進一步恢復鄉舉里選制度。至於朝廷的對策方面，對於身資因素，則有「甲午制」的試行，對於門資因素，則有舉寒素特科的補救措施。故第三節將分別從上述方向述論之，釐清西晉選舉對策的發展脈絡，以便從中瞭解九品官人法精神轉變的過程。

目　次

上　冊

第六冊　胡漢風韻——北朝時期飲食文化研究

作者簡介

　　王萌，男，漢族，內蒙古包頭市人。現任職於內蒙古大學歷史與旅遊文化學院歷史系，從事秦漢史、魏晉南北朝史研究。2007 年 8 月考入吉林大學古籍研究所，師從張鶴泉先生研習秦漢史，2009 年 6 月畢業，獲中國古代史碩士學位。同年 8 月，師從碩導恩師研治魏晉南北朝史，2012 年 6 月畢業，獲中國古代史博士學位。目前已聯名或單獨發表學術論文 5 篇（含已確認用稿的單獨發表論文）。申請、承擔 2014 年內蒙古自治區社科規劃基金項目（承擔項目名稱：《北魏北部邊疆與民族政策研究》；項目批准號：2014C117）。

提　要

　　本書通過對有關北朝時期的正史文獻、類書文獻、宗教文獻及考古資料進行全面、系統的搜集、分類、分析的基礎上，同時結合國內外學術界相關研究成果，從影響北朝飲食生活的歷史地理環境、食物原料、飲食結構、飲品、飲食加工及烹飪技術、飲食器具、飲食風俗、飲食活動的社會階層屬性、飲食禮儀及娛樂活動、北朝國家對宮廷飲食的管理等十個方面，形成有關北朝時期飲食文化的系統研究。展示北朝時期飲食文化中農業文明與游牧文明、漢族風韻與胡族習俗的交流、融合，闡釋多元文化因素對當時飲食風俗的影響。

目　次

第七冊　漢唐軍事史論集

作者簡介

張曉東，男，（1977～），籍貫山東威海。上海師範大學歷史系 01 屆史學士畢業，上海師範大學人文學院 05 屆中國古代史專業碩士畢業，華東師範大學歷史學系 08 屆博士畢業，2008 年入上海社會科學院圖書館文獻部任助理研究員，2009 年轉入歷史研究所從事中國古代史專業至今。現任上海社科院歷史所助理研究員，上海社會科學院海洋戰略中心副秘書長，中華能源基金會特約戰略分析師。

作者十多年來專攻軍事史和漕運史，近年來不斷研究海洋史，曾參與《中華大典・歷史典・編年典》明代部分及《中華大典・歷史典》魏晉南北朝部分編寫工作，字數達 150 萬字以上，參與中國外交部交辦上海社科院海洋戰

略研究中心重大課題《21 世紀海上絲綢之路若干問題研究大綱》，獨立承擔完成上海社科院一般課題《唐代的海上力量與東亞地緣博弈》、《隋唐海上力量和東亞地緣政治》、上海社科院十八屆三中全會重大改革問題系列研究課題《領導幹部實行官邸制相關問題研究——歷代官邸製成效借鑒研究》。曾撰寫專著《漢唐漕運與軍事》，係「上海市學術著作出版基金」資助出版，入上海市社會科學博士文庫第 12 輯，上海書店出版社 2010 年出版。四十餘萬字。曾撰寫歷史與國際關係論文二十餘篇，在雜誌、報紙等媒體發表時政評論十餘篇。

提　要

　　《漢唐軍事史論集》收錄了作者關於十多年來的軍事史研究的大多數論文成果，多數曾公開發表，研究內容跨越先秦秦漢到隋唐五代的運河軍事史和海洋軍事史課題。文集分為四章，分別論述了四方面的內容，第一是先秦秦漢的國家軍事權力如何借助運河漕運倉儲得以確立，運河漕運倉儲的重要戰略功能，以及相關的學術回顧；第二是魏晉南北朝時期國家軍事權力如何繼續利用漕運倉城，圍繞交通要衝進行戰略預置和軍事爭奪，以及相關的重要資料梳理；第三是隋唐五代大一統軍事政治集權是如何利用漕運來樹立，卻又如何與漕運體系相始終地崩壞，並再次實現一統局面與漕運體系的互為促進；第四，從海洋史的角度論述了隋唐東亞地區的重要軍事問題，包括海陸軍事力量對東亞地緣政治局面的影響，以及從軍事地理的角度認識何者為重要的戰略因素。論文集是作者多年的心血，反映其對軍事史的深刻理解，觀點論證自成體系，頗值得一讀。

目　次

第八冊　唐五代內官制度研究

作者簡介

　　霍斌（1987～），男，山西太原人。中國人民大學歷史學院中國古代史專業在讀博士研究生。2009 年畢業於山西師範大學歷史與旅遊文化學院，2012 年畢業於陝西師範大學歷史文化學院。2012 年起在中國人民大學就讀。主要研究方向：唐代政治制度史、中古醫療社會史。主要研究成果：《「毒」與中古社會》（碩士學位論文，十七萬字）、《隋汾陽宮考》、《唐玄宗內官制度改革發微》、《恐懼與話語權：唐代「蠱毒」研究的新視角》等。

提　要

　　唐前期內官制度行用周禮模式，即「三夫人、九嬪、二十七世婦、八十一御女」。在開元元年十二月或開元二年八月左右唐玄宗進行內官制度改革，原因主要有二：第一，鏟除太平公主之前安排在宮內的勢力。第二，唐朝初

期所遵循的周禮模式，本身就具有不穩定性，破壞和改革是一種發展常態。

五代內官制度打破周禮模式，內官與宮官兩大系逐漸融合，形式新的內職系統。而五代內職制度所呈現的模式主要有三種：位號＋封號、宮官職號（＋美名）＋封號、美名＋封號。但並非所有宮官都是皇帝配偶。十國的內官制度則有自己的特點，如出現新的元妃、順妃、慧妃等位號。

唐後期的內官制度發生新的變化。宮內女子假借外命婦封號如「國夫人」、「郡夫人」等成為皇帝配偶，可稱為「內夫人」。一般情況下內夫人在去世後才能被追贈內官位號，可見內夫人與內官之間存在明顯的等級差距。但從唐昭宗開始兩者之間的鴻溝似乎在逐漸縮短。宋代的內職制度受五代的影響，內官和宮官系統出現交叉和融合，而且趨於成為定制。宋代內命婦的遷轉途徑是：宮官→宮官＋封號→內官，其中加封號環節往往必不可少。然而宋代的宮官卻並非都是皇帝侍妾，其中還有一部分在宮內協助皇帝處理政務文書。唐代先皇妃嬪的稱號一般情況下都會改為某國太妃或太儀。但宋代的先皇妃嬪依然按原本位號等級進遷，據此推斷宋代先皇妃嬪留在宮內奉養的情況可能更為普遍。

目　次

第九、十冊　高氏荊南史稿

作者簡介

　　曾育榮（1969～　），湖北鄂州人。歷史學博士，現為湖北大學歷史文化學院副教授，主要從事五代十國史、宋代史和湖北地方史研究。迄今已在《中國史研究動態》、《江漢論壇》、《亞洲研究》（韓國）等國內外刊物發表學術論文 40 餘篇，合著《中國歷史‧五代史》。

提　要

　　高氏荊南是五代十國時期南方九國之一，存在於後梁開平元年（907）至北宋乾德元年（963），前後 57 年，共歷四世五主。其疆域始有荊州一地，此後迭有變化，後唐時轄荊、歸、峽三州，迄至入宋，是南方諸國中地域最為狹小的割據政權。服從於在夾縫中求生存的目的，高氏荊南始終未稱帝建國，並一直以藩鎮體製作為政權的基本組織形式，政權內部略已顯現的王國體制則處於從屬地位，從而形成一種不太對稱的雙軌制政治架構。與政治上藩鎮體制的主導地位相呼應，高氏荊南的軍事體制以唐末五代的藩鎮兵制為特

色，以親軍和牙軍爲軍隊骨幹，諸兵種中尤以水軍力量至爲突出。爲免遭強鄰吞併，高氏荊南外交的重點在於奉行事大政策，稱臣於中朝，同時亦注重實施睦鄰政策，交好鄰邦，由此構建出彼此牽制、相互制約的外部環境。而在轄境以內，高氏荊南能重用人才，注重軍事防禦工程的修建，壯大軍事實力，並切實採取措施以休養生息，又力行通商、徵商政策。正是得益於內政的穩定和經濟的發展，高氏荊南人口增長迅速，其速度並不遜色於盛唐時期，甚至有過之而無不及，由此亦能反映出其時經濟發展所達到的高度。活躍於該政權中的文臣武將，則是高氏五主至爲倚重的幕僚，亦是高氏荊南多次擺脫危機、走出困境的重要因素之一。延及五季宋初，伴隨統一浪潮的日益高漲，分裂割據賴以存在的客觀條件逐漸喪失，高氏荊南無可避免地成爲趙宋王朝實施統一戰略的首選打擊對象。乾德元年（963）二月，宋軍以假道之計襲據江陵，高繼沖納降於宋，高氏荊南就此滅亡。

目　次

第十一、十二冊　宋代廣州知州群體研究

作者簡介

　　盧萍，女，漢族，1975 年 5 月出生於新疆烏魯木齊市頭屯河區八一鋼鐵公司。1994 年 9 月至 1998 年 6 月就讀於新疆大學歷史系，獲得歷史學學士學位；2000 年 9 月至 2003 年 6 月，就讀於四川大學歷史文化學院，獲得中國古代史碩士學位；2005 年 9 月至 2010 年 6 月就讀於暨南大學中國文化史籍研究所，獲得中國古代史博士學位。現為廣東石油化工學院文法學院歷史系教師，講師職稱。曾在國內核心刊物發表多篇論文。

提　要

　　廣州作為宋代嶺南的政治中心和經濟中心，國家海外貿易中心，國家既要在此綏撫蠻夷，保證南部邊疆的穩定；又要招徠遠人，保證市舶收入。宋代廣州知州的選任，反映了朝廷對廣州既有扶持又有約束的要求。有宋一代，廣州知州正官 160 人，這一群體既具備宋代知州的一般性，又帶有地方職官的特殊性。他們的籍貫多為南方地區，年齡老成，進士出身比例近 3/4，任期多為一年半或兩年。廣南路、福建路、江南西路、荊湖南路的遷轉體現了就近原則。位至宰相、尚書、侍郎等高級官員者近 40%。北宋時期，具備轉運使資序出任廣州知州約占可考人數的 2/3，反映了經濟管理能力是廣州知州選任的重要資質之一。持重、文武兼備、識大體、廉潔、吏幹等特點是廣州知州的主要素養。他們緝寇安民，修建城池，管理海外貿易，關心民瘼，減輕

賦稅，復興儒家禮儀制度，興建學校，敦化革俗，爲廣州城市發展、嶺南經濟文化發展作出了歷史貢獻。

目　次

第十三冊　宋代官員懲治研究

作者簡介

　　陳駿程，男，1969 年生於安徽省懷寧縣，法學碩士，歷史學博士，主要研究宋代政治史。

提　要

　　宋朝是中國專制社會歷史上一個重要的轉折時期，隨著宋代政治大勢的發展，宋代官員懲治的基本趨勢也因之而發展變化。北宋初期，匡正吏治，尤嚴貪墨；中期吏治日漸寬弛；後期政治上變革與反變革鬥爭激烈，黨爭惡性循環，吏治由力圖革新而終至頹廢。南宋時期，官員懲治總體上變化起伏不大，官員懲治一般從輕，且受「和」與「戰」之爭的影響；同時，秦檜、韓侂冑、史彌遠、史嵩之、賈似道等權臣先後專政，並左右官員懲治，黨同伐異，順其者昌，逆其者懲。宋代懲治官員的原因主要有謀反謀叛、犯贓罪、效率低下、越職、曠職、失職、不稱職、濫用權力、違反軍法軍規、違反官員管理制度、違反經濟管理制度、違禮、連坐、黨爭失利，以及觸怒皇帝，得罪權臣，私自懲罰奴婢，私習天文、讖緯之術，交通皇親國戚、宦官，藏匿罪犯，誣陷他人或被他人誣陷，泄漏秘密等。宋代對官員的行政懲治方式主要有除名、貶降、勒停、物質處罰、精神處罰，以及落職、奪爵、剝奪恩

賜恩蔭等，刑罰主要有決杖、死刑、編配、安置、居住，此外還有籍沒家財等財產罰，各種懲治方式的輕重程度不同，實踐上往往多種方式並用。宋代官員懲治深受監察、磨勘、考課、司法、赦宥等制度的影響，也深受皇帝、權臣、禮、血緣關係、官員自身原因等非制度因素的影響，這些因素影響到違法違規官員是否會受到懲罰、懲罰的具體方式和懲罰程度的輕重等。宋代懲治官員具有廣泛性，從開國功臣到新進官僚，從宰執到最基層官員，稍有不慎，即遭懲治。總體上而言，宋代寬以治官，同時又重懲謀反等政治性犯罪，常以文字、言語罪官。在懲治官員時往往選擇性執法，有法制而無法治，罪同罰異、輕罪重罰、重罪輕罰、以錢贖罪、以官當罪等現象大量存在。宋代官員懲治的歷史表明，治國必先治官，治官務必從嚴，並以一貫之，切不可虎頭蛇尾，吏治嚴明才有政治清明，才有國家和社會的長治久安。

目　次

第十四冊　制度下的神靈──兩宋時期政府與民間關於信仰的溝通

作者簡介

　　劉雅萍，河北石家莊人。北京師範大學歷史學博士。2011 年任教於雲南民族大學人文學院，主要研究方向為中國古代史，在《世界宗教研究》、《蘭州大學學報（社會科學版）》等刊物發表論文數篇。

提　要

　　兩宋時期是中國歷史上發生重要轉變的一個重要時期，不論是政治理念還是文化風俗都較之前朝為之一變。政治上，兩宋政府實行更為完善的中央集權制度，徹底扭轉唐末藩鎮割據的局面；文化上，隨著宋元時期的「造神」運動，大量民間神靈出現在政府與百姓的面前，如何對待這些神靈成為兩宋政府亟待解決的問題。一方面，政府通過專門的行政機構對其進行管理，實行民間神靈的申報與登記、資格審查、等級等制度，對信仰領域的問題進行行政化的管理，試圖將其納入統治的範疇之內。另外，兩宋政府盡力推崇代表主流意識形態的神靈代表，如生前盡忠、死後升神的神靈，並動用政府的人力、財力為這些神靈興建祠廟，招攬香火。而民間所塑造的各種神靈也希

望能夠得到政府的認可和支持，在神靈的宣傳階段，這些民間神靈背後的力量一方面加強「神」的宣揚，另一方面向政府的意識形態靠攏，以期「民間聲音」與「國家意志」達到和諧的統一。本書就是在探究兩宋時期政府與民間關於信仰的這種互動關係：政府對於祠廟的系統管理與經濟資助，民間神靈的興起、傳播與改造，進而勾勒出兩宋時期制度下的神靈的動態圖景。

目　次

第十五冊　宋代民婦的生活情態

作者簡介

　　陳偉慶（1980～），男，廣東雲浮人。文學學士，歷史學碩士、博士，現為暨南大學文學院歷史系在站博士後，研究方向為宋元社會史、文學史及中外關係史。曾在《文學遺產（網絡版）》、《中國韻文學刊》、《中國農史》等期刊發表論文二十餘篇，獨立主持第 55 批中國博士後科學基金面上資助項目《元明清時期朝鮮人口遷入中國考（項目編號：2014M552280）》。

提　要

　　在宋代，平民婦女占女性人口的絕大多數。她們是直接參加生產勞動、創造社會物質財富的中堅力量。通過對宋代民婦的研究，有助於加深我們對宋代廣大民眾日常思維、生活習慣、心理素質和衣食住行、婚喪嫁娶、生老病死等行為方式的認識。

　　本文的緒論部分回顧了中外學術界關於這一課題的研究成果，介紹了本文的研究方法、學術價值。論文正文部分共分四章。第一章，探討了宋代民婦群體的婚姻家庭生活，主要從初婚年齡、擇偶範圍、家庭生活、家務勞作等方面進行切入。第二章，從飲食習慣、居住出行、日常交往、醫療狀況、喪葬習俗這五方面入手，對宋代民婦的日常生活進行了論述。第三章，通過

分析宋代民婦在農業、商業、手工業、服務業中的參與情況，對宋代民婦的經濟行為進行了探討，以突出宋代民婦對社會經濟所做的貢獻。第四章，圍繞著宋代民婦的精神文化活動，對該群體教育情況、宗教信仰、休閒活動、節日娛樂等方面進行探討，反映了宋代民婦生活多姿多彩的一面。

最後，本文對宋代民婦的家庭地位與社會地位進行了總結。一般而言，宋代民婦在家中的地位較高，但這並不意味著在社會上也能獲得相應的地位。通過對宋代民婦群體的研究，可以為我們瞭解宋代社會乃至整個古代社會提供一個新的視角。

目　次

第十六冊　北宋張商英護法研究

作者簡介

　　程佩，男，1981 年 5 月生於河南省鄭州市。2002 年至 2006 年就讀於河南農業大學，獲英語語言文學學士學位。2008 年至 2011 年就讀於武漢華中師範大學，師從張全明教授學習宋史，獲歷史學碩士學位。2011 年至 2014 年就讀於廣州暨南大學，師從張其凡教授學習宋史，獲歷史學博士學位。現爲江西中醫藥大學基礎醫學院醫史文獻學講師，主要研究方向爲宋代佛教史、宋代周易術數、中國醫學史。

　　《北宋張商英護法研究》係在本人碩士學位論文基礎上修訂而成。本人於 2011 年六月完成答辯。

提　要

　　張商英（1043～1121），是一位活躍於北宋中後期的官僚、佛教居士。相

對於他有限的政治影響力，其佛教影響力要大很多。他不僅深崇佛教，而且一生積極護法，成為其時佛界著名外護，被後人看作「北宋佛教最得力的外護居士」。本文以歷史文獻為基礎，探索其護法的時代背景、護法的原因、護法的活動以及護法的思想，從而盡可能多的還原張商英的護法形象，並據此對北宋士大夫乃至整個中國古代居士的護法狀況有所管窺。

　　文章共分三章。第一章略述了張商英護法的時代背景。該章從宋代佛教發展的趨勢、北宋王室佛教、北宋士大夫佛教和北宋民間佛教四個角度探討了張商英時代佛教的生存環境，力求從宏觀的角度來闡釋北宋百餘年來佛教發展的趨勢及當時社會不同階層與佛教的相互作用與影響。

　　第二章論述了張商英護法的緣起及其所參與的護法活動。文章通過考釋張商英如何一步步走進佛教、深信佛教並廣結佛緣的事蹟，使我們能夠切身感受到他因親近佛教而甘為佛教護法的心態。文章在此基礎上又進一步探討了他護法的深層次原因，這其中既包括他身為官員本身所肩負的宗教職能，也有他為了積攢政治資本、對宋徽宗崇道抑佛政策作出反應等個人主觀因素。張商英所參與的護法活動，筆者大致分為四類，分別為舉薦高僧與提拔新秀、興崇佛寺、調解叢林糾紛以及廢淫祠、置佛寺。

第三章對張商英在其著作中表現的護法思想進行了較詳細論述。文章從他駁斥各種排佛之說、對三教進行調和以及對佛教現狀產生的反思與擔憂三個方面來梳理張商英的護法思想，同時簡要回顧了歷史上相關思想的發展流變。通過分析和比較，筆者既肯定了張商英護法思想的合理之處，也指出了其中所包含的不足。

目　次

第十七冊　明清以來的萬貴妃形象──歷史書寫的考察

作者簡介

　　葉芳如，生於新北市，國立台灣師範大學歷史系、歷史研究所碩士班畢業，研究斷限爲明清時代，興趣偏於婦女史主題。從選題、研究方法的決定再到論文的寫就，均承蒙林麗月老師悉心的指導。尤其老師在百忙中仍不忘撥空爲我細心批改論文，不僅使我釐清了許多的觀念，更給予我許多的省思，我的論文才能在一次又一次的批改中，日益臻善，這份恩情我將永遠銘記於心。現於台北市立陽明高中任教。

提　要

　　過去學者對於個別后妃的研究，多著重於整理各類官私家著述的記載，進而就其行誼作一評論，少有觸及文本（text）中書寫女性的問題。從這一觀念出發，本文希望從性別（gender）的角度，重新檢視不同時代與萬貴妃有關的各類文本，試圖了解自明清以來不同時代的人如何敘述萬貴妃故事，是否隨著時代演變而有所變化？其原因爲何？其中被複述最多的是哪些部份？又出現了哪些新情節？其所呈現的形象爲何？是否有特殊的轉變或增衍？這些人對萬貴妃的看法爲何？背後反映的是什麼觀念或時代意涵？

　　在章節安排上，本文除緒論與結論外，共計四章，第一章擬先分析解讀《明實錄》中的萬貴妃本傳，因爲這篇本傳是目前所見最早記載萬貴妃生平的史料，且其敘述內容幾乎成爲後世史家評價萬貴妃的基礎。倘欲了解萬貴妃初現歷史舞台的形象，以及修纂者評述的依據爲何？就必須先分析這類資料。第二章將整理成化以來明人筆記所見之萬貴妃軼聞，由於《明實錄》性質的限制，致使萬貴妃史事之記載，存有隱諱曲筆甚至簡略之弊端，難窺全貌，故明人筆記所載之萬貴妃軼聞，往往被後世修史者作爲塡補官書記載空白的部份。所以，透過這類記載可以幫助我們了解萬貴妃故

事在稗官野史中的發展情況。第三章主要闡述明中葉以後，官私家史著有
關萬貴妃史事書寫的演變。既然形象是一種態度，自然就會形成價值的判
斷，本章亦將循著萬貴妃形象發展這條主軸線索來探究後世史家對萬氏評
價之依據。第四章則擬透過對民初以來通俗作品的分析，考察萬貴妃故事
的渲染及其文化意涵。

根據本文研究可知，萬貴妃故事由簡單到豐富，進而定型，經過了一
段漫長的發展過程。《明實錄》在「用簡」、「文飾」的敘述原則下，對於萬
貴妃個人形象性格的描寫極為模糊。所以自明清以來，不論是傳統士人或
現代學者、通俗讀物作家，都嘗試以個人的主觀理解詮釋萬貴妃的言行與
心理活動。雖然他們所描繪的各種萬貴妃形象，是否屬實際狀況，不無討
論的餘地，然而可以確定的是，這些人皆視萬貴妃為一「妒婦」，此種形象
幾已深植人心。

目　次

第十八冊　清末政治改革的法律路徑——沈家本法律改革思想研究

作者簡介

　　傅育，男，1973 年出生，滿族，1996 年畢業於中國政法大學，1996 年至 2007 年在吉林省長春市朝陽人民法院任法官，2000 年至 2003 年吉林大學社會學專業學習，獲法學碩士學位，2003 年至 2006 年在吉林大學政治學專業學習，獲法學博士學位，2007 年至 2010 年在吉林大學法理學博士後流動站，2010 年出站，2007 年至今在最高人民法院司法改革領導小組辦公室工作。

提　　要

　　清末政治改革作爲一次由封建統治者領導的自上而下的自救運動，其歷史功績可以概括爲現代社會運作架構開始建立，而沈家本主持的法律改革作爲清末政治改革的最直接的路徑和最爲重要的內容，推進了近代中國法律和政治的現代化。沈家本是晚清著名的法律學家，精通傳統律例，有著深厚的國學底蘊；又抱持開放的心態，積極學習和引進西方法律文化。沈家本受命主持修律期間，從「法律救國」的願望出發，以「參考古今，博稽中外」的思想爲指導，力主取「彼法之善」以補「己法之不善」，積極組織翻譯西方法律著作，建立法律學堂，聘請外國法學家並在其協助下刪改舊律、制定新律，邁出了中國法律現代化的第一步。本文即是對沈家本主持的晚清法律改革之背景、動機、過程、內容、成果和意義的嘗試性探索，並以之與晚清重臣張之洞的法律改革思想展開比較，試圖較爲全面地揭示近代中國法律現代化中沈家本的貢獻和局限。在社會和政治的發展中，法律扮演著一個非常重要角色，沈家本主持的法律改革作爲清末政治改革的一個基本路徑，促進了近代中國的政治現代化。

目　　次

第十九冊　清明節探源——兼論其發展

作者簡介

　　傅秀華，臺灣師範大學國文研究所畢業，碩士論文為《清明節探源——兼論其發展》。民國 86 年進入基隆市二信高中任教國文。希望以對中國傳統節俗研究的熱忱，帶給世人更深入了解人生傳承的印記，如同滾雪球般，厚度會不斷更新生命。

提　要

　　本文蒐羅與清明相關的文獻資料，認為由於清明節綜合了上巳、寒食節

俗，故發展出祭祖的節日義涵，同時在陰消陽長的理論基礎下，深究清明節所蘊含的意義，亦為其分析由來根據。清明所代表的是時序的標誌，是上古在曆法尚未建立之前，藉以調整自然的節奏性和方向感，逐漸轉換為具體、重複出現的方式來標示季節變化的時間點。通過歲時節氣使人們順應自然時序，以利農事以及生活安排。清明之得名、最初的功能皆與農事活動相關，含有氣候變化、物候特點和農作物生長情況等意義。清明介於春分和穀雨之間，是二十四節氣中屬於春天的自然「節」點，所謂「清明一到，農夫跳起」，即知此時在春耕秋收的農作過程中，是不可忽視的關鍵時節。為了更確定掌握備受重視的清明歲時節點，除了觀察白天的太陽外，夜晚星辰的規律運行，便一并作為定時節的參考。

清明和農事的關係由自然歲時逐漸向人文轉化，分析上巳的流棗浮卵、祓禊習俗，和寒食禁火賜火習俗、包括介之推傳說等背後的文化根源，都具有沿襲上古春耕祭祀，在不同時期有其演變發展的古俗痕跡。上巳與寒食雖然節俗內容頗有不同，但是彼此具有同一屬性的文化基礎，在時間點上，上巳、寒食、清明三者幾乎重疊。由清明節的結構來看，很明顯是經過長期與上巳節、寒食節結合而逐次固定的節日，因為宗教祭祀內涵意義已被遺忘，徒留下形式活動，加上掃墓祭祖隨社會變化轉而被重視，且清明正好有新生之意，帶有祭祖的傳承意義，故此時賦予清明新生命，成為嶄新的節日流傳。

目　次

第二十冊　波斯人筆下的中國

作者簡介

　　作者 ELHAM　SADAT　MIRZANIA，中文名為孟娜，是全伊朗第一屆學漢語的本科畢業生。畢業後到中國去留學。在北京大學中文系學習現代文

學專業的碩士和博士研究生。作者長期以來一直跟中國和中國文化分不開，多年在北京和上海的生活讓她變成一個半中國的伊朗人。在中國期間多次參加過北大和北京語言學院出版社的各種編輯項目。跟商務印書館有編漢波－波漢詞典的合作。作者現任伊朗德黑蘭 ALLAMEH TABATABAYI 大學外語學院中文系系主任。

提　要

　　歷代波斯人寫了許多有關中國的著作和遊記，這些著作和遊記是波斯人瞭解中國各個方面的主要的參考文獻。其中，有關中國的著作是古代波斯人通過對當時的中國進行詳細的研究後編撰的，而遊記則是親自到過中國的波斯人，根據旅途見聞寫成的。本文《波斯人筆下的中國》以波斯人寫的四個遊記作為研究的對象，對波斯人在不同時期對於中國的見聞和觀感進行分析和考察。

　　論文第一章，筆者對中國唐代時波斯人所寫的關於中國的遊記《中國印度見聞錄》進行研究。在這部波斯人寫的最早的有關中國的遊記中，波斯商人以他們獨特的眼光來敘述中國的「黃金時代」，即唐朝各方面的信息，在很多方面可以給漢文獻提供補充資料。論文在描述唐代波斯和中國海上交流狀況的同時，對於該書的作者及書中的內容進行詳細的考察，揭示這部遊記與《一千零一夜》等文學作品的關係，並通過對內容的分析，論述作品的真實性和可靠性，展示波斯人眼中的中國唐朝社會。

　　論文第二章，筆者對於明朝初期波斯畫家火者・蓋耶速丁・納哈昔的中國遊記《沙哈魯遣使中國記》進行考察，敘述了蓋耶速丁在中國的旅途見聞，並且探討他的中國之旅在伊朗繪畫史上的影響。這部遊記有三種版本，筆者也一一進行比較和研究。

　　論文第三章，研究明朝中期阿里・阿克巴爾寫的中國遊記《中國紀行》。這部作品從時間上講具有獨特的價值，是瞭解中國明王朝中期重要的參考文獻。筆者對《中國紀行》以及著作者的身份進行考察。在介紹前人的研究成果的同時，盡量糾正其中不準確的觀點。通過阿里・阿克巴爾的描寫，闡述明王朝時穆斯林在中國社會的地位，探討明代中國瓷器與伊斯蘭文化的關係，以及《中國紀行》的文學價值。

　　論文第四章，對於二十世紀初，馬赫迪・古里・汗・赫達雅特的環球旅遊的見聞《麥加遊記》中有關中國部分進行梳理和分析。馬赫迪・古里・汗・赫達雅特是伊朗很有影響的思想家、政治家，他在中國停留了大概兩個

月的時間。當時的中國與前幾個世紀黃金時代的中國非常不一樣。赫達雅特在他的遊記中，深刻地揭示了當時中國所面臨的問題，並盡量提出解救社會的種種方法。其實，他在中國所看到的問題，也是當時伊朗所面臨的現實問題，因此進行了很深入的思考，希望藉此能將傳統社會引向現代化的道路，表現了一位思想家和政治家的遠見卓識。在這一章，筆者先介紹赫達雅特的身份及其思想，敘述他在中國的所見所聞，包括他當時所看到的中國社會中存在的種種問題，以及他所提出的解決問題的各種方法。

論文通過對上述遊記，以及它們在當時波斯社會中所起的影響進行詳盡的考察，展示伊朗人在不同歷史階段的中國觀，從中可以瞭解世界四大文明古國之一的古波斯，對於中國和中國民族的認識和理解，他們對於中國的哪些要素感興趣，以及伊朗和中國古時的文化、經濟和政治交流的方式和歷史，同時也可以探尋中國人對於來自波斯地區的遊客採取什麼樣的態度。通過對於這些遊記進行研究，也可以給漢語文獻提供新的資料，因為波斯人記載過的內容，漢文獻當中並不一定有相應的記載。本書強調以細緻的方法來考察波斯人筆下的中國文化、經濟及社會等方面的歷史事件。古老而文明的中國歷史悠久。研究中國的對外交流，如果不重視外國人在創建這種交流時的參與，那是不完整的。論文強調了波斯人在波中交流史上的參與和所扮演的角色，從而拓展了波中文化交流史的研究。

目　次

第二一冊　《梁書》、《陳書》修纂之研究

作者簡介

　　姓名：蘇博群

　　生日：民國 69 年 6 月 27 日生

　　籍貫：台灣新北市

學歷：輔仁大學歷史學系畢業、中興大學歷史學系碩士班畢業、中興大學師資培育中心修習教育學程

現職：任教於台中市私立明道高級中學

提　要

　　欲研究中國史學史，二十五正史可說是重要的指標。《梁書》、《陳書》雖是其中兩本，卻是代表著唐代官修紀傳正史體例強化下的產物，二書就是在此環境下完成的。本書所要研究的，不在《梁書》、《陳書》中考證的內容，因為這部份前人成就已是豐碩；至於本文關注的是要去研究《梁書》、《陳書》在南朝後期至唐代官方史學修纂的過程和方式，如，成書相關作者、官修史學、史學思想、成書背景及《漢書》家學等。

　　再者，有唐一朝，官方史學繁盛，更為日後各代奠下正史修纂的基礎，因此有必要去研究唐代官方史學中的存在和發展，藉由《梁書》、《陳書》修纂的過程，予以分析與研究是本文著手的動機之一。雖然，站在官方史學的立場來修史，反映出官方對歷史解釋權的控制，其中的利與弊，其實因人理解而有差異，但是二書的完成以及對日後的貢獻，仍應予以肯定與重視。

　　最末，在撰寫本文時還發現，仍有許多問題可加以研究，如吏部尚書（因姚察曾任吏部尚書）與南朝史學的發展、次要史學家、史著間的史學思想等史學史研究。這都有待後繼者加以突破和創新，如此的史學成果才更加完整。本文主要探討姚察、姚思廉父子修纂《梁書》、《陳書》的歷程、方法與對日後史學史研究的影響為主，希望從上述觀點的呈現，對中國正史的著作、以及在閱讀與使用史料上，做一個省思與關注。

目　次

第二二冊　柯維騏宋史觀發微

作者簡介

　　孫廣海，祖籍廣東潮安，1952 年出生於香港。半工半讀完成中學教育和研究院課程。先後在香港中文大學中國語言文學系（74～78）、香港中文大學教育學院（83～85）、香港大學中文系研究院接受教育。研究院明清史學文學碩士論文〈柯維騏宋史觀發微〉，師承趙令揚教授（81～83）；哲學碩士論文〈陳確《葬書》之研究〉，師承何佑森教授（1931～2008；88～94）；哲學博士論文〈阮元學術思想研究〉，師承梁紹傑教授（95～02）。

　　歷任中學中文科老師、中文科主任講席 32 年；現為香港公開大學教育及語文學院兼職導師、客席講師、課程編撰。論文有〈阮元研究回顧〉、〈阮元揅經室遺文再續輯補〉、〈由羅香林《香港與中西文化交流》說起的一件學術界公案：日治淪陷期（1941～42）誰人繼任香港大學中文系主任？〉、〈四十五年來（1962～2007）中國大陸的胡適研究〉、〈胡適傳記文學的理論和實踐〉等篇。

　　研究興趣包括：漢字學、詞匯學、文體學、中國語文教學、古代歷史文化、

　　古典文獻研究、清代學術思想、文學研究等。未來亦會關注百年以來香港的儒學史和學者之研究。

提　要

　　元修《宋史》，卷帙浩繁，義例欠精，後人多不滿意。明清二代，致力於改修者大不乏人，但成敗互見，今論列改修宋史諸家，以見柯維騏在明代史學史之地位。

　　全文羅列相關史料，用以考釋柯維騏之家世、生平及著述；其中以莆田柯氏世系、維騏與其曾祖柯潛學風之關係，考證至爲詳贍。作者試圖把柯維騏一生之輪廓面貌，勾劃出來。

　　全書外緣方面，綜述《宋史新編》之結構：先言全書之義例，次述寫作動機，最後以卷數、人物、文字三方面，與《宋史》作一簡略比較，以見二書之異同所在。

　　全書內緣方面，深究了柯維騏之宋史觀。作者以天命論、義理論、正統論統攝柯子全書。其思想淵源儒家，上承孔子，復以民族大義，剖析宋史。維騏立言命意，可與前文言寫作動機有相互發明之處。

　　文末排列歷來各家評語，以表彰《宋史新編》在明季史學史之地位。

目　次

第二三冊　西周至唐宮廷雅樂研究

作者簡介

　　曹貞華，女，朝鮮族，1981 年生，哈爾濱人。文學博士，助理研究員，中國音樂家協會中國音樂史學會會員，中國音樂學院社會藝術水平考試鋼琴考官，現供職於中國藝術研究院科研管理處。2000 年至 2006 年就讀於東北師範大學音樂學院，先後獲得文學學士、文學碩士學位；2009 年畢業於中國藝術研究院，獲文學博士學位，研究方向爲中國古代音樂史。

　　論文《馬王堆三號漢墓出土音樂文物的文化屬性》、《〈孔子詩論〉中的「雅樂」觀及樂歌研究》、《十年磨一劍，溯隋唐盛世之音之歷史維度——〈中華藝術通史・隋唐卷〉（上）讀後》、《固守與綿延——影響朝鮮族傳統文化保護的諸因素》、《在聯合國教科文組織宣佈後的當前韓國國家無形文化財活動》（譯文）、《東亞音樂遺產與傳統文化》等分別刊載於國家核心期刊《中國音樂學》、《中國音樂》、《人民日報》（海外版）等，撰寫的書評曾在「第三屆人音社杯全國高校學生音樂書評比賽」中獲得「書評榮譽獎」。因博士論文《西周至唐宮廷雅樂研究》完成較優異，獲「莊漢生獎學金」。

　　獨立承擔完成文化部文化藝術科學研究項目《中國古代雅樂的傳承與發展研究》（項目立項號：10DD18），鑒定等級爲「優秀」。參加教育部人文社科基地國家級重大課題《音樂類非物質文化遺產保護的理論與實踐研究》（項目立項號：06JJD760005），承擔國外非物質文化遺產保護的理論與實踐研究。參加國務院批准的中華人民共和國成立以來最大的文化出版工程、我國十一五期間重大文化出版工程《中華大典》項目，承擔《中華大典・藝術典・音樂分典》的框架制定、禮樂制度沿革部等編撰工作。

提　要

　　雅俗問題是中國文化史、藝術史研究中的重要問題。在中國古代，雅、俗問題有特定含義，主要指雅樂與俗樂（鄭衛之音），而崇雅貶俗一直是正統儒家士大夫的思想主張。但近幾十年，雅樂在音樂史文化史上的地位和作用，從未得到肯定，雅樂的衍變歷史也很少受到學界關注。

　　中國素以「禮儀之邦」自豪，禮樂文化被視爲中國傳統文化的核心內容。「禮樂相須爲用，禮非樂不行，樂非禮不舉」，雅樂在傳統禮樂文化中長期佔有舉足輕重的地位。隨著非物質文化遺產保護工作的開展，雅樂作爲一項重要的非物質文化遺產，受到韓國、越南、日本等許多國家重視，已部分列入聯合國「人類口頭與非物質遺產代表作」名錄。中國古代雅樂遺產的發展歷史及其價值的重新認定，已經刻不容緩。

　　雅樂最初形成於西周「制禮作樂」，廣義而言，雅樂是周部族自己的音樂。蓋「雅」即「夏」，指關中一帶夏人舊地，周人的語言被稱爲「雅言」，周人之樂理所當然是「雅樂」。西周宮廷禮樂體系中的雅樂，既包括郊廟祭祀及朝會宴饗儀式用周人之樂，也包括繼承、整理過的先周各朝廟堂禮樂。從而組成六樂六小舞等在內的郊社宗廟、朝會宴饗（饗食、饗射、賓客）、儀仗（出行、軍征、凱旋）等廣義雅樂。此外，宮廷禮樂還包含來自北方諸國的「風」及遠方各國的四方樂、散樂等。

　　隨著周人封邦建國，在全國推行宗法制，雅樂隨禮樂體制的推廣，影響及於各諸侯國及遠方周邊國家，既是周人加強精神統治的工具，也成爲「中國」文明高度發展的象徵。完成於後世的《周禮》《儀禮》等文獻，對宮廷雅樂體系有詳細的追述記錄，儘管有理想化加工，但也反映了服從於禮儀等級制度的「雅樂」的宏大嚴密與重大影響力。

　　雅樂概念不僅有廣義、狹義，在歷史進程中其外延、內涵也不斷變化。春秋後期，面對日益嚴重「禮壞樂崩」痛感「是可忍，孰不可忍」、以復周禮爲自己崇高使命的孔子，明確提出「雅樂」即雅正之樂的概念。他身體力行推行傳統的禮樂教育，極力譴責、貶抑對雅樂形成挑戰的「鄭衛之音」——當時廣受歡迎的新樂、女樂。

　　但是，孔子鼓吹之「雅樂」，多少改變、擴展了西周時期宮廷雅樂的性質和範圍：他帶領學生「詩三百篇」皆絃歌之，通稱三百篇「思無邪」，卻忽略了原先《詩經》中頌、夏（大夏、小夏即大雅、小雅）、風的明確區分，十五國「風」，

在孔子這裡也統統成爲雅樂了。隨著朝代更替、社會發展和文化繁榮等因素，雅樂的內涵與外延不斷豐富與擴大，歷代的雅樂皆較前代有所突破。

自先秦開始，諸思想家即已圍繞「雅俗」（雅鄭）問題展開激烈的論辯。歷代統治者在制定本朝禮樂時，也多重視此問題。爲此引發了歷史上諸多分歧與爭議，但仍未從根本上辨明雅樂與俗樂二者在外延和內涵上究竟有何差別。

雅樂作爲統治階級維護禮樂統治的重要組成部分，因囿於政治因素，在音樂上常表現出較爲僵化、死板的特點，更被古往今來的學者視爲禮樂制度的軀殼。但從歷史的具體事實出發，可明晰地看出不同時代雅樂在外延與內涵上的具體變化。雅樂的發展離不開俗樂的藝術滋養，文獻中亦多見雅樂與俗樂轉換的事實，統治者意識形態中的「先王之樂」也多有來自民間音樂的成分。

在一定的條件和環境下，雅樂和俗樂可以相互轉換。20 世紀西方文論中強調文本和語境的關係，同樣的文本在不同的語境下會產生截然不同的性質。縱觀中國古代音樂史中雅樂和俗樂的發展沿革，可清晰地看出：雅樂和俗樂既相互對立，又相互統一。二者在各自發展中，既相互比較，又相互存在；既相互較量與對抗，又相互滲透與汲取，並在一定條件下相互轉化與融合。

本文以西周到唐代的宮廷雅樂（不含古琴音樂及祭孔音樂等）爲研究對象，對不同時代的雅樂進行較爲全面地考量，主要對宮廷雅樂的範圍及其所具有的儀式功能及文化屬性等問題進行剖析，深入挖掘雅樂體系背後所蘊含的意義深遠的「禮」的內核，力圖將雅樂所賦予的更深層的文化意義揭示出來。

目　次

第二四冊　楚文化所表現的楚玉特色：以曾侯乙墓玉器爲例

作者簡介

　　梁蘭莒，臺北人，中國文化大學哲學系畢業，淡江大學歷史學系碩士。研究興趣爲戰國玉器、楚式玉器、楚文化的生死觀。碩士論文爲《楚文化所表現的楚玉特色：以曾侯乙墓玉器爲例》，本書爲碩士學位論文。現任職於其美文創事業有限公司。

提　要

　　1978 年於湖北隨縣擂鼓墩發掘的曾侯乙墓，被譽爲 20 世紀中國重大的考古發現之一。該墓中帶有大量且豐富的隨葬器物，其中精雕細琢、結構

新穎的精美玉器，便多達五百多件，數量之大、品類亦多，再加上墓中玉器有明確的年代界標作用，極具有研究價值。曾國經考證，應為史料所記載的隨國，原為姬姓諸侯，但之後成為楚國的附庸國。隨國長久立邦於楚地，深受楚文化浸潤，在地理環境及歷史背景種種因素影響下，造就曾玉的獨特色彩。

楚人崇巫尚鬼，其所創造的玉雕，不論題材或是慣用的設計手法，都有其文化內涵，深具特色。曾侯乙墓位於楚文化核心的要津之地，察其玉器上的紋飾風格，具備豐富的楚式特點及濃厚的地域文化風格。除了地域色彩的彰顯之外，在春秋時期，因應時代風潮而興的「以玉比德」，到了戰國重視功利的時代風氣中，「以玉比德」反成為僭越禮制的「以玉比富」。僅是楚國附庸下的曾國，其墓中大量的隨葬品，更是彰顯了斯時「以玉比富」的炫耀之風。因此本文除以曾侯乙墓玉器中所見的楚文化特色為研究重點外，對於玉器上所顯露的時代特徵，亦是本文研究的旨趣所在。

本文透過文獻與考古資料的整理比對，發現曾玉的獨特之處外，更為深具楚風的漢玉，奠下了文化豐碩而多采多姿的基礎，是為本文研究的重要心得。

目　次

第二五冊　論元代文人畫之人生意境

作者簡介

　　楊佳蓉，玄奘大學中國語文研究所文學博士，中國文化大學藝術研究所美術組藝術碩士，輔仁大學法學士。大學助理教授、畫家、作家。任教於國立台灣科技大學、國立空中大學、育達科技大學、中國科技大學、樹林社區大學、土城樂齡大學等。於大學授課十多年，課程包含藝術與美學、藝術治療、藝術賞析、建築賞析、油畫創作、多媒材(壓克力)彩繪、兒童寫作師資培訓……。曾爲中華青少兒童寫作教育協會第一、二任理事長。油畫個展十餘次，國內外聯展不計其數，獲各界好評與典藏。出版品有藝術、文學、美學相關著述六十多種，個人著作十多本，如:《藝術欣賞──絢彩西洋繪畫》、《文藝美學論集》。

提　要

　　元代文人畫位於文人畫發展的成熟興盛時期，其創作表現與人生意境深具意涵。文人畫是最能代表中華民族美學思想的藝術，而元代特殊的社會背景影響了文人畫家的藝術審美取向。元代文人畫在魏晉南北朝、唐、宋歷代的影響和基礎上，開創出不同於前的人生意境，並影響到明清後代。元文人畫繪畫風格以淡泊清新爲目標，在畫作中呈現「物我相融」、「追求神韻」、「清靜空遠」與「蕭疏澹泊」的意境美，在呈現意境的同時，表現出風格美與形式美。

　　儒、道、禪三大哲學流派對元文人畫的人生意境有直接的影響，儒家哲學構建文人畫家精神人格的基礎。道家崇尚自然自由、虛靜無爲、悠遊逍遙的美學追求，孕育出文人畫的人生意境。禪宗的自性、心性與藝術心靈互相契合，使元文人畫含有禪藝合流的審美精神。

　　元文人畫家創造的境界取之於造化自然，於施展筆墨描繪時，卻是構築一種新的景象，產生新的藝術美感，展現生命的淡泊飄逸。元初趙孟頫與中後期的元四家黃公望、吳鎮、倪瓚、王蒙，爲元文人畫代表性人物，他們的繪畫語言雖極爲樸素，但皆能讓觀者感受到境中之意、畫外之音，而被畫面意境所薰染、感動。

　　本論文以人生意境進入主題，從元時代橫剖面與文人畫歷史縱線探析，再引入整體內部核心研究，全面性的從文學與藝術、美學觀點以及儒、道、禪三家思想影響，深探元文人畫意境，且具體的以代表畫家的繪畫探討人生意境；

由此可見，元代造成中國文人畫新格局的出現，具承先啓後與絢爛重要的地位。

目　次

第二六、二七冊 世紀海洋之澳門藍色文明

作者簡介

田若虹，廣東五邑大學教授。湖南師範大學文學碩士；華東師範大學文學

博士。曾先後在澳門科技大學、華東師範大學、湖南嶽麓書院訪學。主要研究領域：中國古代文學、文藝學、專門史、宗教學、民俗學。歷年來在日本、韓國、新加坡、港、澳、臺等國內外學術期刊如：韓國《中國學論叢》、《中國小說論叢》；日本《清末小說研究》、《清末小說》、《澳門文獻資訊學刊》；《中國文化月刊》、《鵝湖月刊》、《明清小說研究》、《中國文學研究》等刊物發表論文近80篇。出版專著：《陸士諤研究》、（湖南嶽麓書社）、《陸士諤小說考論》（上海三聯書店）、《藝文論稿》（中國戲劇出版社）、《嶺南文化論粹》（光明日報出版社）、《世紀海洋之澳門藍色文明》（臺灣花木蘭文化出版社）等。

提 要

　　黑格爾曾如此描述大海的性格特徵：「大海給了我們茫茫無定、浩瀚無際和飄渺無限的觀念，人類在大海的無限裏感到自己的無限的時候，他們就被激起了勇氣，要去超越那有限的一切。大海邀請人類從事征服，從事掠奪，但是同時也鼓勵人類追求利潤，從事商業。」這種海洋民族性格特徵不僅對古希臘、羅馬文明影響深刻，其於十六世紀以來澳門之藍色文明亦然。

　　「水中可居之地，可通出入」之澳門地理，成就其漁港之天時地利；澳門作為中西貿易的橋樑，率先引領了中國與世界各國的政治、經貿、思想、文化、宗教、文學藝術的互動、交融與滲透，其在中西交往關係史，思想、文化交流史，文學傳播史，與宗教交往史中，顯現了無可撼動之地位。

　　十六世紀，澳門已是商賈雲集，蕃夷鹹至，貿易昌隆，成為了東西方貿易的重要港口，並由此演繹了四百年澳門多元文化發展的歷史。澳門「民夷雜處」的「族群文化」，凸顯著中西文化交融之特徵，如雞尾酒般五彩斑斕，層次分明。「東方蒙地卡羅」讓澳門魅力無窮。宗教文化的多元化在澳門充分展現，儒、釋、道之外，又不乏西方傳入的天主教、基督教、伊斯蘭教等。葡人寓居澳門之足跡，則是中西文學交往史上之別樣風景。民主革命的先驅孫中山、林則徐、康有為等人，亦在澳門留下了篳路藍縷的足跡。此皆為本書所深切關注與探討之。

目 次

殷墟卜辭所見之自然神信仰研究

陳儒茵　著

作者簡介

陳儒茵，臺灣高雄市人，一九八四年生，國立臺灣師範大學國文研究所畢業，現任國立嘉義女子高級中學國文科代理教師。

提　　要

　　本論文研究之議題為殷墟卜辭所見之自然神信仰，旨在探討殷商時期的自然神信仰的文化現象，並以理性的態度省思殷商的自然神信仰文化。材料以出土卜辭為第一手資料，且對卜辭資料進行斷代分期，以研究宗教思想的變遷情況。

　　文中討論的自然神信仰對象共十九位，依類別分成：帝、天神、地祇三類。天神包含有：日、月、星、風、雨、雲、雪、雷、虹等九位。地祇包含有：山、岳、水、河、土、方、巫、東母、西母等九位。闡述的重點有三：一是崇拜意識，二是宗教儀式，三是對人世的作用。

　　首先，帝信仰之來源是人偶的神像形象，且帝對人世的作用不具理性成分，殷人只能消極接受。此外，帝非至上神，僅是掌管氣象諸神的最高神祇。殷人之帝沒有接受祭祀，但有燎祭、五鼓之聲祈上帝下世的請神儀式。再者，天神、地祇信仰的崇拜意識源於自然界提供生存所需，加上人類依賴自然，尤其是跟生活息息相關的物事，如河、岳，此二者是殷人自然神信仰中最依賴的神祇，遂使得崇拜意識具有「生活」和「實用」的目的性，河岳二神作用於人世之權能亦多集中在天象和年成兩方面，是一種基於農業經濟考量的信仰形態。此外，在天神信仰中的星辰信仰，僅有祭大火星之例，沒有後世二十八星宿的概念。在宗教儀式方面，天神、地祇神祭祀的特殊性表現在祭祀行為和祭牲之上，具有原始性質配合自然神神性，並透過「象徵性」和「共融性」使人和神互相作用。

　　至於殷人信仰自然神的態度，並非純然迷信，而是人們與自然相處的過程中的生活經驗和心理慰藉。而殷人在崇拜之外，也開展出天文、氣象的知識，呈現出自然界的宗教性和自然性的雙重面向。此外，自然神信仰的歷時變化，因為天神信仰的退出、祖先祭祀的重視和人智意識的發展等三個原因，可以看出殷人宗教信仰的轉變趨勢，對神鬼的相信到懷疑，使得人本意識在殷末已經萌芽。

目
次

第一章　緒　論

　　殷代的宗教信仰文化在甲骨文出土後，有了第一手的珍貴資料。從卜辭
記錄裡，可藉此瞭解殷人對於神靈世界的關注、想像，甚至與祂們進行對話。
在浩瀚無際的自然中，人和周遭的自然界形成一個生存的有機世界，人依靠
自然而生，從中獲取生活資源。自然界在殷人的宗教心態中，是個活生生的
存在，人們賦與自然界神性，每個自然物象均有靈魂可自主活動，舉凡日、
月、星、山、水等和生活相關的物資，均納入了殷人的自然崇拜體系之中。

　　卜辭作為殷商宗教文化的信史，雖然記錄簡短或不完整，卻是一個最直
接的材料，可以洞悉殷人的宗教世界。本論文即以卜辭中所見的自然神信仰
為主題，探討殷商時期自然神信仰意識、自然神對人世之作用，和殷人在信
仰中所獲取之生活經驗和知識，討論卜辭所記自然神信仰的興盛與衰落的現
象，期望透過這些面向來建立殷人自然神信仰文化的面貌。

　　本章緒論第一節論述研究動機與目的，是論文撰寫前的問題意識，並發
現目前研究之不足。第二節是文獻探討與回顧，根據一百一十年來的甲骨學
研究資料，蒐羅與本論文相關的討論，作一梳理。第三節是研究材料與範圍，
分析目前所討論的甲骨卜辭分期斷代，作為本論文的斷代標準。第四節是研
究方法與步驟。研究方法包含文字學和宗教學的研究方法。步驟則據論文綱
目的書寫內容呈現。最後論及本論文的預期成果和限制。

第一節　研究動機與目的

　　1899 年，殷墟甲骨文的出土是近代學術界的大事。甲骨文是三千多年前

盤庚遷殷至帝辛亡國兩百餘年之間的遺物〔註1〕，而甲骨文對於中國文字研究和商代晚期的歷史考證，佔有重要之地位。

甲骨卜辭多為占卜貞問之記錄，「殷人尊神，率民以事神」〔註2〕的說法，在甲骨出土後得到印證。卜辭記載了殷商的鬼神崇拜、祭祀、信仰等問題，歷來學者紛紛從不同角度對其關注，如祭祀對象分類、被祭祀者的權能與性質、祭祀觀念的轉變等，以此進行殷商時期的神權討論。或者是討論祭祀的內容、過程及其程序，如五種祭祀的研究、祭祀犧牲的探討、祭祀地點、祭祀時間、祭祀方法等，試圖復原殷商時期的祭祀活動。此外，更有利用語法學觀點，全面整理祭祀動詞，透過語法結構分析，進一步探討祭祀動詞的含意，提供了研究祭祀活動使用的新工具。〔註3〕以上的研究面向，實對殷商時期的宗教與祭祀課題，有全面深入的認識，並且對照傳世文獻之記載，建構了殷商的宗教與祭祀文化。

然而，研究歷史中，利用宗教學、人類學觀點對殷商宗教進行論述是較為少見的，且多以為殷人信鬼神而不重人事，是一個瀰漫著神權思想的宗教文化。當然，就事實而言，「殷人尊神」之說筆者並不反對，從卜辭來看的證據也是如此。可是，跳脫卜辭的占卜性質，從卜辭中，可以看到別於信仰之外的東西嗎？本論文將藉人類學的思考，來分析殷商時期的自然神信仰，就

〔註1〕 關於盤庚遷殷至帝辛的年代考證，《史記‧殷本紀‧正義》引《竹書紀年》云：「自盤庚徙殷至紂之滅，七百七十三年，更不徙都。」見〔漢〕司馬遷撰，〔宋〕裴駰集解，〔唐〕司馬貞索隱，〔唐〕張守節正義：《史記》（臺北：藝文印書館，2005年）上，頁64下。瀧川龜太郎《史記會注考證》作：「自盤庚徙殷至紂之滅，兩百七十五年，更不徙都。」見〔日〕瀧川龜太郎：《史記會注考證》（臺北：萬卷樓圖書股份有限公司，1993年），頁60下。朱右曾《古本竹書紀年》作：「兩百七十三年，都不徙都。」見〔清〕朱又曾輯，王國維校補：《古本竹書紀年輯校》（瀋陽：遼寧教育出版社，1997年），頁9。雷學淇《竹書紀年義證》文作：「兩百五十二年，更不徙都。」見〔清〕雷學淇：《竹書紀年義證（上）》（臺北：藝文印書館，1959年），頁168。可知盤庚遷殷至紂滅的年代記有「七百七十三年」、「兩百七十五年」、「兩百七十三年」，「兩百五十二年」。其中「七百七十三年」之說較不合理，因盤庚至辛紂有十二王，平均起來每王皆達六十年。其餘三說之正確性，筆者在此不予考證，遂以「兩百餘年」概說盤庚遷殷至紂滅的大約年數。

〔註2〕 〔漢〕鄭玄注，〔唐〕孔穎達正義：《禮記正義》（臺北：藝文印書館《十三經注疏》本，1955年），頁915下。

〔註3〕 鄭繼娥從語法學分析，確定了74個祭祀動詞，將它們分成、甲乙、丙、丁四類。語法分析提供了新的研究工具。詳見鄭繼娥：《甲骨文祭祀卜辭語言研究》（成都：巴蜀書社，2007年）。

其本質作一論述，期許給它一種客觀之認識，提出自然崇拜並不一定純然迷信、溺於神鬼，而是在自然的客體物事裡得出生活之規律，獲取自然知識，且應用於人類主體的生活之中。

　　呂大吉提出宗教的基本要素有兩類：一類是宗教的內在因素，一類是宗教的外在因素。內在因素有兩部分：1.宗教的觀念或思想，2.宗教的情感與體驗。外在因素亦分兩部分：1.宗教的行為或活動，2.宗教的組織與制度。〔註4〕是故要討論一種宗教文化，內在與外在因素都要兼顧。在殷商宗教信仰研究裡，甚少針對某一類神祇作宗教概念之分析，論述其人對祂們的宗教情感和態度，論其宗教意識的形成。而宗教活動，雖研究祭祀動詞者多有，然將祭祀儀式、祭祀牲品的象徵意義與受祭者結合的說明，論述甚少。此為筆者撰寫本論文的動機和目的，期望藉由不同的視角來研究殷商的自然神信仰。

　　因此，本論文一方面基於殷人遺留下來的宗教史料進行整理、分析和歸納。另一方面，藉由宗教學視域，包含宗教史學、宗教人類學、宗教社會學、宗教心理學、宗教現象學、宗教哲學等〔註5〕，探討殷商的自然神信仰與祭祀的文化現象。

第二節　文獻回顧與探討

　　百餘年的甲骨學研究，關於殷代鬼神崇拜與祭祀的宗教信仰問題，始自甲骨文發現不久，就有學者作了初步討論。卜辭證明，商代敬畏和崇拜的鬼神眾多。卜辭記載的崇拜對象有上帝，有日、雲、風、雨、雷等自然神，有高祖、先公、先王、先妣等祖先神。上述所提的受祭對象，反映殷商時期先民對於人外世界的想像，認為氣候變化、農事收成、征戰勝敗、田獵獲取，甚至近至人的疾病、夢境、分娩等，都受控於超人間的神秘力量。殷人透過

〔註4〕呂大吉：《宗教學通論新編（上）》（北京：中國社會科學出版社，2004年），頁76。
〔註5〕宗教史學是研究各種不同宗教的歷史；宗教社會學主要研究宗教與社會的關係，在社會上的作用；宗教現象學在於說明宗教的真實性，將宗教現象說成宗教本質的表現。詳見呂大吉主編：《宗教學綱要》（北京：高等教育出版社，2003年），頁7～8。宗教人類學是探討宗教的文化功能，形成文化習俗、鞏固文化秩序的過程；宗教心理學是以宗教情感為出發點，關心人與神之間的交流。詳見張志剛：《宗教學是什麼》（北京：北京大學出版社，2002年），頁15～35，頁57～85。

卜問、祭祀儀式，希望藉由人事鬼神的方法，企求鬼神庇佑。這些帶有宗教意味的卜辭，不僅顯示出殷人重視鬼神的程度，也說明殷人對於未知力量的看法。

　　文獻回顧與探討部分，第一部分回顧至今殷商宗教信仰的學者研究成果，呈現其議題面向。第二部分探討近十年來的碩博士論文。

一、學者研究之成果

　　甲骨學一百一十年來關於殷商自然神信仰的問題，學界討論主題有祭祀對象的分類、帝是否為至上神、四方風神討論。茲就此三個方向分列敘述。

（一）祭祀對象的分類

　　卜辭中崇拜對象之研究，始於1904年孫詒讓《契文舉例》一書。其書第四篇〈釋鬼神〉云：

> 《周禮》大宗伯掌建邦之天神、人鬼、地示之禮，通謂之吉禮，龜文亦三者咸有。天神則有「帝」，地示則有「方岳」，人鬼則有「田正」及「祖、父、母、兄」等皆是也。或為就其神而卜事之吉凶，或因祭其神而卜其牲日之等。〔註6〕

雖孫氏誤釋「上甲」為「田」，但其為第一位結合文獻將商人崇拜之鬼神劃分為：天神、地示、人鬼三類。

　　1956年陳夢家《殷墟卜辭綜述》第十七章〈宗教〉，分別卜辭所見之祭祀對象，承孫詒讓據《周禮・大宗伯》分成三類：

> 甲：天神―上帝、日、東母、西母、雲、風、雨、雪。
>
> 乙：地示―社、四方、四戈、四巫、山、川。
>
> 丙：人鬼―先王、先公、先妣、諸子、諸母、舊臣。〔註7〕

孫詒讓和陳夢家皆據文獻，替卜辭中的祭祀對象分類。日本學者島邦男於1958年撰《殷墟卜辭研究》一書，其重點有二：殷室祭祀與殷代社會兩部分。其中第一篇〈殷室的祭祀〉，祭祀的對象有兩類：一為內祭，是對先王先妣的祭祀；二為外祭，即是祭拜上帝、自然神、高祖神、先臣神。〔註8〕

〔註6〕孫詒讓：《契文舉例》（濟南：齊魯書社，1993年），頁24。

〔註7〕陳夢家：《殷墟卜辭綜述》（北京：中華書局，1988年），頁562。後引用者，簡稱《綜述》。

〔註8〕〔日〕島邦男：《殷墟卜辭研究》（臺北：鼎文書局，1975年），頁52～254。

　　其後，晁福林、朱鳳瀚藉宗教學的理論，回歸卜辭所見鬼神的特點，改進《周禮》的分類方法。宋鎮豪認爲他們的作法主要是突出上帝的地位，把地示和部分天神納入自然神的範疇，並把人鬼稱爲祖先神。〔註9〕1990年，晁福林〈論殷代神權〉認爲祖先神、天神和自然神三者呈現著三足鼎立的勢態。〔註10〕1993年，朱鳳瀚〈殷商時期的天神崇拜〉〔註11〕一文，和其1996年發表〈商人諸神之權能與其類型〉〔註12〕，將卜辭所見神靈劃分四類：

1. 上帝。
2. 自然神，如土、方。
3. 由自然神人格化（將自然神與有功德得祖先合二爲一）有明顯自
   　然神色彩的祖神，如河、岳。
4. 非本於自然神的祖靈：與商王有血緣關係、與商王有明確世系關
   　係的祖神、部分對商王發展有功績的舊臣。〔註13〕

朱氏的分類，提供學者對於卜辭祭祀對象一種重新、細密之認識。朱氏認爲河、岳是由自然神人格化的祖神，但亦有學者認爲河、岳是爲自然神。可見，祭祀對象的劃分並不容易，其取決於研究者對於神靈性質的界定。

（二）帝是否為至上神

　　1944年，胡厚宣〈殷代的天神崇拜〉始爲細緻考察甲骨材料中「帝」權能的文章。此文歸納出「帝」有八種權能，並提出上帝崇拜的重要原則：帝的神權至高無上、帝不受祭享。上帝與先公先王的關係，認爲商人帝祭先公遠祖，以其德可配天，又可「賓於帝」，說明先祖可配天，稱作「帝臣」，是在帝之左右可供驅使。可見上帝可以支配祖先神靈以降災或是致福。〔註14〕

　　1956年，陳夢家《殷墟卜辭綜述‧宗教》一章，討論內容有：上帝權威、帝廷及其臣正、風雨諸神、帝之一些問題等四部分。陳氏考察上帝權能、上

〔註9〕宋鎮豪、劉源：《甲骨學殷商史研究》（福州：福建人民出版社，2006年），頁292。

〔註10〕晁福林：〈論殷代神權〉，《中國社會科學》1990年第1期，頁99～112。

〔註11〕朱鳳瀚：〈商周時期的天神崇拜〉，《中國社會科學》1993年第4期，頁191～211。

〔註12〕朱鳳瀚：〈商人諸神之權能與其類型〉，收入吳榮曾主編：《盡心集：張政烺先生八十歲壽論文集》（北京：中國社會科學出版社，1996年），頁57～79。

〔註13〕朱鳳瀚：〈商人諸神之權能與其類型〉，頁73。

〔註14〕胡厚宣：〈殷代的天神崇拜〉，收入胡厚宣：《甲骨學商史論叢初集（外一種）（上）》（石家庄：河北教育出版社，2002年），頁206～241。

帝的臣屬及其相關問題，並對上帝的性質作了討論。其對於上帝的看法是：掌管自然天象的主宰，有一個以日月風雨為其臣工使者的帝廷。上帝之令風雨，降禍福是以天象示其恩威，而天象中風雨之調順，實為農業生產的條件，所以殷人上帝雖也保佑戰爭，而其主要的實質是農業生產的神，並無人格化的屬性。〔註15〕

1958年，島邦男《殷墟卜辭研究》，整理郭沫若、董作賓、胡厚宣、陳夢家的說法，認為帝有：1.支配自然之力，2.降禍福於人事之力。得出之結論為：帝是命令雨、風、電、暵、稔穀等自然現象，主宰戰勝、戰敗、喪亂與疾病，王者必須卜問帝意之許諾以行事。〔註16〕此與胡厚宣、陳夢家認為帝是殷人的至上神類似。此外，島邦男提出祭祀上帝的卜辭，為其創見。〔註17〕

「上帝是商人至上神」的觀點，直至20世紀90年代，開始有學者提出質疑。晁福林認為帝只是商代諸神之一，反而是商人祖先神居於顯赫地位。晁氏的觀點認為，支配氣象非帝的特權，且帝對於人間禍福或保佑具有盲目性，不存在天人感應的因素。此外，帝不受到祭祀，可推知帝不具有免除災禍的能力，故其影響力比祖先神、河、岳等都小得多。而「賓於帝」之記載，說明帝與祖先神是平等的。〔註18〕晁福林的說法，與之前胡厚宣的看法大大不同，實替殷人上帝崇拜問題提出了進一步討論。朱鳳瀚〈殷商時期的天神崇拜〉和〈商人諸神之權能與其類型〉兩篇文章，分析帝與其他諸神的權能，深入討論帝是否為至上神、保護神的問題。其結論指出，上帝的出現應與商人對超越祖先神、自然神權能之上的統一整個世界，並給予其秩序力量的宗教性思索有關。但是因為這種宗教性的思索還在繼續發展之中，並未濃縮成一個最高品位的神，因此上帝雖已成為天神的主宰，卻未在商人神靈體系中樹立起至上神的形象。〔註19〕

晁福林和朱鳳瀚依據卜辭的整理，藉宗教學理論分析上帝性質，提出帝非至上神的說法。朱天順《中國古代宗教初探》提出：

〔註15〕陳夢家：《綜述》，頁580。
〔註16〕〔日〕島邦男：《殷墟卜辭研究》，頁208。
〔註17〕島邦男舉例有四：1.「帝使」是「有事於上帝」之義。2.「于帝使風」是「在對帝的祭祀中，祈求止風」。3.「來年于帝」。4.「其示帝」。見〔日〕島邦男：《殷墟卜辭研究》，頁195～204。
〔註18〕晁福林：〈論殷代神權〉，《中國社會科學》1990年第1期，頁99～112。
〔註19〕朱鳳瀚：〈商周時期的天神崇拜〉，頁191～211。〈商人諸神之權能與其類型〉，頁57～79。

　　殷商時期之所以會產生上帝崇拜，其根本原因在於殷商王朝的建
　　立，要求宗教出現一個比原有諸神更強有力的大神來維護其統治的
　　權威。〔註20〕

以政治上殷王唯我獨尊的觀念，以及朝廷治理機構的出現，以政治上的一元
化，在宗教信仰也要求一元化，遂使得「帝」有至上權威。張榮明《殷周政
治與宗教》言宗教世界是現實世界的投影，從原始部落聯盟到權力至上的
「王」，於是天界諸神也出現權力和地位至尊的「帝」，其可統轄自然神靈和
社會神靈的神力，是爲天神世界的至上之神。〔註21〕另外，馮時以天文學觀
點指出，帝居於天之中央，是北天極，且在北斗作爲極星的時代，天是地上
先民景仰之對象，而天上眾星圍繞北極作拱極運動，是故北極作爲宇宙中心
的地位，完美表現了天地主宰萬物的至尊地位。〔註22〕

（三）四方風神的討論

　　祭拜四方神、四方風神，是陳夢家提出的自然神範疇受學者關注的對象
之一。討論的論文有：1944年，胡厚宣〈甲骨文四方風名考證〉〔註23〕；1954
年，楊樹達〈甲骨文中之四方風名與神名〉〔註24〕；1956年，胡厚宣〈釋殷
代求年於四方和四方風的祭祀〉〔註25〕；1979年，于省吾〈釋四方與四方盉的
兩個問題〉〔註26〕；1985年，李學勤〈商代的四風和四時〉〔註27〕；1994年，
馮時〈殷卜辭四方風研究〉〔註28〕；2004年，王暉〈論殷墟卜辭中方位神和

〔註20〕 朱天順：《中國古代宗教初探》（臺北：谷風出版社，1986年），頁245～250。

〔註21〕 張榮明：《殷周政治與宗教》（臺北：五南圖書出版，1997年），頁26～27。

〔註22〕 馮時：《中國古代的天文與人文》（北京：中國社會科學院，2006年），頁64
　　　　～84。

〔註23〕 胡厚宣：〈甲骨文四方風名考證〉，收入《甲骨學商史論叢初集（外一種）上》，
　　　　頁265～276。

〔註24〕 楊樹達：〈甲骨文中之四方風名與神名〉，收入楊樹達：《積微居甲文說，耐林
　　　　廎甲文說，卜辭瑣記，卜辭求義》（上海：上海古籍出版社，2006年），頁77
　　　　～83。

〔註25〕 胡厚宣：〈釋殷代求年于四方和四方風名的祭祀〉，《復旦學報》（人文科學版）
　　　　1956年第1期，頁49～86。

〔註26〕 于省吾：〈釋四方與四方盉的兩個問題〉，見于省吾：《甲骨文字釋林》（北京：
　　　　中華書局，1979年），頁123～128。

〔註27〕 李學勤：〈商代的四風和四時〉，收入《李學勤文集》（上海：上海辭書出版社，
　　　　2005年），頁152～157。

〔註28〕 馮時：〈殷卜辭四方風研究〉，《考古學報》1994年第2期，頁131～153。

風神蘊義及原型演變〉。〔註29〕學者將四方風名與四時物候連繫起來，使祭拜四方的問題，觸角延伸到商代的宗教、曆法、天文的領域。

二、臺灣與大陸的碩博士論文

關於殷商祭祀卜辭、祭祀觀念，或探討殷商宗教的學位論文，收集如下：

（一）博士論文

1. 謝忠正：《殷周至上神之信仰與祭祀》，臺北：臺灣師範大學國文研究所博士班，1980 年。
2. 金經一：《甲文所見殷人崇祖意識形態研究》，臺北：中國文化大學中國文學研究所博士班，1990 年。
3. 吳俊德：《殷墟第四期祭祀卜辭研究》，臺北：臺灣大學中文研究所博士班，2002 年。
4. 李立新：《甲骨文中所見祭名研究》，北京：中國社會科學院研究生院中國古代史專業博士學位論文，2003 年。

上述論文中，謝忠正《殷周至上神之信仰與祭祀》將殷之帝當作至上神，分析了帝的權威和其統屬，認為帝超越祖先而有自然神的性質。並且提出殷人祭帝的肯定，提出祭帝不顯著的原因是「就民俗學上至上神不常受祭」、「祭帝混入地祇或祖先神之祀典」。金經一《甲文所見殷人崇祖意識形態研究》，利用董作賓五期歷時探討殷人的崇祖意識，認為從最初崇神崇祖混合期（武丁時代），經過哲學突破期（祖甲）、轉換期（廩辛、康丁）、衝突期（武乙、文丁）至帝乙、帝辛之定型期，代表了崇祖意識之確立。

吳俊德《殷墟第四期祭祀卜辭研究》探索武乙、文丁時期之祭祀活動，以計量方式全面討論第四期的祭祀卜辭，依「祭祀種類」、「祭祀對象」、「祭祀牲品」、「祭祀時間」、「祭祀地點」五項分論敘述。另外，第四期斷代的問題，吳俊德根據「字體分類」、「地層關係」、「人物活動」三方面評議，佐以「鑽鑿形態」，認為王族（自、子、午）和歷組卜辭為第四期。

李立新《甲骨文所見祭名研究》，全面統計甲骨文中的祭祀動詞，羅列、比較、篩選陳夢家、島邦男、于省吾、姚孝遂等人統計的祭名，得出 211 個祭

〔註29〕 王暉：〈論殷墟卜辭中方位神和風神蘊義及原型演變〉，《2004 安陽殷商文明國際學術研究會論文集》（北京：社會科學文獻出版社，2004 年），頁 320～326。

祀動詞，採用董作賓新舊分派之作法，逐一討論祭祀動詞之意涵、時代、應用之祭祀對象、主祭者、祭品、舉行的時間、地點等。

（二）碩士論文

1. 孫叡徹：《從甲骨卜辭來研討殷商的祭祀》，臺北：臺灣大學中文研究所碩士班，1980 年。
2. 黃淑雲：《甲骨文所見之天神資料研究》，臺南：成功大學中文研究所碩士班，1991 年。
3. 潘佳賢：《殷卜辭祭品研究》，臺北：臺灣師範大學國文研究所教學碩士班，2002 年。
4. 方稚松：《殷墟卜辭中天象資料的整理與研究》，北京：首都師範大學漢語言文字學碩士論文，2004 年。
5. 常新枝：《殷商時期的宗教信仰》，鄭州：鄭州大學先秦史專業碩士論文，2005 年。
6. 張宇衛：《甲骨文武丁時期王卜辭與非王卜辭之祭祀研究》，臺南：成功大學中文研究所碩士班，2006 年。

　　孫叡徹《從甲骨卜辭來研討殷商的祭祀》論文五章討論：祭祀的種類、祭祀的對象、諸神的權能、祭祀的時間場所、祭品。是全方面討論卜辭祭祀現象的研究，值得作為本論文之參考。黃淑雲《甲骨文所見之天神資料研究》以「天神」作為研究對象，討論天神的祭祀活動，佐傳世文獻，將殷代天神作一整理。潘佳賢《殷卜辭祭品研究》用計量方式，全面爬梳殷卜辭中祭品的使用狀況。方稚松對甲骨文中的日月蝕、星宿記錄、月比斗提出分析，認為二十八宿在卜辭中僅有祭祀大火和斗。常新枝《殷商時期的宗教信仰》提出商朝的宗教信仰形式是多神且具原始性。闡釋了占卜的制度、方法和特點，說明宗教在政治生活中的重要性。張宇衛《甲骨文武丁時期王卜辭與非王卜辭之祭祀研究》以武丁時期的卜辭為材料，藉兩種不同的貞卜集團「王卜辭」和「非王卜辭」的祭祀，反映宗族祭祀之差異。

　　由文獻回顧可知，關於殷商信仰的研究，集中在祭祀卜辭、祭祀祭品、天神崇拜、崇祖意識等方面，通過全面計量的方式整理卜辭，再加以歸納分析，以呈現研究重點。筆者將在時賢的基礎上，選擇較少討論的自然神信仰為主題，從宗教思想面著手，論述殷商自然神信仰的本質和其文化形態。

第三節　研究材料與範圍

　　本節第一部分是研究材料的來源。第二部分是論述本論文的研究對象，確定殷商自然信仰之神祇為何。第三部分是本論文甲骨分期斷代之確定，為論證殷墟卜辭裡自然神信仰時代變化的依據。

一、殷商自然神信仰的卜辭來源

　　本論文的卜辭材料，主要依據中國社會科學院歷史研究所編之《甲骨文合集》〔註30〕（以下簡稱《合集》），此書為甲骨文材料的集大成之作，是甲骨文和殷商史研究的重要書目之一。《合集》收有 41956 片拓本，分訂十三冊。四萬多片的拓本，其整理和歸納的方向有二：一是時代分期，二為內容分類。分期依照董作賓五期分類，一至七冊為第一期，八冊為第二期，九至十一冊為第三期和第四期，十二冊為第五期。十三冊是摹本。卜辭內容分成四大類二十二小類，本論文的研究主題，即是思想文化類，藉以考察卜辭所呈現的自然神信仰現象。

　　除以《甲骨文合集》為主要材料外，姚孝遂主編《殷墟甲骨刻辭摹釋總集》〔註31〕（以下簡稱《摹釋》）和《殷墟甲骨刻辭類纂》〔註32〕（以下簡稱《類纂》），兩本大型殷墟甲骨刻辭摹釋工具書，亦是本論文輔以研究的重要材料。《摹釋》收錄《甲骨文合集》41956 片，《小屯南地甲骨》4626 片，《英國所藏甲骨集》2674 片，《東京大學東洋文化研究所藏甲骨文字》1315 片，《懷特氏等所藏甲骨文集》1915 片。總共 52486 片。按照卜辭以楷書摹釋。《類纂》以常見辭條為卜辭分類之單位，將有相同辭條的卜辭收羅出來方便使用。此外，《甲骨文合集補編》〔註33〕（以下簡稱《合補》）亦是重要材料，此書收《合集》中未收錄、近年綴合之成果，共 13450 片，可作為研究之材料。故以《甲骨文合集》、《摹釋》、《類纂》、《合補》四部工具書，作為本論文的卜辭材料。

　　此外，王國維力倡「二重證據法」來研究古代歷史。因此，地下出土材料有《甲骨文合集》、《摹釋》、《類纂》套書中的殷墟卜辭，以及殷商時期的

〔註30〕郭沫若主編：《甲骨文合集》全十三冊（北京：中華書局，1978～1982 年）。
〔註31〕姚孝遂主編：《殷墟甲骨刻辭摹釋總集》全二冊（北京：中華書局，1988 年）。
〔註32〕姚孝遂主編：《殷墟甲骨刻辭類纂》全三冊（北京：中華書局，1989 年）。
〔註33〕彭邦炯、謝濟、馬季凡編：《甲骨文合集補編》全七冊（北京：語文出版社，1999 年）。

考古報告。其次，紙上材料是指和殷商鬼神崇拜相關的文獻和學界論述。經典文獻方面，以《尚書》、《禮記》、《史記》等等和殷人宗教的相關文獻，作補充論證之說明。

二、殷商自然信仰對象的確定

殷墟甲骨卜辭所見殷人鬼神崇拜對象眾多，孫詒讓和陳夢家根據《周禮》之分類，甲骨文中鬼神崇拜的區分成「天神」、「地示」、「人鬼」，可簡化成「自然神」和「祖先神」兩類。自然神是大自然之神化，祖先神則是對死去祖先的崇拜。本論文以「自然神」崇拜和信仰為主，學者對殷商自然神對象的討論，島邦男提出自然神僅有河、岳、土，其餘日、月、風等均非神祇〔註34〕；宋鎮豪認為殷商自然神有日神、氣象諸神（如風雨雲虹等）〔註35〕；晁福林言：「（殷商）自然神以土（社）、河、岳為主要」〔註36〕，朱鳳瀚言：「（殷商）自然神如土、方，由自然神人格化而形成，有明顯自然神色彩的祖神，如河、岳。」〔註37〕朱氏以「河、岳、土」是「具自然神色彩的祖神」，將他們歸類為「祖神」。朱歧祥〈殷商自然神考〉中，討論對象有：帝、四方神、日神、雲神、山神、岳神、丘神、火神、土神、水神、風神、雪神、雷神、東母西母等十四個，以河、岳、土為自然神。〔註38〕殷商時期的祭祀對象，「河、岳、土」是祖先神還是自然神，學者各有所執。贊成其為祖先神的觀點，以卜辭有「高祖河」並稱，遂將河視為高祖，且「河、岳、土」多共祭，故性質相同。

在殷代世系中有「相土」，王國維遂將「土」當為「相土」，是殷先公之一。〔註39〕持反對觀點者，李學勤提出「河」、「岳」當屬自然神為佳〔註40〕；李孝定言：「卜辭河岳為實有之山川。在古人心目中名山大川各有神祇主之，

〔註34〕〔日〕島邦男：《殷墟卜辭研究》，頁215～233。
〔註35〕宋鎮豪：《夏商社會生活史》（北京：中國社會出版社，1994年），頁459～497。
〔註36〕晁福林：〈論殷代神權〉，頁6～9。
〔註37〕朱鳳瀚：〈商人諸神之權能與其類型〉，頁73。
〔註38〕朱歧祥討論十四位自然神，但是排除了「丘神」、「火神」、「雪神」、「雷神」為神祇之思考，認為殷人祭祀丘商是地名，非丘神；火、雪、雷三神，不知是否為神靈，或只是自然現象。朱歧祥：〈殷商自然神考〉，收入《甲骨文研究——中國古文字與文化論稿》（臺北：里仁書局，1998年），頁445～461。
〔註39〕《詁林》，第二冊，「土」字條，頁1181。
〔註40〕李學勤：〈評陳夢家卜辭綜述〉，《考古學報》1957年3期，頁123。

此於各種宗教思想不乏其例，殷人於以求年卜曰問吉亦無足怪之。甚者以殷之先公之說比傅〈殷本紀〉則紛擾耳。」〔註41〕筆者認同「河、岳」是自然神，殷人所崇拜的河、岳，是一個特定的自然界對象，非殷人之先祖。「高祖河」應爲「高祖」和「河」分釋。細審其卜辭：

　　辛未貞：桼禾于高祖？

　　辛未貞：桼禾于岳？

　　辛未貞：桼禾于河？

　　辛未貞：桼禾于高祖、河？

　　辛未貞：桼禾于高祖，燎五十牛？

　　辛未貞：桼禾于河，燎三牢，沉三牢，宜牢？　　　　　《合》32028

此爲祈求年成之辭，卜問對象爲高祖、岳、河三者。楊升南認爲「六詞兩兩對貞卜問」，「桼禾于河」、「桼禾于高祖河」對貞，故「河」是高祖。〔註42〕筆者認爲此非兩兩對貞卜問，而是對桼禾對象之選擇、取捨之貞問。殷人要祈求年成，列出高祖、岳、河，或是高祖和河之四種方案而選擇受祭者。另外，高祖和河之犧牲有不同，若「高祖河」連讀，何不卜問「高祖河」受享所需備之牲品，遂不須分別卜問，因此「高祖河」不能連讀。其他證據如：「辛未卜：桼禾于高眔河？」〔註43〕「眔」爲連詞同「暨」，乃貞問是否求禾於高（祖）和河，爲兩個對象。再者，土非「相土」，是指土地本身，卜辭之「土」同「河」、「岳」一樣，殷人皆認爲有神主之，遂對其崇拜和祭祀。於是，「河、岳、土」爲自然神衹，不屬於祖先神的範圍。

本文欲討論的殷商自然神對象，爲「天神」和「地示」的自然神。朱歧祥對自然神的界定有三個條件：一爲殷人的祭祀對象，二爲在殷人認知中有超乎常人的能力，三爲自然界中特定或抽象對象。〔註44〕以上三個條件，筆者贊同，並補充一點，「崇拜現象」也是自然神界定的一個條件，如殷人對虹之崇拜，認爲虹是神靈，對人世有影響，雷亦是如此，此皆爲自然神範圍。「帝」是朱歧祥界定條件的「抽象對象」，根據帝之特性和權能，將「帝」置於自然神。因此，本論文討論的自然神分爲三大類，共十九個對象，製表如下：

─────────────

〔註41〕李孝定：《甲骨文字集釋》，頁 2940。

〔註42〕楊升南：〈殷墟甲骨文中的「河」〉，《殷墟博物苑苑刊》創刊號（1989 年），頁57～58。

〔註43〕辭例來源：《屯》916。

〔註44〕朱歧祥：〈殷商自然神考〉，頁 445。

1	帝神	帝
2	天神	天體諸神：日、月、星 氣象諸神：風、雨、雲、雪、雷、虹
3	地祇	水神類：水、河 山神類：山、岳 地神類：土、方、巫、東母、西母

以上即爲本論文的討論對象，藉此分析殷商自然神信仰的意識和其特徵。

三、甲骨文分期斷代的確定

甲骨文的分期斷代，是依據甲骨文之字形、語法、文例、內容等事項，判別甲骨文材料所屬時代。殷墟出土十萬多片甲骨〔註45〕，從盤庚遷殷至紂辛之滅，經歷八世十二王，共兩百餘年，甲骨文則屬於此時的歷史材料，若不作精細的斷代分期，考察是何代之物，則僅是一堆無章史料，得不到史料價值和學術價值的呈現。所謂的斷代，誠如董作賓言「把每一塊甲骨上所記的史實，還他個原有的時代」〔註46〕，如此則不會將時代錯置，而把不同時代的事情混爲一談。〔註47〕研究思想之變遷，時代先後是關鍵，以甲骨文研究殷商的宗教現象、宗教思想變化，須藉助斷代概念，以利分析研究。

以下就學者對甲骨文分期斷代的說法作一爬梳，以明論文的卜辭斷代標準。

（一）甲骨文分期斷代研究回顧

1899 年甲骨文出土後，1917 年王國維首先利用先人稱謂來判斷卜辭年代。〔註48〕1933 年，董作賓《甲骨文斷代研究例》系統且具體提出甲骨文

〔註45〕據陳煒湛分析董作賓的甲骨片統計數目，得出自甲骨出土以來，約有十萬片甲骨。見陳煒湛：《甲骨文簡論》（上海：上海古籍出版社，1999 年），頁 9～11。
〔註46〕董作賓：《甲骨文斷代研究例》（臺北：中央研究院歷史語言研究所，1965 年），頁 1。
〔註47〕郭沫若針對材料的處理有一段言論：「無論作任何研究，材料的鑑別是最必要的基礎階段。材料不夠固然大成問題，而材料的眞僞或時代性如未清楚規定，那比缺乏材料更加危險。因爲材料的缺乏，頂多得不出結論而已，而材料不正確便會得出錯誤的結論。這樣的結果比沒有更要有害。」由此可知，利用甲骨文研究殷商文化，甲骨片的時代辨別成爲重要工作之一。郭沫若：〈古代研究的自我批判〉，《十批判書》（出版地不詳：羣益出版社，1946 年），頁 2。
〔註48〕王國維〈殷卜辭先公先王考〉一文，以殷王世系和父兄之稱謂，考察「王賓

斷代的十個標準：世系、稱謂、貞人、坑位、方國、人物、事類、文法、字形、書體，並以十個標準將甲骨文材料分爲五期：第一期：武丁及其以前（盤庚、小辛、父乙）；第二期：祖庚、祖甲；第三期：廩辛、康丁；第四期：武乙、文丁；第五期：帝乙、帝辛。〔註49〕董作賓以貞人爲首要標準，加上世系、稱謂，可定甲骨之斷代分期。陳夢家《殷墟卜辭綜述》承董說，但排除坑位，延伸歸納出三個標準：第一標準是世系、稱謂、貞人，是首要條件；第二標準是字體、詞彙、文例，據此辨別無貞人卜辭的年代；第三個標準是制度的不同（祭祀、天象、年成、征伐、王事、卜旬）。〔註50〕陳夢家利用三個條件，於董作賓基礎上，分成九期，以武丁爲早期，祖庚、祖甲、廩辛、康丁、武乙、文丁六王卜辭爲中期，帝乙、帝辛卜辭爲晚期。然此分期方法有其限制，將每一片甲骨劃分在每一個世系之下是有困難的，所以陳夢家又以「貞人集團」〔註51〕概念將卜辭細分成「貞人組」，爲自組、子組、賓組、出組兄群、出組大群等類別，對甲骨斷代研究是一個很大的進步，導向更爲細密的程度。其後，李學勤於1957年〈評陳夢家殷墟卜辭綜述〉一文言：

> 卜辭的分類和斷代是兩個不同的步驟，我們應先根據字體、字形等特徵分卜辭爲若干類，然後分別判定各類所屬時代。同一王世不見得只有一類卜辭，同一類卜辭也不見得屬於同一個王世。〔註52〕

文中說明了以王世分期對卜辭進行斷代是不可行的，反駁了以「王世」來分期的觀念。認爲分類標準應以「字體」爲依據，將字體分成若干類，分類之上有分組，組之劃分以貞人系聯，分成自組、賓組、出組、何組、黃組、無名組等。〔註53〕分組之後，再推定其時代的上下限。並根據字體分類，認爲

父丁歲三牛暨兄己一牛、兄庚□□」、「貞兄庚□暨兄己」的卜辭，認爲是「祖甲時所卜」。在王國維之前，羅振玉也有以稱謂爲斷代依據，但不見其著作有明言。見於王國維在卜辭「父甲牡父庚一牡父辛一牡」指出爲「武丁所卜」，且著明「羅參事說」，說明羅振玉發現此片爲武丁時期卜辭。王國維：〈殷卜辭先公先王考〉，《觀堂集林附別集》（北京：中華書局，1991年），第二冊，頁431，頁434。

〔註49〕董作賓：《甲骨文斷代研究例》，頁2～3。

〔註50〕陳夢家：《綜述》，頁135～206。

〔註51〕「貞人集團」由董作賓提出，藉同版卜辭系聯各個貞人，形成貞人集團，可判別年代。參董作賓：《甲骨文斷代研究例》，頁27～32。

〔註52〕李學勤：〈評陳夢家殷墟卜辭綜述〉，《考古學報》1957年3期，頁124。

〔註53〕所爲字體分類乃是根據類型學。李學勤、彭裕商言：「卜辭的類型學分析就是

「1933 年董作賓提出的五期分法，早已陳舊」〔註 54〕，遂提出新的斷代構想。以甲骨出土地點的不同，將村北和村南卜辭分成兩系，於〈殷墟甲骨分期的兩系說〉一文中提出：

> 所謂兩系，是說殷墟甲骨的發展可劃爲兩個系統，一個系統是由賓組發展到出組、何組、黃組，另一個系統是由𠂤組發展到歷組，無名組。兩個系統間有一定的互相關係，但又有清楚的區別。……林澐、彭裕商兩先生對這個看法給予補正。根據他們的看法，𠂤組是兩系的共同起源，黃組可能是兩系的共同歸宿，這無疑是極有啓發的。〔註 55〕

李學勤「兩系說」提出卜辭分類和斷代的兩個優先步驟，第一是字體、第二是貞人，其後在藉稱謂、考古學（地層關係）、卜辭間相互聯繫來作爲斷代根據，分期仍不離「十個標準」，但以「文字的類型學」爲第一標準。林澐〈無名組卜辭父丁稱謂的研究〉一文中闡述強調「字體」爲分類觀點，言「細緻的分類只能根據字體」〔註 56〕。李學勤「兩系說」的理論實踐，以 1991年黃天樹《殷墟王卜辭的分類和斷代》、1994 年彭裕商《殷墟甲骨斷代》和 1996 年李學勤和彭裕商《殷墟甲骨分期研究》爲代表。黃天樹依據字體系聯而得到一類卜辭，將李學勤的「歷組」、「無名組」、「黃組」改成「歷類」、「無名類」、「黃類」，並言：「以字體爲標準來分類，從理論上是可行的。現代筆跡學的研究成果告訴我們，一個人在不同時期留下的筆跡雖有差異，但基本特徵不會變，仍保持自身的書寫習慣。」〔註 57〕強調字體爲分類第一標準。彭裕商在甲骨斷代說：「應使用考古學的方法，先分類，再斷代。分類的標準是字體和卜人。」〔註 58〕亦是應用兩系說的概念替甲骨分期。之後，彭裕商和李學勤合撰的《殷墟甲骨分期研究》是李學勤對自己提出的理論、方法

　　按照文字的字體，包括字的結構特點與書寫風格，劃分成若干組。這一過程，稱之爲分類。」見李學勤、彭裕商：〈殷墟甲骨分期新論〉，《中原文物》1990年第 3 期，頁 37。

〔註 54〕李學勤：〈論「婦好」墓的年代及有關問題〉，《文物》1977 年第 11 期，頁 35。
〔註 55〕李學勤：〈殷墟甲骨分期的兩系說〉，《古文字研究》第 18 輯（1992 年），頁26。
〔註 56〕林澐：〈無名組卜辭父丁稱謂的研究〉，《古文字研究》第 13 輯（1986 年），頁30～31。
〔註 57〕黃天樹：《殷墟王卜辭的分類與斷代》（臺北：文津出版社，1991 年），頁 8。
〔註 58〕彭裕商：《殷墟甲骨斷代》（北京：中國社會科學出版社，1994 年），頁 21。

體系之實踐。以上三書，是兩系說深化和繼續研究之成果，也是目前對於甲骨分期理論的最新方法。

再者，李學勤對於兩系說的分類發展情況如下圖〔註59〕：

（村北）　自組 → 自賓間組 → 賓組 → 出組 → 何組 → 黃組

（村南）　→ 自歷間組 → 歷組 → 無名組 → 無名黃間類 →

以線性方式表達時代上的順序。然而，黃天樹提出他的說法：

> 有相承嬗變觀系的同一系卜辭，類與類、組與組之間在時代上的相
> 互關係，也不是簡單沿著一條直線序列嬗變的，往往出現互相參差、
> 相互疊合等錯綜複雜的局面。新類與舊類的關係，非新類產生後舊
> 類即消失，某一段時間會新舊類同時並存。〔註60〕

顯示卜辭文字演進不是直線的過程，而是有著相互疊合、時代重複的特徵。李學勤的兩系發展表，雖然以線性方式表達，然在時代斷限是呈現重合現象。根據李學勤、彭裕商《殷墟甲骨分期研究》中各組的時代上下限，製表如下〔註61〕：

〔註59〕李學勤、彭裕商：《殷墟甲骨分期研究》（上海：上海古籍出版社，1996年），頁305。

〔註60〕黃天樹：《殷墟王卜辭的分類與斷代》，頁14。

〔註61〕本表以「分組」為主，對其小類不再細分斷代。自組為武丁早期至中期；自賓間組、自歷間組為武丁中期；賓組為武丁中期至武丁晚期；歷組為武丁晚期至祖庚；出組為祖庚至祖甲後期；何組一類和二類三類時代無重疊，故何組一類為武丁後期至祖庚；何組二三類為祖甲後期至武乙早期；歷無名間組為祖甲至康丁之初；無名組為康丁至武乙；無名黃間組為武乙中晚期之交至文丁；黃組為文丁至帝辛。

		自組	自賓間組	自歷間組	賓組	歷組	出組	何組	歷無名間組	無名組	無名黃間組	黃組
武丁	早期											
	中期											
	後期											
祖庚												
祖甲	早期											
	中期											
	後期											
廩辛												
康丁												
武乙	早期											
	中期											
	後期											
文丁												
帝乙												
帝辛												

武丁時期，就有自組、自賓間組、自歷間組、歷組、何組等五類卜辭。祖庚時期有歷組、出組、何組三類卜辭。祖甲時期有出組、何組、歷無名組。廩辛時期有何組、歷無名間組二類。康丁時期有何組、無名組二類。武乙時期有無名組、無名黃間組二類。文丁時期有無名黃間組和黃組。帝乙和帝辛二王時期僅有黃組一類。由此可知，同一個王世有多種類卜辭，每類卜辭也不限於同一個王世，而有時代之延伸。

從各個分類分組，和不限於一個王世之斷代，此種較為精細的分期理論，於歷史研究、思想研究的歷程有很大幫助，能真正藉由正確的史料分析正確的史實，利於本論文對於自然神信仰消長的說明。

再者，從董作賓的五期說到李學勤的二系說，呈現出甲骨斷代分期的演進，董作賓在《甲骨文斷代研究例》的書末言：「這不是斷代研究成功後的一篇結論，是斷代研究嘗試中的例子。」〔註62〕由於有五期斷代，十個標準的開拓，才有至今二系說的形成。李學勤的二系說，在具體實踐過程中，雖有「應用不易」〔註63〕之感，不過仍為目前甲骨分類斷代研究的最新方式。

（二）歷組卜辭的斷代

李學勤「二系說」提出的重要契機，在於把部分武乙、文丁卜辭移到武丁後期，此卜辭稱作「歷組卜辭」。歷組卜辭僅有一位貞人歷，非指同時期系聯之貞人集團，而是貞人歷和未有貞人名而字體風格相近的卜辭均納入「歷組卜辭」。董作賓、陳夢家均將其斷代列入武乙時期。歷組卜辭的許多人名、稱謂、貞問事項等多同於武丁時期卜辭，致使董作賓認為這是「文武丁復古」的現象，提出殷代禮制有新舊兩派，四個階段，舊派以武丁為代表，新派以

〔註62〕董作賓：《甲骨文斷代研究例》，頁116。

〔註63〕「應用不易」，李學勤說過：「在實用上卜辭的分類不要過於繁細。」由於分類過於繁細則字體標準的分類就很難掌握。李學勤，彭裕商：〈殷墟甲骨分期新論〉，頁38。黃天樹在實踐「兩系說」也言：「字體並非一成不變，情況錯綜複雜。」基於各人對字體認定不同，就有不同的分類，是甲骨文難以掌握的地方。黃天樹：《殷墟王卜辭的分類與斷代》，頁11。王宇信評論兩系說對於資深學者尚有困難之處，於一般研究者又何嘗容易使用。見王宇信、楊升南主編：《甲骨學一百年》（北京：社會科學文獻出版社，1999年），頁181。筆者認為「兩系說」有分類過細之失，但是依據字體和貞人之兩個首要標準，是較為科學的方式。字體演變有一定規律，且同一書手有相同筆跡，可以據此判定年代。雖然難免流於主觀認定，可是不失為一種分期斷代的新方式。

祖甲爲代表，兩類禮制是互相跌宕起伏。〔註64〕

　　然而，歷組卜辭在 1976 年小屯西北的婦好墓出土後，有了新的斷代說法。李學勤據婦好墓年代爲武丁晚年至祖庚祖甲時期，又「新出土的各墓青銅器及玉器上的文字，其字體更接近於歷組卜辭」，加上歷組卜辭出現「婦好」，且和早期卜辭有所系聯，使得歷組時代需要提前才能解決，遂將歷組卜辭之斷代爲「武丁晚年至祖庚時期」，並依據字體、文例、人名、卜事、稱謂證之年代。〔註65〕其後，裘錫圭同意且補充李說，言：「孤立以稱謂斷代是危險的，但如果兩組卜辭成套相應，這兩組卜辭同一時期可能性就非常大。歷組卜辭有祭祀父乙、母庚、兄丁，與武丁時期賓組祭祀相合，很難說是偶然巧合。」〔註66〕以「稱謂」標準證明歷組時代提前，在同事而卜之例，舉二十文例證明歷組時代應提前，卓有見識，可使人信服。此外，黃天樹在裘文之外又舉證 12 例賓組和歷組卜事相同或相近之例，認爲歷組和賓組同時代。〔註67〕近年，許多學者通過同文卜辭、甲骨綴合、祭祀心態等證明歷組爲武丁、祖庚時期卜辭。如：劉源認爲：「歷組卜辭中有祈請攘拔的目的，與早期卜辭中祭祀相同，有可能是同一時期的宗教活動。」〔註68〕林宏明綴合屯南「☐報丁三☐大甲十☐大戊☐」和「☐三☐十祖☐三父☐」，比對「上甲十，報乙三，報丙三，報丁三，示壬三，示癸三，大乙十，大丁十，大甲十，大庚七，小甲三☐祖乙☐」，文例類似，論證新綴合卜辭祭祀至父輩，其父當爲父丁（武丁），爲祖庚卜辭。〔註69〕

　　以上透過字體、文例、稱謂、世系、祭祀心態等，提出歷組卜辭爲武丁、祖庚、祖甲時期卜辭。

　　歷組卜辭新斷代的提出，亦有不少學者反駁。蕭楠以地層關係爲中期和

〔註64〕董作賓：〈殷代禮制的新舊兩派〉，《大陸雜誌》第 6 卷第 3 期（1950 年），頁 69～74。

〔註65〕李學勤：〈論「婦好」墓的年代及有關問題〉，頁 32～37。

〔註66〕裘錫圭：〈論「歷組卜辭」的時代〉，《古文字研究》第 6 輯（1981 年），頁 263～321。

〔註67〕黃天樹：〈歷組卜辭時代補論〉，《文博》1992 年第 3 期，頁 9～15。

〔註68〕劉源：〈簡論早期卜辭中祭祀性質－兼論歷組卜辭的年代〉，《南開學報》1993 年第 3 期，頁 8～12。

〔註69〕綴合片爲《屯南》4050＋《屯補遺》244，比對《合》32384 世系卜辭。林宏明：〈從一條新綴的卜辭看歷組卜辭的年代〉，《古文字研究》第 25 輯（2004 年），頁 86～90。

稱謂（父丁爲康丁），反駁歷組爲早期卜辭。對歷組人名同見於武丁、祖庚卜辭，提出「異代同名」現象，以卜辭人名、地名一致，故人名非私名而是氏族。〔註 70〕林小安提出「伐舌方」是武丁時重要戰事，賓組記載最多，出組亦有少部分，然歷組卜辭未見記之。〔註 71〕陳煒湛分析兩方說法，提出歷組卜辭不應提前的最有力證據是「地層關係」。〔註 72〕持歷組爲武乙文丁卜辭者，在考古地層的證據充足，林小安言：「考古發掘中，早期遺物出現在晚期地層中的現象是存在，但是『歷組卜辭』從未在早期地層裡出土。」〔註 73〕郭振祿云：「歷組卜辭和康丁卜辭出於小屯南地中期地層，且同坑而出，時代接近。」〔註 74〕於是，歷組卜辭不是武丁、祖甲時代。

　　目前歷組卜辭時代之爭論未定，筆者在此贊成新說，即歷組卜辭屬於「武丁晚期至祖庚、祖甲時期」。論證有三點：地層、字形、文例。

1. 地層

　　地層是持舊說者的有利證據。卜辭自組、午組、子組，董作賓分期是第四期，陳夢家認爲是武丁卜辭，學者對斷代亦爭論未休。蕭楠據自組的地層關係證之屬於武丁時期，又在小屯南地的早期地層發現自組和午組卜辭並出，證明了自、午、子三組爲早期卜辭（武丁時期）。〔註 75〕此三組卜辭，在小屯南地中期地層也有發現，能將此三組卜辭提前至早期，是因早期地層出土了自組、午組的卜辭。歷組卜辭，在小屯南地的地層是中期（康丁、武乙、文丁），未見早期地層出現，遂難認定是否爲早期卜辭，然而卻不能就此否定其爲早期卜辭的可能。李先登提出地層關係是提供相對年代，無法提供各層的絕對年代，只能指出年代下限，無法確定正確年代，地層僅是間接證據，不能起決定作用。〔註 76〕此外，中期地層的遺物年代包含較廣，如午組、賓組都曾出

〔註 70〕蕭楠：〈論武乙文丁卜辭〉，《古文字研究》第 3 輯（1980 年），頁 43～79。
〔註 71〕林小安：〈武乙文丁卜辭補證〉，《古文字研究》第 13 輯（1986 年），頁 40～44。
〔註 72〕陳煒湛：〈「歷組卜辭」的討論與甲骨文斷代研究〉，《出土文獻研究》（1985 年），頁 1～21。
〔註 73〕林小安：〈再論「歷組卜辭」的年代〉，《故宮博物院院刊》2000 年第 1 期，頁 14。
〔註 74〕郭振祿：〈小屯南地甲骨綜論〉，《考古學報》1997 年第 1 期，頁 36。
〔註 75〕蕭楠：〈安陽小屯南地發現的自組卜甲──兼論「自組卜辭的時代及其相關問題」〉，《考古》1976 年第 4 期，頁 238～239。
〔註 76〕李先登：〈考古地層學和歷組卜辭斷代〉，《紀念殷墟甲骨文發現一百周年國際學術研討會》（北京：社會科學文獻出版社，2003 年），頁 332～334。

現在中期地層，但並不屬於中期卜辭。由此可知，中期地層的年代不易確定，有可能包含早期、中期的東西，所以依照地層來否定歷組卜辭是武丁、祖庚時期，是有疑慮的，地層只能是間接證據。

2. 字形

字形是二系說分類標準，從字形演變可以考察時代之先後。〔註77〕筆者就本論文的研究範圍和對象，提出「帝」、「風」、「雨」、「河」、「岳」五字的歷時演變，列出字形表，證明歷組和賓組的字形有所承接。

（1）帝

賓組			歷組			
1.合 10172	2.合 6270 正	3.合 34157	4.屯 723	5.屯 930	6.屯 1147	7.合 34147

出組	何組	黃組
8.合 24980	9.合 27438	10.合 36171

帝字形體，賓組 1、2 字形和歷組 3、4、5、6 字形一樣。字形 4～6 來源是屯南，和賓組字形相同。歷組 7 字形上加有一橫劃，出組、何組、黃組之帝字亦於上加有一橫畫。可知歷組不為晚期字形，但為晚期字形變化之起始。

（2）風

賓組		歷組			無名組	黃組
1.合 13372	2.合 14295	3.合 34150	4.屯 2772	5.合 34138	6.合 30259	7.合 30190

風字形體，卜辭假鳳為風。其賓組字形和歷組字形一樣，上有「凡」部件。無名組字形於「凡」上有豎劃，黃組字形「凡」上有三小點，此二組均加上聲符「凡」。

〔註77〕李學勤提出武丁時期卜辭「王」作「大」，歷組作「大」，祖甲以加一橫作「王」。
見李學勤：〈論「婦好」墓的年代及有關問題〉，頁36。

（3）雨

自組		賓組		歷組		
![雨1]	![雨2]	![雨3]	![雨4]	![雨5]	![雨6]	![雨7]
1.合 20938	2.合 20956	3.合 12833	4.合 776 正	5.合 33871	6.合 33273	7.屯 2772
歷組		出組		何組	無名組		黃組
![雨8]	![雨9]	![雨10]	![雨11]	![雨12]	![雨13]	![雨14]
8.屯 109	9.合 24892	10.合 24912	11.何 27799	12.合 28244	13.合 28548	14.合 38165

雨字形體，像下雨之形。一像天，象雨滴紛紛落下之形。自組的 1 形為雨字最早形體，後有雨滴跟天相連之形，如 2 形。賓組字形承自組。歷組 5～8 的字形，與賓組字形一致，有早期字形的特點。出組 10 形，上加一橫筆為飾符，其後無名組、黃組字形承之。

（4）河

賓組		歷組			
![河1]	![河2]	![河3]	![河4]	![河5]	![河6]
1.合 10082	2.合 10091	3.合 33286	4.屯 93	5.合 33285	6.屯 3041
出組	何組	無名組			
![河7]	![河8]	![河9]			
7.合 23675	8.英 2449	9.合 30433			

河字形體，賓組字形和歷組 3、4 字形、出組字形相同，歷組 5、6 字形與何組、無名組一樣，右半部件的筆劃凸出於左半部件。可見歷組和賓組字形相同，而歷組的另外一種形體（5、6 字形）由無名組字形保留。

（5）岳

賓組			歷組				
![岳1]	![岳2]	![岳3]	![岳4]	![岳5]	![岳6]	![岳7]	![岳8]
1 合 14455	2 合 17602	3 合 14450 正	4 屯 644	5 合 33291	6 合 32833	7.合 34231	8.屯 3567

無名組	
9 合 30411	10 合 28255

岳字形體演變的變化較大。賓組三個字形下部三個山峰之形可見，到歷組的 4、5 字形亦有三山峰的形貌，至 6、7、8 字形則簡筆成「◡」、「◊」之形，無名組則承歷組保留簡筆字形。岳之上半部，或爲山峰連綿高聳之貌，歷組 5～8 的字形多了「◡」，無名組省去或形變成「◊」。從字型表可知，歷組有相同於賓組之字體，有三峰之山峰形。

從以上五個字之字例，可以見到歷組與賓組字形相同之例，是歷組字形有早期卜辭特點。此外，任何事物都有承緒和變化，依兩系說之字源觀點，賓組和歷組的共同起源是𠂤組，所以賓、歷二組之字形大同小異，同爲早期卜辭。又，歷組的字形變化，可見無名組字形承接的痕跡，無名組字形有些同於歷組字形，乃字形一脈相承的過程，於是，歷組卜辭時代應該提前，不爲中期卜辭。

3. 文例

學者論證歷組須提前至武丁時期的重要證據是卜問事項、卜辭文例大多相同或相似，證明爲一事同卜，據此系聯。根據研究範圍，試舉例補充歷組和賓組所卜事項相同或文例相似之例。〔註78〕

（1）貞：𥝩年于岳，燎三小宰卯三牛？　　《合》385/賓組

乙卯貞：𥝩禾于岳，燎三小宰宜三牛？　《合》33292/歷組

壬寅貞：其𥝩禾于岳，燎三小宰卯〔三牛〕？

《屯》3567/歷組

（2）戊寅卜，爭貞：𥝩年于河，燎三小宰沉三牛？

《合》10084/賓組

壬子貞：其𥝩年于河，燎三小宰沉三〔牛〕？

《屯》93/歷組

〔註78〕以下所舉卜辭標明賓組和歷組，是用來強調賓組歷組有文例相同的情況。本論文之後所引用之卜辭，不再一一標舉組別。

（3）取岳，雨？ 《合》14472/賓組

　　　己卯卜：取岳，雨？ 《合》32833/歷組

　　　丁卯卜：取岳，雨？ 《屯》2282/歷組

辭例1、2的「秦年」、「秦禾」之年和禾，爲時代不同之用法，然其用牲數量和處理犧牲的方式類似，均是求取年成的祭祀。辭例3爲用取祭岳以求雨，賓組和歷組的文例一致。以上三組之文例相同，可見賓組和歷組關係密切。〔註79〕

　　從地層、字形、文例可知歷組時代應往前移到武丁後期到祖庚時期爲佳。另外，從殷禮來看，董作賓提出「新舊派」禮制，舊派爲保守勢力、新派爲改革勢力，兩個政治權勢起伏消長，輪流執政。以文武丁復古之說來解釋此時卜辭類似或等同於武丁時期。此外，主張殷禮二分的學者，如張光直提出依商王廟號在世系中的排列，將商王分成三組，以乙組、丁組、中立組爲政治群的區分，乙丁兩組禮制不同，乙組爲傾向祖甲革新一派，丁組爲傾向武丁保守一派，這兩種政治群體彼此對立，造成禮制之交替。〔註80〕反對復古之說者，李學勤言：「歷史上的復古是政治制度和意識形態的現象，很難想像文丁『復古』竟使文法結構、占卜事項、甚至婦、子、朝臣的名字，都恢復和四代前的武丁時期相同。」〔註81〕政治之復古，在禮制中可恢復古法，推行舊制。文丁時期，已經經歷過祖甲改制殷禮，祭祀對象大不相同，雖然王有權力改變政治和宗教的態度和取向，但要完全一致的狀況很難理解。所以，本論文將歷組時代修正爲「武丁晚期至祖庚、祖甲時期」。

（三）本論文的甲骨分期斷代

　　本論文的甲骨分期斷代，依照李學勤的二系說，據字體和貞人分類分組，再進而斷代，並佐以楊郁彥《甲骨文合集分組分類總表》〔註82〕一書，其將《合集》41956片分組分類分期，是論文第五章論述自然神信仰衰落中卜辭分

〔註79〕河、岳卜辭之舉證，或可以懷疑是祭祀河岳有一套既定程序，所以文例相同。可是，筆者研究殷商自然神信仰時，認爲自然神信仰有一段高峰期，高峰期過後，則少見祭祀河岳。賓組和歷組即處在高峰期的時期，時代有延續，加上文例相同，所以可證賓組和歷組之時代可以系聯。

〔註80〕張光直：〈殷禮中的二分現象〉，《中國青銅時代》（臺北：聯經出版公司，1984年），頁223～247。

〔註81〕李學勤：〈小屯南地甲骨與甲骨分期〉，《文物》1981年第5期，頁27～28。

〔註82〕楊郁彥：《甲骨文合集分組分類總表》（臺北：藝文印書館，2005年）。

組的依據。此外，《屯南》、《英藏》的甲骨卜辭，筆者贊成歷組時代提前，捨棄歷組爲武乙、文丁卜辭，故不用《類纂》分期，而《屯南》的分組分期首先參考李學勤、彭裕商之《殷墟甲骨分期研究》和黃天樹《殷墟王卜辭的分類與斷代》。若兩本書皆無，筆者則根據字形和文例兩個標準作分組。

此外，第五章之表格，分成八組，其中非王卜辭〔註83〕包含子組、午組、圓體類、劣體類、婦女類卜辭，其斷代上下限約爲「武丁早期至武丁晚期之初」〔註84〕，其時代爲武丁時期，與自組、賓組等同時代。其餘王卜辭之七組爲：自組、賓組、歷組、出組、何組、無名組、黃組。將《殷墟甲骨分期研究》中的「自賓間組」、「自歷間組」、「歷無名組」、「無名黃間類」依照斷代聯繫，「自賓間組」歸入「自組」；「自歷間組」歸入「歷組」；「歷無名組」歸入「無名組」〔註85〕；「無名黃間類」歸入「無名組」，以簡化組別，不至過於細微瑣碎。各組卜辭所屬王世，筆者亦有簡化〔註86〕，以賓組和歷組爲武丁、祖庚之主要卜辭，以出組、無名組爲祖甲主要卜辭，以何組爲廩辛、康丁之主要卜辭，無名組爲武乙之主要卜辭，黃組爲文丁、帝乙、帝辛爲主要卜辭，藉此論證商王時代和卜辭內容的關係。分組卜辭的時代先後，以自組爲最早，非王卜辭、賓組同時，歷組略晚，其後時代順序依次爲出組、何組、無名組，時代最晚者爲黃組。

第四節　研究方法與步驟

本節論述本論文的研究方法和步驟，爲從事研究工作的方式和進程。

一、研究方法

綜觀甲骨學研究的歷史，陳煒湛認爲研究甲骨存在兩種途徑：一條是歷史

〔註83〕非王卜辭是卜辭的主體不是王，而是與商王有密切血緣關係的殷王家族。

〔註84〕據黃天樹的斷代，子組卜辭爲武丁早期至武丁中晚期之交；午組卜辭爲武丁早中期之交至武丁晚期之初；劣體類、圓體類、婦女類爲武丁中期。見黃天樹：《黃天樹古文字論集》（北京：學苑出版社，2006年），頁82～148。

〔註85〕歷組卜辭有兩種書風不同的字體，一類近於賓組、一類類似無名組。筆者根據字體風格，認爲歷無名組字體跟無名組風格類似。

〔註86〕簡化的標準以殷王爲主，配以每個王世時代的主要卜辭類型。雖然每個王世並非僅有一類卜辭，但是透過每個王世主要組別的祭祀卜辭內容，可以見到每個王世不同的宗教意識。

考古學的徒徑，一條是語言文字的途徑。而甲骨文作爲一種客觀存在的事物，研究者是可以抱著各個不同的目的，從各個角度，各個側面去研究。〔註87〕本論文的研究方法，不限於甲骨文研究基礎的語言文字途徑，在識字基礎上通讀卜辭，更著眼在以甲骨文爲史料，作殷商宗教思想文化研究之根據。

（一）甲骨文字的研究方法

甲骨文字的研究方法，主要有兩方面：

1. 文字字形之判定

字形判定爲釋讀之基礎。目前可供參考甲骨字形結構的著作有：孫海波《甲骨文編》〔註88〕、姚孝遂主編《類纂》、沈建華、曹錦炎《新編甲骨文字形總表》〔註89〕、劉釗、洪颺、張新俊《新甲骨文編》〔註90〕等書，藉此參照字形，以求正確之釋讀。

2. 文字意義之考釋

探求甲骨文字意義是通讀卜辭的方法。彙集甲骨文字考釋資料者，有李孝定《甲骨文字集釋》〔註91〕，于省吾主編之《甲骨文字詁林》〔註92〕，以及由李圃主編之《古文字詁林》〔註93〕等書。以上三套文字釋義之書籍，蒐羅各家釋義，呈現近百年文字考釋資料的研究成果，爲初學之研究者最佳的工具書籍。此外，在《甲骨文字詁林》和《古文字詁林》之前的徐中舒《甲骨文字典》〔註94〕，其綜合歸納甲骨字形、解字、常用釋義等，簡明清楚，方便查考，亦是甲骨文字研究絕佳的參考書。

（二）共時和歷時研究法

共時比較是指時間橫斷面的比較，利用相同時間不同材料進行對比，可觀察同時期不同因素影響下，互相產生的作用。歷時是縱向時間面的比較，由於思想、文化等會隨著時代的演進而產生變異，故以歷時面進行研究，可

〔註87〕陳煒湛：《甲骨文簡論》（上海：上海古籍出版社，1999 年），頁 225。
〔註88〕孫海波：《甲骨文編》（北京：中華書局，2005 年）。
〔註89〕沈建華，曹錦炎：《甲骨文字形表》（上海：上海辭書出版社，2008 年）。
〔註90〕劉釗，洪颺，張新俊：《新甲骨文編》（福州：福建人民出版社，2009 年）。
〔註91〕李孝定：《甲骨文字集釋》全十四卷（臺北：中央研究院歷史語言研究所，1991 年）。
〔註92〕于省吾主編：《甲骨文字詁林》全四冊（北京：中華書局，1996 年）。
〔註93〕李圃主編：《古文字詁林》全十二冊（上海：上海教育出版社，1999 年）。
〔註94〕徐中舒：《甲骨文字典》（成都：四川辭書出版社，1988 年）。

探討時代思想之變遷，得知社會發展之變化。本論文共時的橫斷面比較，以不同信仰對象之間的關係作爲論述，討論同個時期不同信仰對象的輕重異同。歷時研究則以分期分組斷代爲準則，研究自然神信仰的消長過程，依照時間推進，探討自然神信仰之變化，此爲歷時之研究法。

（三）歸納法與演繹法

歸納法是以有系統的方式整理材料，系統的分疏，使原本雜亂無章的資料，成爲可運用的工具。並觀察許多現象而把結果進行綜合的論述，歸納出共通之特點。其後，從歸納法中的結果或現象，利用演繹法的方式進行書寫，從歸納出的資料，進行有機的推演與發展。本論文既以殷墟卜辭作爲討論對象，故歸納卜辭是首先且重要的工作，藉歸納成果演繹本論文欲討論的課題。

（四）宗教學的研究方法

弗力茨・施托而茨（Fritz Stolz，1942～2001）的《宗教學概論》認爲研究宗教的方式可分爲「內部」和「外部」。「內部」是以研究者本身的某一宗教立場作爲出發點。另一種則是把宗教和研究者的立場保持距離，經由「外部」觀察，利用客觀角度進行宗教本質之探究。〔註95〕故本論文的宗教學研究方法，即是以「外部」者身分，企圖深入「內部」信仰作爲研究，以平等同視之眼光，探討殷商時期的自然神信仰的文化現象。

（五）文化人類學的研究方法

文化人類學是研究人類和人類所創造的文化的學問，乃是以一地人民的經濟、信仰、語言等文化現象來建構在地歷史與文化史。通常是以當地人民、民族志或田野訪談的第一手資料作爲研究對象。殷商距今已遠，然以甲骨卜辭作爲第一手資料實爲研究殷商宗教文化之利器。且以地域性概念「殷墟」地區爲主軸，探討殷商時期當地人的自然神信仰文化，透過觀察、分析卜辭和其相關資料，進行文化現象之建構。

二、研究步驟

依據本論文的綱目，其研究步驟如下：

〔註95〕〔瑞士〕弗力茨・施托而茨（Fritz Stole）著，根塞・馬庫斯譯：《宗教學概論》（臺北：國立編譯館，2001年），頁26～34。

（一）第一章敘述筆者之研究動機與目的，討論目前學界的研究成果。
　　　確定自然神信仰的對象，並對論文中的甲骨材料分期斷代的標
　　　準，作一說明。

（二）第二章討論自然神信仰觀念的形成。以宗教之發生是因為人對於
　　　神祕性不可理解的自然事物產生宗教情感，其為宗教因素；以中
　　　國文化是一個連綿不斷的整體，從新石器時代的自然崇拜現象，
　　　看殷商自然神信仰的歷史承襲，此為歷史因素；最後以自然環境
　　　和經濟模式看宗教形態的影響，此為環境因素。

（三）第三章殷商自然神的信仰和意識。分成三部分：帝信仰，天神信
　　　仰、地祇信仰。帝信仰包含對帝的釋義、帝對人世的作用、帝的
　　　宗教地位、祭帝的宗教儀式四大方向。天神信仰、地祇信仰二類，
　　　先對崇拜意識作一分析，論述對神祇之祭祀和諸神對人世的影
　　　響。

（四）第四章綜論，承接第三章之論述，整理出三大重點：一為祭祀自
　　　然神之目的，二為祭祀自然神的特色，三是自然神的相關討論。
　　　目的在於突出殷商自然神信仰的宗教文化現象，並且經由祭品的
　　　象徵意義，連結人神二者。在相關討論中，比較自然諸神的權能
　　　範圍，得出宗教地位之高低，和在人世的崇拜意義。最後，第四
　　　章另有附論一和附論二，是對於祭星卜辭的檢討和殷代的特殊雨
　　　祭形式。置於此處是補充第三章所談及的信仰現象。

（五）第五章是討論殷商自然神何以至殷王祖甲後迅速衰微，不似武丁
　　　時之興盛。藉卜辭的統計數量，呈現興衰之跡，提出可能的原因
　　　有三：天神退位的思考、崇祖意識的強化、人智意識的增強。

（六）第六章殷商自然神信仰的省思，總結前所論述之卜辭所見自然神
　　　信仰現象，提出當代之反省。藉平等視角來看待殷商時期的自然
　　　神信仰，提出理性之看法，並且省思殷商的時空環境下，為何產
　　　生如此的信仰意識。最後，將殷、周二代的自然神信仰與祭祀作
　　　一對比，見殷、周信仰之嬗變。

（七）第七章結論，總結殷墟卜辭所見之自然神信仰，提出本論文具體
　　　的研究成果。有未盡討論之議題，亦放入結論中，作為將來研究
　　　之方向。

　　本論文藉由殷墟甲骨文中可見之自然信仰記錄，探究殷商自然神信仰的崇拜意識、信仰系統與其時代之意義。宗教是一種社會文化現象，代表當時人對於環境之認識和與對應方法。透過宗教觀念形成的討論，並藉由天文宇宙觀念的認識，將甲骨材料與傳世文獻互相印證，以明殷商宗教之性質，期能對殷商自然神信仰文化有更深一層的瞭解。並且透過自然神信仰的變遷與消長，論述人神關係。

　　撰稿期間感受論文之限制，一則在於殷墟甲骨文並非殷商歷史的全部記載，僅是占卜之辭，文句簡短，沒有足夠、詳細的記錄。因此，有些祭祀儀式僅能就表面論述和想像，無法更深一層探究。再則，有關銅器銘文、紋飾之材料，因受時間、學養所限，論文中多未涉及，此有待筆者持續研究之所在。期待異日能有更多地下考古文物出土，配合甲骨文材料，讓殷商的自然神信仰面貌能有更清晰的輪廓。

第二章　殷商自然神信仰觀念的形成

　　自然神信仰，是殷商時期的宗教信仰之一，表示殷人對自然界的態度與其觀察。宗教是社會文化之產物，其作爲一種社會文化體系，伴隨著人類思維的開發〔註1〕和社會的發展而產生，是人類開始關注其自身的存在，開始探討人與天地自然之間的關係而形成的概念。宗教探究的是人與外界事物的依存，並自有一套詮釋方式，去理解人們如何和世界往來。其影響人類生活和個人價值甚深，加上宗教是一種客觀存在的社會現象〔註2〕，它會隨著不同的人們、不同的社會、不同的環境、不同的生存狀態而產生相對應的宗教觀念、宗教現象和信仰心態。宗教不僅表示信仰者和被信仰者之間的關係，還伴隨著「天地人鬼神」〔註3〕五位一體的信仰思考，以人爲出發點，進行人和鬼、人和神、人和天地的討論，並且實際作用在人的思想、行爲，以及社會的活動與制度上。

〔註 1〕人類思維的發生，有生物學的前提和認識論的前提，人類大腦的發展必須達到人可以對生命、自然、運動等現象進行分析，或是原始人開始有朦朧的自我意識去思考自身存在的價值。見朱存明：《靈感思維和原始文化》（上海：學林出版社，1995 年），頁 8。原始人的思維和現代人的思維，其思考方式有所分別，是因爲社會環境的不同和人類智力的不同所導致，兩者並無高下的差異。

〔註 2〕呂大吉認爲要研究宗教的本質，必須具體研究宗教的社會功能和其在歷史上的作用。宗教作爲社會文化體系的形式，其基本特徵就在於滿足社會的某種需要，爲社會服務。而其本質也會在社會中表現出來。見呂大吉：《宗教學通論新編（上）》，頁 22。

〔註 3〕鄭志明提出「天地人鬼神」五位一體，宗教產生於「人」和「天地鬼神」的靈感交通上。見鄭志明：《傳統宗教的文化詮釋——天地人鬼神五位一體》（臺北：文津出版，2009 年），頁 2。

　　殷商時期的自然神信仰，其建基在何處，其產生的因素爲何，欲解決的物事爲何，是本節討論的內容。文化是積累而成，非一蹴可及，從先民宗教觀念的產生、對自然界的崇拜行爲，甚至是生存之環境，都和信仰的態度和價值有密切關係。本節從宗教因素、歷史因素和環境因素，此三個方面瞭解殷商自然神信仰觀念的形成。

第一節　宗教因素──自然神信仰觀念的產生

　　「宗教」是指人和神之間的連結〔註4〕，是人們信仰某種神道，並且透過某些行爲來得到安慰，滿足心理、精神、物質之需求。宗教的要素，有信仰和儀式，英國人類學家佛雷澤（Frazer，1854～1941）對宗教的定義如下：

> 宗教指的是對被認爲能夠指導和控制自然與人生進程的超人力量的
> 迎合和撫慰。宗教包含理論和實踐兩大部分，就是：對超人力量的
> 信仰，以及討其歡心，使其息怒的種種企圖。這兩者中，信仰在先，
> 因爲必須相信神的存在才會想要取悅於神。〔註5〕

宗教包含「理論」和「實踐」兩部分，「理論」是對異於己身的超自然力量的信奉，而「實踐」是表達甚而實行理論的儀式活動。在佛雷澤的定義下，信仰對象是「超人（superman beings）力量」，此力量超越於人之上，能影響人類的生存安危。所以要進一步透過儀式，與此「超人力量」溝通，期許能受其護佑。「超人力量」的信奉，是宗教的信仰核心，沒有信奉對象，或是沒有信奉對象背後所能影響人類的力量，不相信其存在，也就沒有信奉的意義，亦無產生實踐的部分。呂大吉也對宗教下定義：「宗教是關於超人間、超自然力量的一種社會意識，以及因此而對之表示信仰和崇拜的行爲。」〔註6〕其「超人間、超自然（supernatural）力量」和佛雷澤提出「超人力量」都是信仰對象，

〔註4〕考諸先秦典籍，並無「宗教」之名，西文爲 Religion，其詞源自拉丁文 Religio。Religio 的動詞用法：1.relegere：重複、複習之義。宗教是一種禮敬神的複習儀式。2.religare：再連結，意指人神之間的連結。3.reeligere：意謂重選，是神救贖人類的行動。拉丁字源「lig」有聯繫、再結、束縛之意，亦即把人神相接，是人對神有義務上的敬仰。參董芳苑：《原始宗教》（臺北：久大文化出版，1991 年），頁 16～17。

〔註5〕〔英〕詹・喬・佛雷澤著，徐育新、汪培基、張澤石譯：《金枝：巫術與宗教之研究》（北京：中國民間文藝出版社，1978 年）上冊，頁 77。

〔註6〕呂大吉：《宗教學通論新編（上）》，頁 79。

為一種「人外」力量，人類無法擁有，且超出於人類的力量〔註7〕，能使人類生存導向好壞，一方面是捍衛人類安全的保護力量，一方面也是破壞生活的損害力量。

而此「超人力量」是如何產生的，如何放諸於自然界而產生崇拜意識，並進一步產生信仰，信仰者如何看待被信仰之物的力量，此可從人類對其周遭發生事物的原因不了解的心態說起。

從原始思維思考，路先・列維－布留爾（Lucien Lévy-Brühl，1857～1937）認為，原始人在對付使他感興趣、不安或者畏懼的事物時，因為有神祕和看不見的力量在操控，以此來解釋不尋常事情的發生。〔註8〕人們對於某些自然現象的不了解，導致人類「創造」出比人類本身更強而有力的力量，解釋周遭發生的變化。諸如天氣的陰晴、人類的疾病、活人的死亡等等，在原始人心態中無法用常規理解的正常改變，故想像出一個超越於人類的外來力量來獲得解答。例如，天氣有晴有雨，是有天氣之神掌管氣候；人會生病、會死亡，可能是受到鬼神迫害而遭受苦難。原始思維不會認為這些自然原因（生老病死）都是自然而然的發生，而是有一種神祕、未知、強大的氣力在運作。於是，擁有合理解釋後，會進而崇拜以及信仰他們所相信的事情。崇拜的心態，可能是敬仰、愛慕或畏懼。〔註9〕例如太陽可以提供光亮，讓植物生長，讓人類免於黑暗，而當太陽落下，黑夜來臨，月亮能供給光線，使環境不至於一片漆黑。對於光明的崇拜，不僅是崇拜太陽和月亮本身，更讓人崇敬、畏懼的是它們會帶來光明或者是黑暗，影響人類的安全和生存。再者，氣候也是如此，是雨是晴，原始思維以晴雨背後有神祕力量作為解釋。這個力量集「敬仰」和「畏懼」為一體。恐懼出於無知，對於自然原因不明白，對於氣候變化不理解，產生害怕，所以歸咎於神祕，使其合理。人外力量，在某方面是高於人類自身的力量，於是油然產生崇拜、敬仰之感，這種心態是在

〔註7〕蒲慕州認為，在古代中國的宗教中，「力量」（超人、超人間、超自然的力量）確實是被認為是人外的東西，但不一定是指超自然的，也不一定比人有更大的能力。蒲慕州：《追尋一己之福：中國古代的信仰世界》（上海：上海古籍出版社，2007 年），頁 8～9。筆者認為，超人間的力量通常被視為比人有更大的能力左右人世禍福，所以要藉由事神儀式與之溝通作用。

〔註8〕〔法〕路先・列維-布留爾著，丁由譯：《原始思維》（臺北：臺灣商務印書館，2001 年），頁 365～366。

〔註9〕崇拜（worship），從字源學來說，意指「worth-ship」（有價值的船），意味著某種事物、某個人具有價值、意義，或是帶有尊敬、敬佩的意思。

恐懼之上形成，所以人類一方面恐懼未知力量，另一方面卻在恐懼中產生敬畏，成為崇拜的對象。

神秘力量的作用，在人類進入比較高級的思維意識後，神秘力量成為一種「靈魂觀」的展現。原始人對於靈魂的「創造」，始於發現死者與生者的差異。每個人身上都有兩種東西，一是生命，另一是靈魂。生命可以使人有感覺、有思想、有行動，當生命離開人體，人就會死亡。而靈魂會離開人體而顯像，如做夢顯示的人影，是靈魂出離身體。當靈魂永遠離開身體時，人類就會死亡。靈魂是人的生命力，人的生命過程都是靈魂的活動，靈魂可以獨立自主，不須依附形體，具有人類所沒有的力量，能操控人類的生老病死，其是永久留存，不會消失。〔註10〕因此，原始人跟他們「想像」、「創造」出來的靈魂交流，祈求給予善意關照。人們認為天地山川、日月星辰都有「人外力量」主宰，以人本身有「靈魂」觀念，直覺性地推演到其他事物也具相同性質。人有靈魂、生命力，原始人也同樣認為動物、植物、日月星辰具有生命力，擁有靈魂，所以自然世界是具有生命和靈魂的萬物有靈〔註11〕的世界。

在萬物有靈觀念裡，自然界一切事物都是有靈魂的，可以自主的，是人們對自然現象、自然力、自然物的崇拜而加以神化，且相信其有力量作用於人世，故對其敬畏和依賴，因而產生自然神信仰。〔註12〕殷商時期，對天體、氣象、山川等，均認為其有人格，與人「同性」，誠如費爾巴哈認為「神性就是人性」〔註13〕，呂大吉提出：「在思想、感情、意欲等方面，神有和人相同

〔註10〕人類會有疾病，會有死亡，會有災禍，是受制於自然不能掌握的無法改變，而神靈和鬼魂，是一種超自然存在，不受限於自然法則，可以長久恆存，並且能預知或掌握人世間的事情。呂大吉：《宗教學通論新編（上）》，頁152。

〔註11〕萬物有靈（Animism），英國人類學家愛德華‧泰勒（Edward Tylor，1832～1917）在《原始文化》一書中首次提出，萬物皆有其靈魂，可稱之為精靈或神靈。他們可以獨立存在，影響且控制現實世界，能和人類與之相通互相影響，所以會對他們的存在產生實際的信仰。見〔英〕愛德華‧泰勒著，連樹升譯：《原始文化》（桂林：廣西師範大學出版社，2005年），頁349～350。

〔註12〕此為萬物有靈論的自然神信仰。另外，伊利亞德提出另一種觀點，大自然的本質本身就會有一種自然而然的聖顯，是自然物性隨之而發，譬如天空，它直接的、「本然地」顯現出無線遙遠的距離，顯現出它神聖的超越形，並非其有靈魂，而是自然本身就有此神聖力量。見〔羅馬尼亞〕米爾洽‧伊利亞德著，楊素娥譯：《聖與俗：宗教的本質》（臺北：桂冠圖書，2000年），頁159～160。

〔註13〕〔德〕費爾巴哈著，王太慶譯：《宗教的本質》（北京：人民出版社，1999年），頁82。

的或類似的性格。」〔註 14〕神跟人一樣有喜怒哀樂，可以使自然現象有劇烈變化或是保持良好常態，是人所不能控制且無法理解，遂對其又敬又畏。加上「人神同理」的基礎，遂藉人和人的相處模式，套用在人和神靈的互動之上，成為人和人外世界的相處方式。事神之儀式導致神可為我所用，彼此互助，形成自然神信仰和祭祀的宗教觀念。

從崇拜到信仰，從神秘力量到靈魂的出現，從自然界到自然神，大自然的一切在殷人眼中，具人格意志，能預測未來，可以降災致福。人要仰賴大自然而生存，在無知與敬畏的雙重心態下，依賴甚深，透過占卜和祭祀，得到啟示和幫助，提供人類精神和物質上之滿足。本文討論之「自然神信仰」，不僅僅是具有崇拜意識，且深刻相信神靈存在，還包括了信仰。信仰，除了相信，更有一種「安身立命」之意義，是一種人生行事之準則，誠如保羅・田立克（Paul Tillich，1886～1965）所提出之「終極關懷」（Ultimate Concer），是人生存價值以及存在意義的說解。〔註 15〕殷人認為自然界深深影響現實生活，而對自然神充滿期待和敬畏，進而有相應的宗教態度，作為指導生活上的憑藉。

第二節　歷史因素——新石器時代的自然崇拜

中國文化是連續性之文明，雖然各個區域互相發展，但是彼此的碰撞與融合產生了一個較大的文明圈。商文化的自然神信仰的宗教現象，在殷商之前就有其見跡，並非突然冒地出現。文字尚未成熟發展之前，先民的宗教現象須藉由考古遺址來觀察，豐富的出土文物，提供許多研究新石器時代先民宗教信仰的資料，而作為和生活息息相關的自然界，成為信仰之主體。從歷史的角度看，殷商時期的自然神信仰，是承襲歷史洪流而演進。以下就新石器時代出土之文物所見的自然崇拜，以黃河流域為中心〔註16〕，舉例言之：

〔註14〕呂大吉：《宗教學通論新編（上）》，頁 153。

〔註15〕田立克把終極關懷當作人的存在及其價值意義，是人類精神的基礎，其文化表現形態就是宗教。要解決的問題是人存在的意義是什麼，在神學思想中就是關心信仰的問題，即信仰為何。見王珉：《田立克》（臺北：生智文化，2000年），頁 34～61。

〔註16〕殷商文明位於黃河流域，故以黃河為中心作新石器時代的考察。有必要時，佐以其他地域的考古遺物舉證之。

一、自然崇拜的圖紋樣式

太陽、月亮、星星是天體主要的崇拜對象。據考古遺物，早在新石器時代仰韶文化中期的鄭州大河村遺址（約 B.C.3790～B.C.3070），彩陶上繪有太陽、月亮圖飾，是日月崇拜之材料。其形如〔註17〕：

前四個彩陶紋，像太陽光芒散射之形，最後一個紋飾為月紋，像月亮彎彎之狀。彩陶上繪製太陽、月亮紋式，不僅為了美觀，因彩陶非生活用途之器皿，是個具有宗教意義的陪葬器物。太陽紋，以太陽光芒四射之形顯現出先民對太陽的觀感，表示其陽光照耀四散。此外，太陽紋飾又有以「十字紋」符號，如「✪」。黃河上游青海馬家窯文化馬場類（B.C.2300～B.C.2000）的「✖」、「✚」、「◎」，均是太陽之象徵，表示太陽照射四方，為太陽圖案的簡化。〔註18〕

另外，天體之崇拜，岩畫遺跡亦見。江蘇連雲港將軍崖有祭祀自然百神之岩畫，截圖如〔註19〕：

圖一　將軍崖岩畫（B組）

〔註17〕 鄭州市博物館：〈鄭州大河村遺址發掘報告〉，《考古學報》1979 年第 3 期，頁 301～376。

〔註18〕 何新：《諸神的起源 第一卷：華夏上古日神與母神崇拜》，頁 1～19。

〔註19〕 時代據推測屬新石器時代。連雲港市博物館：〈連雲港將軍崖岩畫遺跡調查〉，《文物》1981 年第 7 期，頁 21～24。

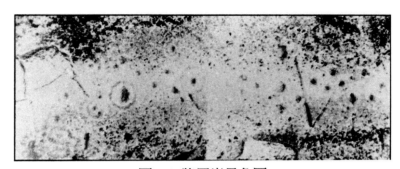

圖二　將軍崖星象圖

圖一有太陽圖紋，作「⊙」、「✳」，和大河村太陽紋飾類似，⊙有二十三條表示光芒的放射線，✳則有十四條。類星象圖式作「◉」、「◎」、「⊙」〔註20〕、「∴」等，像星子點點，或並列之形。左邊有「星雲」，似一條銀河系之帶狀星雲。星雲之上端，有類似星星的圓點，間以直線相連。

　　圖二有類似日月星辰的畫面。岩畫描繪出先民對天體崇拜的反映，將太陽、月亮、星星繪於一圖，雖然沒有表達出對天體運行規律的認識，但充分顯示出對天體的觀察。此外，將軍崖岩畫畫有農作物的圖案，繪禾苗之形，且與人頭像相接，表示人和農物的緊密關係，乃對於土地莊稼的崇拜意識。

　　再者，初民對太陽的觀察，亦有生動圖像，如仰韶文化的陶缽繪有兩個旭日半出的圖形〔註21〕：

圖三　仰韶文化旭日半出圖

圖三表達太陽周而復始的循環，兩個半日為日出日落之形。太陽底下之三角形表示黑夜，乃太陽東升後光明出現，太陽落下後黑夜來臨，圖像表達先民對太陽運行的觀察和想像，是太陽崇拜的圖示。而對於日出日落，殷人會舉行祭祀，此與初民崇拜太陽亦有相符之貌。

〔註20〕　◉、◎、⊙圖形，李洪甫〈將軍崖岩畫遺跡的初步探索〉一文中認為圓圈和雙線圓圈是表示月亮。其繪形作「☽」、「☾」像是月亮位置的變動情形。可供參考。見李洪甫：〈將軍崖岩畫遺跡的初步探索〉，《文物》1981年第7期，頁28。

〔註21〕　圖三引自江林昌：《夏商周文明新探》（杭州：浙江人民出版社，2002年），頁321。

　　而黃河下游大汶口文化晚期（約 B.C.2800～B.C.2500）陶尊刻符，也是自然崇拜之圖式，形作「🐂」和「🐃」，具原始文字之性質及宗教意義。兩圖式中間之「🐄」，有學者釋火，有學者釋月。李學勤釋「火」，承唐蘭「🐃、音熱，上面是太陽，中間有火，下面是五個山峰的山，反映出烈日下山上起火的情形」〔註22〕之說，提出此字是祭祀大火星的象形文字，其言：

> 在由日火山三個象形組成的「🐃」和由日火二個象形組成的「🐂」
> 中，日與火是問題核心。……日與火相連，日表示天象，火代表著
> 天象有關的火及大火星（心宿二），這一象形文字表達當時對於大火
> 星的重視和祭祀。以大火星的昏升、昏中等天象來指導農時和人們
> 生活。〔註23〕

「🐃」此字形是祭祀大火星，卜辭有大火星紀錄之辭，也有祭祀大火星的例子。可見祭大火星習俗在大汶口文化已經出現。而將「🐄」釋爲「月」者，宋兆麟認爲此寓意原始信仰的象形圖畫，「🐂」爲日月組成的圖畫文字，「🐃」爲日月山的合繪圖畫，是農業生產求豐收的祭祀。〔註24〕楊淑榮以「日月高懸在山上」是古代先民對日月山崇拜象徵。〔註25〕「🐂」「🐃」二形是表達日月（或日火）、山崇拜，是祭祀大火星求農作之收成，顯示出大自然對於生產的重要性。再者，大汶口陶尊其底部爲尖圓底，非生活實用器具，可能是祭祀天神之禮器，遂將對天體之崇拜繪入陶尊。

　　由此可知，新石器時代對天體的崇拜，表現在陶紋、岩畫上。此歷史因素，由殷商文明傳承下來，並在卜辭中反映了自然崇拜之現象。

二、自然崇拜的祭祀遺址

　　除了以紋飾展現自然崇拜之文化，從祭祀遺址也能窺探當時先民的宗教觀念。遼寧牛河梁紅山文化（距今 4975±85 年）有見祭祀天神之祭壇，祭天神的場所位於丘頂高處，有焚燒而留下來的紅土遺跡，是燎柴祭天的證據。

〔註22〕唐蘭：〈中國有六千多年的文明史——論大汶口文化是少昊文化〉，《大公報在港復刊三十周年紀念文集》（香港：香港大公報，1978 年），上卷，頁 31。
〔註23〕李學勤主編：《中國古代文明與國家形成研究》（臺北：知書房出版社，2004 年），頁 157。
〔註24〕宋兆麟：《巫與民間信仰》，頁 18～24。
〔註25〕于錦繡、楊淑榮主編：《中國各民族原始宗教資料集成・考古卷》（北京：中國社會科學出版社，1996 年），頁 414。

而處於高處，是爲接近天神的祭祀心態。〔註26〕東山嘴紅山文化（距今 4895±70 年）之祭壇，分內外兩重，中心部分的方型基址及兩翼有立置成組的長條列石，且祭壇內有大量的紅燒土和厚達 50 釐米的灰土堆積和動物燒骨，表明此處是一個經常舉行焚燒宗教儀式的活動地點。此祭壇可能是「社」，社爲一方土地之神，保衛聚落，爲土地崇拜的祭祀遺址。〔註27〕再者，祭土之法有瘞埋，將人牲或動物置於坑中獻祭，目前祭坑規模最大的河北武安縣磁山遺址，共有 474 個灰坑，內儲有糧食、樹籽、豬狗的骨架，是祭祀的奉獻物。〔註28〕黃河流域的河南杞縣鹿臺崗遺址，1 號遺址外牆爲方型，內室爲圓形，內室內有一呈東西一呈南北向的「十字形」通道，和現在的東西南北正方向相同，研究人員以遺址表示「天圓地方」，加上周遭有燒灰堆積和植物杆莖之遺物，爲祭天地之壇。〔註29〕筆者認爲此崇拜亦可連接至太陽崇拜，太陽日升日落之正東西二方，又「十字紋」表示太陽之光芒，與鹿臺崗 1 號遺址可以相應，亦能視爲祭祀太陽之場所。

以上所言新石器時代和自然崇拜有關的祭祀遺址，在商代前期、中期的祭祀遺址資料裡，有繼承之跡。如「以石爲社」，銅山丘灣的商代石社遺址，矗立有四塊大石頭，周圍有人骨和狗骨的犧牲，是用來祭祀土地神。如鄭州小雙橋的祭壇是一高臺型夯土基址，臺基由黃砂土摻褐色黏土，逐層夯打而成，臺積頂部有厚達 80 釐米的紅燒土堆積，和火有關，是燎祭燔柴形式的祭壇。祭坑則有牛牲、牛頭、牛角、狗牲、羊、豬等，爲祭神之祭品。〔註30〕

從紋飾、祭祀遺址均能得知殷商時期的自然信仰是傳承自前代，日月星之崇拜、燎祭遺跡、祭坑遺址、石社等，體現了自然信仰的文化現象，而這些皆被殷商文明所吸收，且自有一套信仰的心態和體系。歷史因素是造成殷商自然神信仰的重要一環。

〔註26〕牛河梁資料，參考自遼寧省文物考古研究所：〈遼寧省牛河梁洪紅山文化「女神廟」與積石冢群發掘簡報〉，《文物》1986 年第 8 期，頁 1～17。李錦山：〈農業文明與史前宗教禮儀性建築〉，《農業考古》1998 年第 3 期，頁 194～196。

〔註27〕東山嘴祭壇的資料，參考郭大順、張克舉：〈遼寧省喀左縣東山嘴紅山文化建築群址發掘簡報〉，《文物》1984 年 11 期，頁 1～11。

〔註28〕卜工：〈磁山祭祀遺址及相關問題〉，《文物》1987 年第 11 期，頁 43～47。

〔註29〕匡瑜、張國碩：〈鹿臺崗遺址自然崇拜遺跡的初步研究〉，《華夏考古》1994 年第 3 期，頁 68～71。

〔註30〕鄭州小雙橋遺址爲商代中期文化，介於鄭州早期商文化和安陽殷墟晚商文化之間。見宋國定：〈商代中期祭祀禮儀考——從鄭州小雙橋遺址的祭祀儀存談起〉，《2004 年安陽殷商文明國際學術研討會論文集》，頁 416～421。

第三節　環境因素——殷商時期農業經濟型態

　　宗教信仰作爲一種社會文化現象，與當時社會環境相關。新石器的自然崇拜，崇拜之心理目的，除對其恐懼和無知，在實用目的上，亦有對農事之需求。農事生產仰賴大自然的日風雲雨，氣候狀況左右作物，而當時因人類生產力低下，無法有效的防範自然災害，故對自然界抱有崇敬之心，將好壞當成自然界的恩惠或懲罰，觀察到農作與自然界休戚相關，興起「自然崇拜主要是對影響農業收成的自然現象的崇拜」〔註31〕之觀念，自然崇拜在先民農耕生活中佔據了重要角色。

　　甲骨卜辭所記載的晚商時期文化，已進入農業經濟的生產時代，已非漁獵採集捕獸爲主之形式。從考古發掘之資料來看，先商文化〔註32〕已有農業生活，即使有學者認爲先商時期仍處於游牧、漁獵經濟〔註33〕，然而據最新的考古材料，對先商的經濟型態有新的看法，河北石家庄鹿泉北湖庄遺址（距今4000年）發現的先商遺跡，研究人員表示有農業器具鏟，此遺跡是一個聚落爲人類長期居住地，表明先商時期人們以農業爲主，種植小米，且亦打獵。〔註34〕可見在盤庚遷殷之前，已是農業生活，遷殷後遂進入長期穩定的定居式農業，而生產力之大增和穩定的糧食來源，形成較爲穩定之經濟模式，致使商人在農業生產上，建立了商王朝。晚商農業發達的情況，可從三方面來看：一是穀類作物的多元，二是殷王對農事之重視，三是考古農具的出土。

　　依卜辭記載，殷人的穀類農作物有黍（𥞷、𥞴）、稷（𥞲、𥞳）、麥（𥝋、𥝌）、秬（𥝊、𥝉）、稻（𥠄、𥠅）、秜（𥠜）等，糧食多元。卜辭有言「受黍年」、「受秬年」、「受稻年」，詢問作物收成之事。「黍」是卜辭中最常提到的作物，爲殷代王室貴族的主要糧食。黍亦爲製酒穀物，字形有作「𥞰」「𥞶」，象黍旁有

〔註31〕陳文華認爲新石器時代對自然之祭祀和農業經濟有關。先民的農事崇拜有一部分即是自然崇拜。見陳文華：〈新石器時代的農事崇拜、祭祀和宗教萌芽〉，《農業考古》2003年第1期，頁105～112。

〔註32〕先商文化，指從商始祖契到成湯滅夏之前，以商人爲主體的人群所創造和使用的考古學文化。張渭蓮：《商文明的形成》（北京：文物出版社，2008年），頁130。

〔註33〕朱彥民提出在河南、河北發現的先商文化漳河類型，未見到定居式的房屋地基，且出土大量的打製和磨製石器，如石刀、石鐮、石斧、石簇、石彈丸等武器類骨器遺物，說明此時代帶有較濃厚的游牧、漁獵色彩，且尚未有定居的農業經濟生活。見朱彥民：《商族的起源、發展與遷徙》（北京：商務印書館，2007年），頁352～353。

〔註34〕見〈石家庄首次發現大規模先商遺址〉，《趙燕晚報》，2010年5月11日。

水或黍麥落下之形，殷人以黍釀酒，表示了穀類作物於糧食有餘而可用來製酒。據洪岳彬對殷墟青銅器之整理，第一期器類，酒器種類已相當豐富，與炊食器組合的比例為 79%，遠遠超出於食器。〔註35〕對釀酒之重視，間接說明了此時經濟以農業為主。此外，卜辭中常見的「禾」（𥝼），其形近於黍，或近於稻，許進雄認為禾字像一般穀類形象，不直接描寫某一特定作物，是穀類作物總稱。〔註36〕「禾」於農作之泛稱，亦間接表示此時農作物之多樣，不單獨言「受黍年」、「受秝年」，而是以「受禾」、「受年」〔註37〕之辭，為針對一切穀物是否有良好收成而向鬼神貞卜。

再者，殷商晚期之農業田事受殷王重視。卜辭有殷王親自巡視農田、指導農事、令人耕作的記錄，如：「王勿往省黍？」「王立黍，受年？」「王今春黍於南？」「王大令眾人曰劦田，其受年？十一月。」等。〔註38〕「省」為巡視之意，「立」為蒞臨、置植的意思，「省黍」、「立黍」即審視黍田，探查農收；「黍於南」即王親自到南地種黍以示農時；「劦田」為「協力以農具（力）治田地」，裘錫圭認為：「劦田為協力發土耕田，在冬天大規模翻耕土地，為明年的春播作準備。」〔註39〕殷代農季為九月至十二月（或十三月）〔註40〕，「劦田」卜辭見於十一月和十二月是農收之月，故「劦田」應是收割完作物後，眾人翻耕土地，讓殘餘莖穗混入泥土以當肥料，以利來春播種。「劦田」之「劦」之字形作「㙕」，「丿」為耒耜，是翻土工具，故劦田就是眾人墾土翻地的意思。

殷王對生產之事的關注，另見「告麥」之辭。「告麥」為向商王報告可以收割麥子，因麥子成熟後須馬上收成以免大量麥粒脫落〔註41〕，故有「告麥」之舉。而作物收成的儲放之地，晚商時期已有倉廩，廩字作「𠆢」，像穀堆之

〔註35〕洪岳彬：《殷墟青銅禮器研究》（北京：中國社會科學出版社，2006），頁305。

〔註36〕許進雄：《中國古代社會：文字與人類學的透視》（北京：中國人民大學出版社，2008年），頁123。

〔註37〕年，《說文》言：「年，穀熟也。」《穀梁傳·桓公三年》：「五穀皆熟曰有年。」年是就一切穀物成熟而言，跟「禾」一樣具泛稱性。

〔註38〕辭例來源：《合》9612、《合》9525、《合》9518、《合》1。

〔註39〕裘錫圭：《古文字學論集》，頁184。

〔註40〕馮時根據卜辭中求年、受年的月份歸納，提出九月、十月是播種期，年終十二月（或十三月）是作物的收穫期。馮時：〈殷代農季與殷曆曆年〉，《中國農史》1993年12期，頁72～83。

〔註41〕王玉哲：《中華遠古史》（上海：上海人民出版社，2003年），頁296。麥子在成熟後，麥粒容易脫落，故民間言「收麥如救火」。

形，卜辭言「省廩」、「省在南廩」，集中在十月和十二月〔註42〕，乃收穫之後，視察穀倉。

　　從另一方面言，殷人以農業為主要生產活動的證據，可從出土農具證之。殷墟小屯村北的考古材料顯示，用來收割農作的「石刀」（石鐮）共有 3640 件之多，集中在王室貴族，推測是收割時發給勞動者的農具。〔註43〕收割工具亦有「蜃」，其為蚌類，經過裁製而有刀刃或鋸齒形，可以藉此清除草木。而農具之精細，從其有孔之石刀或蚌刀以利於割取穗麥，亦見對農具掌握的程度和對農事生產的適當工具之利用。

　　以上從三方面言殷人以農業生活為主，且重視農業生產。農事離不開自然界，舉凡跟氣象相關的現象，都攸關農業收成之好壞，誠如竺可楨提出「氣象與農業」的關係密切，且以雨量和溫度為重要。〔註44〕殷代農業情，況據學者研究，已有灌溉系統，利用水井、河水，引水於農地〔註45〕，然而雖然有簡單的灌溉措施，農事所需的水源，大多還是來自雨水，而非人工所汲取，即依賴於自然。殷墟所處的自然環境，比之現在，是屬於乾旱氣候〔註46〕，對於「雨」的需求極度渴切。在對自然現象無法理解的知識背景中，人類對自然界之崇拜，應運而生。因此，農業經濟生活中，產生自然崇拜的現象，是社會環境和經濟形式造就了自然神信仰的形態。

第四節　小　結

　　殷人自然神信仰觀念的形成，其一為宗教因素，從一開始對自然神祕力量的恐懼，到賦予自然界靈魂，成為萬物有靈的世界，自然就不再只是單純的自然，而是與人「同性」的自然神。人類在崇拜和畏懼的雙重心理之下，

〔註42〕卜辭見：《合》9636：「令省在南廩？十二月。」《合》9638：「令𡘾省在南廩？十月。」

〔註43〕王玉哲：《中華遠古史》，頁 302。

〔註44〕竺可楨：〈氣象與農業之關係〉，《竺可楨全集》（上海：上海科技教育出版，2004 年），第一集，頁 398～340。

〔註45〕袁庭棟、溫少峰：《殷墟卜辭研究——科學技術篇》（成都：四川省社會科學院，1983 年），頁 200～207。

〔註46〕周偉認為殷代的氣候複雜。跟據殷墟文化各期的地下水位變化得出一至四期有劇烈波動現象。第一期二期較為乾旱，三期前期較為濕潤，三期後段直到殷滅又再度轉旱。周偉：〈商代後期殷墟氣候探索〉，《中國歷史地理論叢》1999 年第 1 期，頁 185～196。

加上相信之，信仰其為人生的行事標準，故產生濃厚的自然神信仰意識。第二為歷史因素，從歷時角度論，自然崇拜於新石器時代可見，藉彩陶紋、岩畫得知先民自然崇拜之現象，而殷人在其基礎上，吸收與融合，開創了一套自然神的信仰體系。第三為環境因素，包括生活形態、氣候型態，農業經濟為主體，而氣象狀態之不穩定，加深了對自然界的依賴性，故對自然現象愈加重視。因此，在這三個原因的作用之下，形成了殷代的自然神信仰文化。

第三章 殷商自然神之信仰和祭祀

　　本章的殷商自然神信仰，先論其信仰意識，再說明祭祀行為。殷商自然神的信仰對象，分成三節討論。第一節為帝信仰，探討問題有四：1.帝信仰的來源，2.帝對人世的作用，3.帝的地位，4.帝是否受祭。第二節是天體信仰，分成兩部分：第一部分論天象諸神，為日、月、星三者；第二部分為氣象諸神，為風、雨、雲、雪、雷、虹六者。第三節論地祇信仰，分山神、水神、土神三個類別，分別探究崇拜意識和對人世的作用。擬藉此呈現殷人自然神信仰意識和祭祀文化。

第一節　殷墟卜辭的帝信仰

　　宗教世界中，「神性」觀念的來源，涉及不同的宗教價值觀和社會意識。宗教以信仰神靈為中心，在中國古代宗教中，「帝」和「天」為祭禮中最重要的神靈。殷商的「帝」卜辭，延伸許多「帝」信仰的問題。歷來學者有三大問題：其一是「帝」的來源為何，其二是殷商時期的「帝」是否為至上神，其三是論「帝」是否接受祭祀。

　　以上問題，筆者以字型入手，從字形分析「帝」字取象為何。後則整理相關「帝」信仰卜辭，討論帝之來源，藉帝於人世之作用，解釋帝在殷商宗教觀念中的角色和地位，以及殷人對帝的態度。

一、帝的釋義

　　甲骨卜辭「帝」字可分成兩類，如下表：

A 類				
	1.合 2108	2.懷 1565	3.合 14204	4.合 249
B 類				
	5.合 14302	6.合 14312	7.合 15978	8.合 15959

「帝」字用法有三義：一表示上帝之帝，二表示祭祀動詞，三表示廟號，如帝甲、文武帝。〔註1〕字形可分成 A 和 B 二類：𥅆（A 類）通常用於上帝之帝，𥅆（B 類）用於祭祀動詞之帝。〔註2〕馮時分析：

> 作為祭名的「帝」，通常作𥅆，从𥅆从□；作為上帝的「帝」通常作𥅆，……，所從之□或⊢皆是附加的指示部分，代表帝所居之處。〔註3〕

鄭繼娥分析：

> 𥅆為从𥅆（花蒂）从⊢的表意字，是蒂的初文，本義是花蒂，引申為上帝之帝。𥅆則是从𥅆从□（或○），𥅆亦聲。□（或○）像祭壇形，為祭祀之禮。〔註4〕

從字形表看，武丁賓組卜辭二字已是不同的兩類字。馮時認為「□」、「⊢」釋帝之居所，鄭繼娥以「□」、「○」為祭祀場所，有其創見。是以𥅆和𥅆用法不同，非一字之異體。

　　學者歷來對於「帝」字之造字取像及其釋義，從不同研究角度可分成三類：字源學觀點、天文學觀點、宗教學觀點。研究方向顯示「帝」字釋義的多樣性，知「帝」字不僅僅是一個文字符號，亦表示後人理解字形背後所蘊含與延伸的意義。

〔註1〕陳夢家：《綜述》，頁 562。

〔註2〕胡厚宣認為：「卜辭通例，除個別例外，一般上帝作𥅆，帝祭作𥅆。」胡厚宣：〈釋殷代求年於四方和四方風的祭祀〉，頁 277。筆者贊同此為卜辭通例，但有其例外。如：「方帝，羌二犬卯一牛？」（《合》418）帝為祭祀動詞，作「𥅆」；「甲寅卜：其帝方，一羌一牛九犬？」（《合》32112）其帝作「𥅆」；「癸巳卜：其帝于巫？」（《合》32012）其帝作「𥅆」。

〔註3〕馮時：《中國古代的天文與人文》（北京：中國社會科學出版社，2006 年），頁 68～69。

〔註4〕鄭繼娥：〈甲骨文中的帝──中國原始宗教的古文字考察之一〉，《甲骨文祭祀卜辭語言研究》，頁 255～256。

（一）文字學觀點

從文字學的釋義來看，古文字學學界分兩派說法：花蒂說與燎柴說。

1. 花蒂說

宋代鄭樵首先提出：「帝像蕚蒂之形，假爲蒂。」吳大澂言：「帝像花之有蒂，果之所自出。」王國維認爲：「帝者蒂也，象花蕚之全形。」〔註5〕郭沫若說：

> 帝爲蒂之初字，則帝之用爲天帝義者，亦生殖崇拜之一例也。……
> 古人固不知有所謂雄雌蕊，然觀花落蒂存，蒂熟而爲果，果多碩大
> 無朋，人畜多賴之以爲生。果復含子，子之一粒復可化而爲億萬無
> 窮之子孫……。此必至神者之所寄，故宇宙之眞宰即以帝爲尊號也。
> 〔註6〕

郭沫若以帝是蒂的象形文，▽像子房，𝄐象蕚，𝄐象花蕊之雌雄蕊。〔註7〕雖早期先民不知花中的雌雄蕊，然觀看花朵的生長歷程，知蒂熟有果，果實內有種子，種子可以孕育下一代，以爲其中有所謂「神」化的過程，故以帝爲世界之主宰，是一種生殖崇拜。

鄭繼娥分析「帝」字字形演變，亦贊成花蒂說，其言：

> 帝字的演變途徑：𠂤組：🅇→歷組：🅇→賓組：🅇→出組：🅇。……
> 𠂤組和歷組的帝字，象是木上有花蒂（包括子房）形，小原點或小
> 點表示花房中之子實。……，帝字若析出「𝄐」，則字形即像花蒂的
> 象形字。𝄐形是一個表示束縛之意的表意符號。……，帝字加𝄐符，
> 是花蒂未開之花，以束縛之意符表示之。〔註8〕

鄭繼娥從字形演變入手，以象形意味較濃厚的𠂤組和歷組字形，認爲帝是蒂的初文，本義是花蒂。𝄐符表尚未成熟之花，有包覆、縛束之義。鄭氏認爲「🅇」是帶有子房的花蒂的象形字，「𝄐」爲𝄐（木）省形〔註9〕，與前賢所言「𝄐」是雌雄蕊不同。

從帝爲花蒂說的釋義來看，「蒂」是果實和枝莖相連的地方，蒂上有花苞，

〔註5〕《詁林》第二冊，「帝」字條，頁1082～1086。
〔註6〕郭沫若：〈釋祖妣〉，《郭沫若全集・考古編》第一卷，頁54。
〔註7〕郭沫若：〈先秦天道觀之進展〉，《郭沫若全集・歷史編》第一卷，頁329。
〔註8〕鄭繼娥：〈甲骨文中的帝──中國原始宗教的古文字考察之一〉，頁254～255。
〔註9〕鄭繼娥：〈甲骨文中的帝──中國原始宗教的古文字考察之一〉，頁254。

花苞裡有子房，子房爲花粉受精之處，致使花朵能孕育下一代。蒂於字書中或作「蔕」，意爲果鼻、花本，具有根柢、根本之義，「蒂」有花蒂爲出生之本的根源義。語源上，從「帝」聲之字，如蒂、蔕、底、柢，多表示根基、原始的意思；嫡、適二字，在血緣親屬上表示親疏遠近，意味正宗，血統最近的。字源上，從帝孳乳之字，如締，有首先創制、創造之意。古文獻裡帝和花蒂的聯繫，如「帝者，生物之主，興益之宗」〔註10〕；「因其生育之功謂之帝」〔註11〕，古人以花蒂義，思考萬物所由出，藉由花果本爲花蒂所生之自然現象，聯想引伸出「帝」的角色乃爲孕育萬物的生長之主，解釋人類和世界是如何被創造、被產生，遂以「帝」象徵生物之本源，可謂以花蒂圖騰爲原型的崇拜意識。

此種說法以「帝」所示之義推論帝字的來源。花蒂之說，以蒂爲花之本，具有基礎、根柢之義，花蒂乃孕育花果的本祖，因此「帝」由本指稱花蒂轉成引申爲上帝之「帝」，表達對於創建萬物之主的稱呼，依此推測「帝」崇拜是由植物（花蒂）圖騰崇拜延伸轉化而來。所謂的「圖騰（totem）」，在原始宗教中表意爲「親族」，人們深信某一社會群體，或個人與某一特殊物種之間，有一種神祕的「同質」關係，或「交感」關係，其圖騰可以保護氏族成員，維持其繁榮和興盛。〔註12〕卜辭中呈現的帝信仰，觀察殷人的宗教意識，認爲「帝」能掌控人間之事，在農業經濟爲主的殷商時期，帝可「令風」、「令雨」，掌握氣候，影響農作收成，但同時也能降禍降艱，將人世的生活條件導向壞的一面的能力。則「帝」是否爲花蒂圖騰之象徵與轉化，無法確認。

2. 燎柴祭天說

葉玉森、朱芳圃主張帝爲束柴燎祭，乃祭祀之活動，會意字。葉氏云：「帝字從木，爲燎字所從。⊢像架形，▢、▨像束薪形。示禘祭鬼神，從一像天。」〔註13〕明義士改正葉氏之說：「𥅀從一從𣎵從⊢，𣎵是米（燎）省，⊢象束形，一即古文上，燎束柴於上帝者。故帝引申爲禘。」〔註14〕平岡武夫則以爲：「帝

〔註10〕〔魏〕王弼，〔晉〕韓康伯注，〔唐〕孔穎達正義：《周易正義》（臺北：藝文印書館《十三經注疏》本，1955年），頁97上。

〔註11〕《禮記正義》，頁480上。

〔註12〕金澤：《宗教人類學導論》（北京：宗教文化出版社，2001年），頁109～110。

〔註13〕李孝定：《甲骨文字集釋》，頁27～28。

〔註14〕嚴一萍：《〈伯根氏舊藏甲骨文字〉考釋》（臺北：藝文印書館，1991年），頁45。

的本義是表示祭祀活動的用語，後轉化爲接受祭祀的對象。」〔註15〕

　　王輝亦將「帝」字分析成從「一」從「□」（﹁、﹈）從「木」三部分，並以火祭角度言「帝爲火祭」〔註16〕，以帝字上部「一」代表天空，天空中的自然神如日月雨雲等，居於天上，故用火祭之。

　　由以上諸位學者的說法，「帝」本爲祭祀之儀式，用火燎燒之祭，以煙霧上騰祭祀天上之神靈。

　　筆者以爲「帝」是火祭之說可從。依字形看，帝與寮相似，寮之字形作「米」、「㶮」、「粂」、「米」、「※」，爲燃木之形，從木從火，示燃燒柴木，旁邊諸點爲燃燒時火星四處飛散。《說文》：「寮，紫祭天也。」，「紫，燒柴寮祭天」〔註17〕；《周禮·大宗伯》：「以禋燎祀司中、司命、飌師、雨師。」鄭注：「燎，焚柴而升煙。」〔註18〕知寮祭以焚燒積薪柴木，導致煙氣上達於天以祭祀天神。寮亦是處理祭品的方式，如卜辭「寮九牛」、「寮二豕」、「寮五牛」〔註19〕等。《呂氏春秋·季冬》言：「供寢廟及百祀之新燎。」注曰：「燎者，積聚柴薪，置璧與牲於上而燎之，升其煙氣。」〔註20〕「寮」是與火有關的祭祀方式，以此來與天上神靈交流。帝字作「帝」「帝」、「帝」，與寮字之差異在於帝字形中間部分表示綁束柴新的「﹈」「□」「○」，和其上部表示天體之「一」。兩者字形之差異，代表「帝」與「寮」雖然同屬火祭，但在柴木處理方式，稍有不同。「寮」祭，木柴是以積聚形式，層層堆纍，於積柴木上，置祭品燎之。「帝」祭，則收束、綑綁柴木，以此來顯現「寮」和「帝」兩者祭祀方式的差別。

　　明義士提出「帝引申爲禘」，其說可從。明義士釋以燎束柴祭於上帝，表示帝之本義，則與其說互相矛盾。筆者認爲應先有帝之名，才有以帝命名的

〔註15〕平岡武夫的說法，轉引自〔日〕斎木哲郎，馬志冰譯：《〈方帝考〉補》，《殷都學刊》1990年第4期，頁15。

〔註16〕王輝以帝爲火祭，米爲柴祭，束是束祭，皆是捆柴焚燒的火祭，故從字形言「帝」是火祭。王輝：〈殷人火祭說〉，《四川大學學報叢刊》第十輯（1982年），《甲骨文獻集成》第30冊，頁310。

〔註17〕〔漢〕許愼撰，〔清〕段玉裁注：《說文解字注》（臺北：黎明文化，1996年），頁485，頁4。

〔註18〕〔漢〕鄭玄注，〔唐〕賈公彥疏：《周禮注疏》（臺北：藝文印書館《十三經注疏》本，1955年），頁270下。

〔註19〕辭例來源：《合》358、《合》2441、《合》12051正。

〔註20〕〔秦〕呂不韋撰，陳奇猷校釋：《呂氏春秋校釋》（臺北：華正書局，1985年），頁616。

祭祀名稱，以「帝」引申為「禘」，從祭祀對象轉成為祭祀名稱。平岡武夫以「禘引申為帝」，認為先有祭祀活動，才出現祭祀對象的名稱，其說可議。在宗教對象的緣起和祭祀儀式的過程發展中，被信仰者先於信仰儀式，因其有所謂的信仰心態和被信仰的對象，才有相對應的實踐活動。

（二）天文學觀點

美國學者班大為從星座角度出發，認為帝字和其它天體的造字表達取向類似。如甲骨文「龍」字，與二十八星宿之倉龍，有著實際對應的星象關係。班大為根據北極星圖，把小熊座斗魁的三顆主星，和大熊座（北斗）勺把上的三顆主星，交叉連接起來的聚交點，是北極星的位置。帝字中間的橫線所連接的兩顆星是新石器時代的極星和漢代崇拜的太一星，故「帝」視為星圖，被定義為最高的超自然力量的抽象概念。〔註21〕

馮時亦從天文學觀點說解，認為帝居於天上，其所在為天宇之中央，故極星當作帝之居所而謂「帝星」，其處於中心位置，故得以掌握天下四方。〔註22〕

班大為提出的帝是「星圖」說，過於牽強，帝並非像星座一樣有明確的圖案顯示，如中國二十八星宿中的蒼龍，其形像龍；白虎，其形象虎，均有造形，有其具體形象的顯現，易於聯想。「帝」形透過兩個星座的主星連接相交於北極星而成「帝」，這些連接起來的星星，不是一個星座，是為後人牽就帝字所作的想像，證據不足，真實性存疑，或可供參考。

馮時之說，以帝居於天上，位於中心，為世界之主宰視為極星，展現主宰萬物的至尊地位。以天文學的觀點來說，頗有啟發。《史記・天官》：「斗為帝車，運於中央，臨制四鄉。」〔註23〕殷商時期的帝信仰，帝是否位於中心之處，主宰萬物，筆者將於帝的地位有進一步討論。

（三）宗教學觀點

張榮明以甲骨文「帝」字是「曼達拉」〔註24〕（Mandala）的文化現象，

〔註21〕〔美〕班大為著，徐鳳先譯：〈北極簡史：附帝字的起源〉，收入《中國上古史實揭密：天文考古學研究》（上海：上海古籍出版社，2008年），頁353～355。

〔註22〕馮時：《中國古代的天文和人文》，頁71。

〔註23〕《史記》上，頁510上。

〔註24〕所謂的「曼達拉」，是指在人類文化史上和人類大腦記憶體內存在著一種圖式，也可說是一種圖形。這種圖形的外圍或是一圓形圈，或是一方形圈；在其中央部分，或作對稱的「十」字形，或作對稱的「米」字形。瑞士學者容

帝的造字意識爲會意，具有內在心理的認同因素。帝字結構呈現「米」、「十」字形式，內有長方的口形（▭、○），是其中心點，爲宇宙創生的本根，表示穹蒼之上的起源，或是創造世界的最高神靈。〔註25〕

日人高島謙一將帝視爲一束綑綁的木柴，原爲動詞「締」，後形成名詞的「帝」，說明宇宙本像是一些散亂無章的木柴，而帝就是把宇宙統整起來的神。〔註26〕義人阿瑪薩里提出「帝」從「上」從「木」從「冂」。上，表示居其上；木爲神木，提及夏朝人將「松」、商朝人將「柏」、周朝人將「栗」奉爲神木，又《山海經》將神樹稱作「帝休」，即上帝休息之處；「冂」是方向，表東西南北，則「帝」是指處於森林四個方向中心的樹木，或是指處於被認爲方形大地中央的樹木。〔註27〕

張榮明認爲「帝是曼達拉」的文化圖示，字形成「米」或「十」字形，中有一圈是宇宙之中心點。「米」和「十」字在新石器時代已見刻於陶瓶、壁畫，是太陽崇拜之圖示，表示陽光四射之形。〔註28〕帝非殷代日神崇拜〔註29〕，張榮明以印度教文化的濕婆概念、藏傳佛教的「世界之輪」之圖畫套進「帝」字釋義，具有文化的心理因素，或可參考。

高島謙一將「帝」當作一捆木柴，視宇宙爲一堆雜亂個體，如同散亂木柴一般，能結合這個世界的角色，即是「帝」，遂以帝爲宇宙統整之神。然而，帝在卜辭中所示現之權能，是否能統整人間世界，把散亂無章的個體綁縛起

格（C. G. Jung）考察人類文化史上的曼達拉現象，有九個特徵，張榮明簡化爲兩個重要因素：一爲中心圖形（十字形或類十字形），一爲外圍圖形（圓圈或方圈）。參張榮明：《殷周政治與宗教》，頁37～38。

〔註25〕　張榮明：《殷周政治與宗教》，頁29～42。

〔註26〕　〔日〕伊藤道治，高島謙一：《中國古代文明研究：宗教、社會、語言和古文字》，頁145。轉引自〔英〕艾蘭著，劉學順譯：〈「帝」的甲骨字形〉，《湖南大學學報》（社會科學版）第21卷第5期（2007年），頁8。

〔註27〕　〔義〕安東尼奧‧阿馬薩里著，劉儒庭，王天清，齊明譯：《中國古代文明——從商朝甲骨刻辭看中國史前史》（北京：社會科學文獻出版社，1997年），頁22。

〔註28〕　太陽崇拜的圖示在新石器時代已經形成。遠古先民的太陽崇拜詳見本論文第二章第一節。

〔註29〕　楊希枚認爲：「商周社會所謂的昊天、皇天、上帝、昊天上帝或皇天上帝，當義指上天或天上的光明之神，即太陽神。」見楊希枚：〈中國古代太陽崇拜研究〉，《先秦文化史論集》（北京：中國社會科學出版社，1995年），頁738～783。此「帝爲日神」的說法，筆者認爲有待商議。在殷墟卜辭中，帝和日是兩個不同的信仰對象。

來，是存有疑慮的。高島謙一認爲「帝」之原義爲「締」，與文字發生規律不符合，締當爲後起字，從帝聲。阿瑪薩里將「帝」視爲通天神木，位四方之中心，和馮時「帝居天之中心」的觀點類似。阿瑪薩里將三代立社之木「夏后氏以松，殷人以柏，周人以栗」，當作神木能通天，則解釋太過。立社以木，土地之上擇一處地，當作祭祀地點，作爲標地，或是社主所在之處，並無通天意味。

（四）筆者觀點

前文分析天文學和宗教學的觀點，雖其與「帝」字之造字取向與其所包含的意思相互重疊，然可靠性有待驗證。文字學上釋義，有花蒂與燎柴祭天二說。

字形上實不易分辨帝的造字意象和其本義。前賢所言「帝」字之來源，依花蒂和燎柴祭天二說，則「帝」的崇拜起源可能有二：花蒂引申的植物崇拜，或是由帝祭而出現稱呼「帝」的天神崇拜。若視「帝」爲植物崇拜，則如何從花蒂本身延伸聯想至帝，劉復認爲取花蒂的無所不歸象徵帝的萬能，是極其進步的象徵觀念。〔註30〕但是，花蒂有不結果實之時，並非源源不絕的繁衍。此外，由帝祭而產生「帝」這個角色，此推論有待商議。

藉字源學可以推論出「帝」的眞正來源爲何嗎？島邦男提出從字形上判斷帝的本義相當困難。〔註31〕陳來以爲，研究思想的起源，字源研究有時會游離探源方向，產生誤導作用，思想研究須由文化和歷史演進作爲基礎。〔註32〕語言、文字、思想三者具有一定關係。文字的創制並非一人一時一地，甲骨文非草創性，亦非中國最早文字，但在甲骨文字所紀錄的殷商宗教現象之前，「帝」的概念應該已經發生，直至殷商晚期，根據卜辭文獻記載，「帝」在殷人作爲崇拜對象而存在，宗教的心理因素，造神運動的產生，是與社會形態息息相關。

〔註30〕 劉復：《帝與天》，《北京大學研究所國門學月刊》第 1 卷第 3 號（1926 年），頁 314。

〔註31〕 〔日〕島邦男：《殷墟卜辭研究》，頁 189。

〔註32〕 陳來認爲古文字研究的發達造成字源學的進步，是以藉文字探討某一種思想的起源，對於思想的探源不僅有誤導的作用，也容易流於意義何在的問題。如儒家和道家。「儒」的字源在甲骨文釋爲「需」，是求雨的巫祝；道的字源意義是指攜帶異族人首級而行以驅邪。這種說法對於理解思想的起源，似乎沒有意義。見陳來：《古代宗教與倫理》（北京：生活‧讀書‧新知三聯書店，1996 年），頁 17。

宗教作爲一種社會文化的現象，人類賦予神靈的神性與社會人際關係互有影響，則「帝」的產生可能與殷商時期社會形態和政治模式互有連接。

商王朝已有「王」之尊位，是一個階級制度的國家型態，有其尊卑之別。「帝」信仰之產生，和其餘自然神祇所具有之形象不一樣，張光直提出「帝是抽象之存在」〔註33〕。帝擁有實能作用於人世，乃人類想像在自然界之中，亦有一位掌管自然現象的高位神祇，遂以「帝」名之。若以「帝」之產生與人間王者連接，則帝之字形有可能是「綑綁的人偶之形」，以作爲崇拜對象之形象。從「帝」之甲骨文字有「帝」和「帝」，卜辭殘缺，其字義不明。就字形來看，「帝」像以矢射帝〔註34〕，帝若爲花蒂，則以矢射花蒂之意義難以理解。就因爲「帝」是一個抽象的存在，爲了將其形象化，而以綑綁之人偶形爲之，以豎立神像來表達信仰對象，則是有可能的。

此外，筆者雖不贊同「帝」爲花蒂說，然從「帝」的語族來看，多有根基、原始的意義，則「帝」可表示昊天是天地萬物所由生的根本和原始，雖於卜辭中「帝信仰」沒有萬物因此而生的觀念，但從後世語族可以見到帝之意涵。

儘管對於「帝」字的釋義歧異極大，可是在卜辭中可深刻看見「帝」對於殷商生活的影響範圍之廣，故雖無法定論「帝」字的造字本義，但是「帝」在殷人心中是眞實存在的神靈，儘管其無形無象，卻有對人世產生福禍的能力。

二、帝對人世的作用

帝對人世之作用，于省吾分爲八類：令雨、受年、降堇、缶王、受佑、降若降不若、降禍、降歜。〔註35〕陳夢家總結帝所管轄之事有：年成、戰爭、作邑、王之行動。而帝的權威和命令的對象是：天時、王、我、邑。〔註36〕

〔註33〕「上帝並未佔有特定的位置，不曾接受祭祀；它與子族傳說中的早期祖先之關係並未明確界定。我猜測上帝概念是一抽象觀念，祖先神才代表實體存在。」張光直：《早期中國文明》（劍橋：哈佛大學出版社，1976年），頁190。轉引自傅佩榮：《儒道天論發微》（臺北：臺灣學生書局，1985年），頁9。

〔註34〕帝，字形從矢從帝，筆者釋爲以矢射帝，是因爲甲骨字形中有「矢」、「矢」二字，爲人被矢所射，此二字因而有疾、傷的意思。然而，「帝」在卜辭中爲一種祭祀儀式，應該跟上帝無關。

〔註35〕于省吾：〈殷代天神之崇拜〉，頁281～290。

〔註36〕陳夢家：《綜述》，頁571。

胡厚宣歸爲五種：帝與風雲雷雨、帝與農業收成、帝與城邑建築、帝與方國征伐、帝與時王、帝與人間福禍。〔註37〕藉學者所歸納，可以簡單分成：天象、年成和人世三方面。

（一）天象權能、年成權能

天象權能是對於氣象之事的掌握，稱爲氣象權能。年成則是農業之事。

1. 天象權能

天象權能包含了雨、風、雷、雪，而帝可以命令之。卜辭言「帝令某」，「令，命也」，表示帝可以行使號令。帝可使氣候改變，讓天氣颳風、下雨，抑或打雷，可以掌控天氣，故有「令雨」、「令風」、「令雷」、「令雪」之辭。

【令雨】卜辭

（1）丙寅卜，爭貞：今十一月，帝令雨？

貞：今十一月，帝不其令雨？　　　　　《合》5658 正

（2）辛未卜，爭貞：生八月，帝令多雨？

貞：生八月，帝不其令多雨？　　　　　《合》10976 正

（3）甲戌卜，𣪘：翌乙亥，帝其令雨？

甲戌卜，𣪘：翌乙亥，帝不令雨？

己巳，帝允令雨，至于庚。　　　　　《合》14153 乙正反

（4）帝令雨，正年？

帝令雨，弗其正年？　　　　　　　　《合》14141

「令雨」卜辭中，帝可以「令雨」（命令下雨），可以「令多雨」（命令下很多雨），可以「不令雨」（不命令下雨），能操弄降雨量多寡，決定要不要下雨。驗辭有：「帝允令雨，至于庚。」驗證帝果然使之降雨。辭例 3 之驗辭，紀錄了帝果然命令下雨了，並且持續降雨至庚日。由此可知，帝確實掌握降雨的決定。卜辭中，除帝可令雨之外，亦有「河令雨」〔註38〕之辭，但僅一見。除「令雨」之辭，或言「帝隹雨」，如：「乙卯卜：帝隹雨？」「帝隹癸其雨？」〔註39〕隹即唯，表示可能、將要之意，即帝可能降雨嗎？帝將要在癸日降雨嗎？

〔註37〕胡厚宣：〈殷卜辭中的上帝和王帝（上）〉，頁 23～50。

〔註38〕辭例來源：《乙》3121。

〔註39〕辭例來源：《合》41393、《合》14154。

此外，「帝令雨正年」，「正」舊釋「足」，示足夠雨水。〔註 40〕今之學者將「正」釋爲「適當」、「合適」、「適宜」〔註 41〕，謂「帝命令下雨，適合年成嗎？」

再者，殷人也以爲不下雨，是帝之意志可控制，如：

（5）庚戌〔卜〕，爭貞：不其雨，帝〔其〕異〔我〕？

《合》11921 正

（6）☑雨，帝異☑降茲邑☒？　　　　《合》40395

（7）□申卜，貞：異，隹其不雨？　　　《合》13006

「帝異」，是帝降禍之義。〔註 42〕金祥恆以「異」有「疑怪」之義，鍾柏生從之，「帝異」乃「上帝疑怪」的意思。〔註 43〕據卜辭，在第一期卜辭「異」有二種用法：一是帝降不祥之事〔註 44〕，二是帝疑怪之心態。辭例 5 謂：「不下雨，帝將要不祥於我嗎？」辭例 6 謂「☑雨，帝疑怪，降憂於此邑嗎？」辭例 7 中的「異」，可能是「帝異」之省文，謂「帝疑怪，將要不下雨嗎？」乃帝之意志可以決定是否下雨。

【令風】卜辭

（8）翌癸卯，帝不令風？夕霧。　　　《合》672 正

「令風」卜辭的驗辭，證明帝可號令風。風和雨在殷人氣象觀念裡，風雨相連而來。卜問「帝不令風嗎」，其結果是「夕霧」〔註 45〕，表示帝沒有令風至。

【令雷】卜辭

（9）貞：帝及其今十三月，令雷？　　　《合》14127 正

〔註 40〕《詁林》，第一冊，「正」字條，姚孝遂案語，頁 808。

〔註 41〕可參考劉釗：〈卜辭「雨不正」考釋——兼《雨無正》篇題新證〉，《殷都學刊》2001 年第 4 期，頁 1～3。季旭昇：〈《雨無正》解題〉，《古籍整理研究學刊》2002 年第 3 期，頁 8～15。張玉金〈殷墟甲骨文「正」字考釋〉，《2004 年安陽殷商文明國際學術研討會論文集》，頁 11～16。

〔註 42〕〔日〕島邦男：《殷墟卜辭研究》，頁 190。陳夢家：《綜述》，頁 564。

〔註 43〕鍾柏生：〈說「異」兼釋與「異」並見諸詞〉，《中央研究院歷史語言研究所集刊》第 56 本第 3 分（1985 年），頁 546。

〔註 44〕第一期卜辭「王🖸異」，是王骨頭發生疾病產生變化、變易，不祥之事，故「異」有不祥義。

〔註 45〕「🖾」字讀作霧，「十霧九晴」說明有霧則天氣晴朗，不易下雨。卜辭另見：「辛丑卜，𠂤：自今至于乙子，雨？乙🖾，不雨？」「至于丙辰🖾，不雨？」可知有霧則不會下雨。見于省吾：《甲骨文字釋林》，頁 107～111。

（10）貞：生一月，帝不其弘令雷？

癸未卜，爭貞：生一月，帝其弘令雷？　《合》14128

「令雷」，「帝不其弘令雷」，弘，《類纂》隸定為「弘」。于省吾認為是副詞，作弘訓大義，乃「帝其大令雷」，而裘錫圭以聲音之大形容雷〔註46〕，說法皆形容雷聲的狀態。帝可以操控和決定雷之大小、強度等。卜問令雷之月份為十三月、一月和二月，乃春季，《禮記·月令》言：「雷乃發聲，始電，蟄蟲咸動。」〔註47〕春雷是萬物萌動振出之始。雷為雨之先聲，盼農時下雨，求得好收成。

【令雪】卜辭

（11）王固曰：帝隹今二月令雷。其隹丙不令雪。

《合》14129

「令雪」一辭，出現在王之占辭中，其結果是丙日帝不會命令下雪。

帝可命令氣候，也可以預知氣候，類似今日的「氣象預報」。「今十一月」（這十一月），卜問今月是否帝會令雨，是占卜之日為月首所作的氣象占卜。「生八月」（下個月八月）、「翌乙亥」（明天乙亥日）、「來乙未」（幾天後的乙未日）等，皆為卜問未來氣象。此外，帝掌握氣候權能決定雨風雷雪到來，然不知帝所掌控氣象，是否會造成災害，或符合殷人期望。從驗辭看，「翌戊辰，帝不令雨？戊辰，允霧」、「己巳，帝允令雨，至于庚」、「帝不令風？夕霧」。〔註48〕驗辭皆符合殷人所求之事，或可推論「令雨」、「令風」、「令雷」卜辭是具祈求意味的卜問。

2. 農業權能

氣象權能導致了農業權能，氣象好壞影響農作，而氣象是帝令所為，故生產之豐歉亦和帝息息相關。如：「帝令雨正年？」「黍年有正雨？」「禾年有正雨？」「在始田有正雨？」〔註49〕等，可知「適當的雨」關係年成，其氣象影響國家生計，帝在氣象權能之外，亦作用到農業收成方面的能力。

帝之農業權能，有「降饑」、「巷年」、「受年」、「令伇」：

（1）貞：帝不隹降饑？貞：帝隹降饑？　　《合》14171

〔註46〕《詁林》，第三冊，「弘」字條，頁2604。
〔註47〕《禮記正義》，頁300上。
〔註48〕辭例來源：《合》14153正、《合》14153乙反、《合》672正。
〔註49〕辭例來源：《合》14141、《乙》3285+3391、《英》818、《合》10136正。

（2）貞：隹帝，𡆥我年？二月。貞：不隹帝，𡆥我年？

《合》10124 正

（3）上甲囗勿鯊，不雨，帝受我年？二月。　《合》9731 正

（4）庚戌卜，貞：有噁秋，隹帝令伏？　　　《合》14157

辭例 1，𥝢，隸定作𩾞，意為摧毀性之災。詹鄞鑫釋𩾞之字形象手持鞭驅鳥，《廣韻》：「𩾞，士咸切，音饞。鳥𩾞物也。」「鳥𩾞物」即鳥群食莊稼，𩾞是一種鳥害，給農業生產帶來損失。〔註50〕「帝降𩾞」，謂帝降下會使農業收成不好的鳥災。

辭例 2，𡆥，災害之義。隸定作「𡆥」，用法跟求（祟）、囚（憂）相類。表示傷害，引申理解為損害，可讀為害。「𡆥年」即損害作物，使年成收入減少，造成短缺，影響生計，故帝能破壞年成。

辭例 3，受即授，授年為授予好年成。因其不雨，故卜問帝將會給予好的收成嗎？可見雨和年成之間的關係，是以帝能保佑農作之豐產。

辭例 4，伏，胡厚宣以伏與旡同一字，《說文》：「旡，飲食氣屰不得息曰旡。」其義為有困頓之意。〔註51〕「噁秋」指某種秋時之災害，或以為是蝗災。殷人貞問是帝命令秋收時有困頓嗎？

可見，帝與農業收成有關，可以「受我年」，亦可能「𡆥年」，可以𩾞、可以伏，均能造成農作之豐產或歉收。

（二）人事權能

人事權能包含：城邑之危安、戰爭之勝敗、商王與人間之禍福。

1. 城邑權能

殷人有建築物崇拜之神，其云「雍示」，以房屋建築群體之概念，示為神主，遂為建築物之神祇。〔註52〕城市之興衰，表示了國之興亡。帝擁有掌控建築工地之權能，亦即能主導國家之存亡。

（1）☒我其已㝵，乍帝降若？

☒我勿已㝵，乍帝降不若？　　　《合》6497

〔註50〕詹鄞鑫：《華夏考——詹鄞鑫文字訓詁論集》（北京：中華書局，2006 年），頁221。

〔註51〕胡厚宣、胡振宇：《殷商史》（上海：上海人民出版社，2003 年），頁482。

〔註52〕宋鎮豪：《中國風俗通史・夏商卷》（上海：上海文藝出版社，2001 年），頁645。

（2）癸丑卜，爭貞：我宅茲邑，大宁，帝若？三月。

壬子卜，爭貞：我其乍邑，帝弗左？若？三月。

癸丑卜，爭貞：帝弗若？　　　　　　　　《合》14206

若，像一人跽而理髮以順形，表示順義。〔註53〕「若」於卜辭有順利、認同、允若的意思。「帝降不若」，帝降下不順利；「帝弗若」，帝不會認同。此有二層意義：其一，帝會降災，表示帝有能力施行災難，屬於權能；其二，帝是否同意，卜問帝對某事之心態，「帝不會認同嗎」，藉由占卜詢問帝對某事之態度。

辭例1「巳宁乍帝降若」：張玉金認為是為住所的營建而舉行祭祀〔註54〕；高島謙一釋「宁」為某種迎接神靈的聖堂，「巳宁」為動詞＋處所名詞，是在供奉神靈的建築物「宁」舉行祀禮，「帝降若」是因舉行祀禮而導致帝降賜認可。〔註55〕「宁」是建築物，是人或是神靈居住之處，「巳宁」乃祭祀作邑建築之事。張玉金將「巳（祀）宁乍」連文，筆者認為應以「巳宁，乍帝降若」之斷句為佳。從文例來看，一期賓組卜辭之乍有二義：其一有建立、設置，如「乍邑」、「乍郭」、「乍王宗」〔註56〕；其二有導致、致使，如「乍王禍」、「乍我孽」〔註57〕，此卜辭之「乍」視為第二義，祭祀神祇或人世之建物，將會得到帝之認可嗎？

辭例2所言「我宅茲邑，大宁」，宅，居住也。《尚書‧召誥》：「成王在豐，欲宅洛邑。」「知今我初服，宅新邑。」〔註58〕「宅茲邑」為居住在此邑。「大宁」之「宁」則為祭祀動詞，居住於宅邑前要舉行入住儀式，告知於帝，求得保佑。

乍，作也。卜問建立城邑帝會允若嗎？ナ即左（佐），義為輔助，或可當成災咎之詞，李孝定釋違戾之意。〔註59〕此「我其乍邑，帝弗左？若？」佐

〔註53〕《詁林》，第一冊，「若」字條，頁367～370。

〔註54〕張金玉認為宁，為人待或人住的房子，巳（祀）是祭祀，「宁乍」是指建作住所。見張金玉：〈卜辭「我其巳宁乍帝降若」再解〉，《中國文字研究》第一輯（1999年），頁173～179。

〔註55〕高島謙一：〈商代語言中帶「乍」（作）字的使役結構〉，《漢語上古音構擬國際學術研討會》（2005年12月）。

〔註56〕辭例來源：《合》13514甲正、《合》13542。

〔註57〕辭例來源：《合》14184。

〔註58〕〔漢〕孔安國撰，〔唐〕孔穎達正義：《尚書正義》（臺北：藝文印書館《十三經注疏》本，1955年），頁218上，頁223上。

〔註59〕李孝定：《甲骨文字集釋》，頁951。

爲佐翼，意即帝不會幫助聚落建築之事嗎，還是帝會認同呢？

另外，帝因能掌握降雨，而導致城邑有憂：

（3）壬寅卜，㱿貞：若茲不雨，帝隹茲邑龍，不若？二月

王固曰：帝隹茲邑龍，不若。　　　　　《合》94 正

（4）貞：若茲不雨，惟茲邑龍，有醜于帝▨？

〔王〕固曰：隹茲邑龍，有醜。

《合》7855＋合 12878 反〔註60〕

「若茲」，郭沫若釋「若」爲虛擬之辭〔註61〕，其說可從。卜辭「若茲」又見「癸巳卜，爭貞：日若茲敏，隹年凶？三月。」以先秦文獻考之，《尚書・湯誓》：「夏德若茲。」《尚書・大誥》：「卜陳惟若茲。」《尚書・多士》：「降若茲大喪。」〔註62〕等，「若茲」均作「如此」解。卜辭「日若茲敏」謂「日如此昏昧不明的現象」，「若茲」釋爲「如此」，「若茲不雨」乃「如此不雨」。

辭例 4，李孝定認爲「龍」和「醜」對文，其言：

「醜」與「寵」爲對文。《淮南・說林》：「莫不醜于色。」注：「猶怒也。」辭云「又醜于……」蓋言帝又將加怒於某方，將降禍於某方也。〔註63〕

姚孝遂認同李氏之說，引《詩》「荷天之寵」爲例，認爲與「帝降若」類似。〔註64〕林宏明反對前說，不認同「龍」和「醜」相對爲文：

合 12878 正爲命辭，合 12878 反的「惟茲邑龍有醜」是王的占斷之辭。如果和合 94 的占辭對照來看，「醜」和「不若」意思大概接近。一般說來卜辭卜問「帝隹（其）……」如何，一般都是因爲發生了對商不好的事情而卜問。「龍」應該也是商人認爲是帝所引起的對商不好的事之一。〔註65〕

依文例來看，筆者贊同「醜」和「不若」意思相似。「帝隹其……」帝對商有不順之事，如：「帝隹其冬（終）茲邑？」「丙辰卜，㲼貞：帝隹其冬（終）

〔註60〕林宏明：〈甲骨新綴第卅二～卅四例〉，中國社會科學院歷史研究所先秦史研究室網站。收稿日期 2009 年 10 月 21 日。

〔註61〕郭沫若：〈別錄之二考釋〉，《郭沫若全集・考古篇》第二卷，頁 597。

〔註62〕《尚書正義》，頁 108 上，頁 194 下，頁 237 下。

〔註63〕李孝定：《甲骨文字集釋》，頁 2907。

〔註64〕《詁林》，第一冊，「醜」字條，姚孝遂案語，頁 356。

〔註65〕林宏明：〈甲骨新綴第卅二～卅四例〉。

茲邑？」〔註66〕卜問帝將要終結此城邑嗎？顯示帝有建造和毀敗都城的權勢。筆者以爲，「🔥」爲災咎義，當隸定爲「蠱」，與寵有別。故「若茲不雨，帝隹茲邑蠱，不若？」釋：「如此不下雨，帝將會讓此邑受到災咎，不順利嗎？」

帝會讓城邑受到災害之卜辭，又見：

（5）戊戌卜，爭貞：帝狭茲邑？　　　　　　　　《合》14211

（6）貞：帝狭唐邑？

貞：帝弗狭唐邑？　　　　　　　　《合》14208

狭，字形作 🏃、🏃，从子从矢，像子（人）被矢射中之形，有傷害、災禍之義。是以帝能傷害城邑。胡厚宣認爲「茲邑」皆指殷商首都商邑而言，又可稱茲商。〔註67〕唐邑爲殷之都邑，約在今山西南部的翼城，爲夏之舊墟，是商族爲了鎮壓夏族復起，故在唐地建築城邑，又稱爲「西邑」。卜辭有紀錄作邑於唐之事：

（7）丁卯卜，爭貞：王乍邑，帝若？我從之唐。

貞：祚大邑于唐土？　　　　　　　《合》14200 正

「祚」即作，爲建築邑落之設置。西邑即唐邑，位於殷都之西方。武丁之時，有西省之事〔註68〕，乃欲在大邑商之外，建立都城以宣告政治之實力。茲邑（大邑商）位於國土之中央，於東有亳土，於西有唐土，故「狭茲邑」和「狭唐邑」乃卜問殷之東西二大邑，帝是否要帶給它們災難。

城邑權能可知，帝對於建築之事的態度，善惡兼有，可以保佑作邑之事，也可以破壞，並且有極大能力傷害武丁時期的東西二大邑，影響國家生存安危。

2. 戰爭權能

戰事之征伐，貞問帝會不會授予保佑。

（1）貞：王叀沚馘比，伐巴方，帝受我佑？

王勿隹沚馘比，伐巴方，帝不我其受佑？

《合》6473 正

〔註66〕辭例來源：《合》14209 正、《合》14201 正。

〔註67〕胡厚宣，胡振宇：《殷商史》，頁464。

〔註68〕例如：「王省從西，告于大甲？」（《合》1434）「王其往出省從西，告于祖丁？」（《合》5113 反）

（2）□午卜，㱿貞：王伐𢀛，帝受我佑？一月。

《合》6543

（3）甲辰卜，爭貞：我伐馬方，帝受我佑？一月。

《合》6664 正

（4）貞：勿伐𢀛，帝不我其受佑？　《合》6272

（5）王敦缶，帝弗受佑？　《合》14188

（6）王循方，帝〔受〕我佑？　《合》6736

（7）丙辰卜，爭貞：沚䦙啓，王比，帝若，受我佑？
貞：沚䦙啓，王勿比，帝弗若，不我其受佑？

《合》7440 正

辭例1至4，𢀛方和馬方是殷都的西北方國；巴方是東方方國；𢀛方是西南方國。〔註69〕殷王戰爭出發之前，先卜問帝是否會助其攻伐之勝利。辭例5，缶爲武丁時期的晉南方國，與商王國的關係密切，常見王親征缶，卜缶之來見商王，卜缶受年等。辭例6，方爲方國之一，謂王視察方國，帝會保佑嗎？辭例7，卜問要不要跟沚䦙聯手征伐，或是以沚䦙爲先行部隊，然後王輔佐之，如此會不會得到帝之保佑。

殷人以爲戰爭之勝敗帝可主宰之，帝也可以號令戰爭，「方𢦏征，隹帝令乍我𡆥？三月」〔註70〕，「方𢦏」爲「𢦏方」之倒文，𢦏方爲殷商的敵國之一。〔註71〕𢦏方侵犯我，是帝命令要使我憂心嗎？又「帝乎𢦏」、「帝乍伐」〔註72〕，「伐」用於戰爭，表示征伐行動的結果，或是給征伐對象造成傷亡或損失。〔註73〕「帝乎𢦏」乃帝呼號戰爭，「帝乍伐」，爲帝引發方國戰事。

「國之大事，在祀與戎」〔註74〕，征伐爲國家大事之一，兵戎之事亦借助帝之力量以獲取護佑。但是上帝也會引發戰爭，如𢦏方的侵犯，殷人即卜問是否爲帝要使商國有禍，且帝亦可號令戰事，可見帝於戰事之作用，不僅僅是好的一面，亦有壞的一面。

〔註69〕張秉權：《甲骨文與甲骨學》（臺北：國立編譯館，1988年），頁350。

〔註70〕辭例來源：《合》39912。

〔註71〕李旼姈：《甲骨文例研究》（臺北：古籍出版社，2003年），頁311。

〔註72〕辭例來源：《合》14243、《合》14185。

〔註73〕劉釗：〈卜辭所見殷代的軍事活動〉，《古文字研究》第16輯（1989年），頁110～113。

〔註74〕〔晉〕杜預注，〔唐〕孔穎達正義：《春秋左傳正義》（臺北：藝文印書館《十三經注疏》本，1955年），頁460。

3. 商王與人間禍福

帝降福禍於王與我身上。王，即商王；我，狹義指商王本人，廣義指我們商國。〔註75〕以下從「災禍權能」、「福佑權能」和「號令權能」三者論之。

（1）災禍權能

災禍權能是指降不利於人之事，有「降莫」和「降⊡」之辭。

【降莫】

（1）丁丑卜，爭貞：不雨（）〔註76〕，帝佳其〔莫〕〔我〕？

丁丑卜，爭貞：不雨，帝不佳其莫我？

《合》14156+《合補》1312+乙8002〔註77〕

（2）貞：帝不降大莫？九月。 《合》10168

（3）戊申卜，爭貞：帝其降我莫？一月。

戊申卜，爭貞：帝不我莫？ 《合》10717正

莫，表示災禍。「降莫」乃降下禍害。其施用之對象爲「我」，認爲帝可以降下、施予災難於國家，有左右國家興衰的能力。另外《合》10164言：「不雨，帝佳莫〔我〕？」帝可命令降雨，若缺少降雨則造成乾旱，卜問不雨是否爲帝將要讓我們遭受災禍。

【降⊡】

（4）貞：不佳帝令乍我⊡？ 《合》6746

（5）☑帝其乍王⊡？ 《合》14182

（6）☑〔貞〕：卯，丁，帝其降⊡？

貞：卯，帝弗其降⊡？ 《合》14176

（7）己，帝其降⊡？ 《合》14178

（8）□□卜，貞：乙，帝叀十月降〔⊡〕？ 《合》14179

⊡，讀作「憂」，有禍事、憂心之意。其作用對象爲「我」和「王」。「帝乍」，

〔註75〕陳夢家分析卜辭的第一人稱有「我」、「余」、「朕」，余和朕是王的自稱，「我」是集合名詞，表示我們。陳夢家：《綜述》，頁96。

〔註76〕此字舊釋爲「電」，此依李學勤釋爲雨，爲同字異構。見李學勤：〈甲骨文同辭同字異構例〉，《江漢考古》2000年第1期，頁30～31。

〔註77〕林宏明：〈甲骨新綴第卅二～卅四例〉。

不知降下何事對「我」和「王」不利。辭例 6、7、8，依卜辭文例看，筆者以爲「卯」是祭祀動詞，「丁」、「己」、「乙」是僅以天干記日，省去地支。〔註78〕辭例 6 問丁日卯祭，帝會降憂心之事嗎？辭例 7 或可推論爲「己日舉行」，辭例 8 爲「乙日舉行」祭祀，詢問特定日子帝是否對國家有利或有害。除上述列舉【降莫】、【降囚】的多條卜辭，帝作用於王身、商國另有：

　　　　（9）貞：隹帝肇王疾？　　　　　　　　　《合》14222 丙正

　　　　（10）貞：帝其乍我孽？　　　　　　　　　《合》14181

　　　　（11）貞：不隹帝欵王？　　　　　　　　　《合》902 反

辭例 9，肇，有導致、給予之意。疾，用爲疾病泛稱〔註79〕，貞問是帝導致王生病的嗎？殷人認爲疾病是先人所引起，遂於有疾之時，卜問哪位神鬼作祟，如：「王疾身，隹妣己卷？」「疾人，隹父乙卷？」〔註80〕認爲帝是會讓王生病的神鬼之一。辭例 10，孽（𤔪）爲災咎義，帝會導致有害之事於我們商國嗎？辭例 11，欵（𣀐）像人被足所踐踏，災禍作祟之意，卜問不是帝要害王吧！

（2）福佑權能

帝除了降禍外，亦能賜予福佑、給予幫助：

　　　　（1）貞：帝弗𢍰王？　　　　　　　　　　《合》14187

　　　　（2）王循方，帝𢍰王？　　　　　　　　　《合》6734

　　　　（3）丁丑，王其害〔下〕危，帝畀我？　　《合》14220

　　　　（4）來歲帝降永，在祖乙宗？十月卜。　　《屯》723

辭例 1 和 2，𢍰，張秉權言：「像兩人奉酉（酒器）之形。」〔註81〕有輔佐之意。辭例 1 卜問帝不會輔佐王嗎？辭例 2 謂王視察方國，帝輔佐王嗎？辭例 3，

〔註78〕董作賓〈卜辭中所見之殷曆〉一文：「商代雖用干支紀日，卻以十干爲主，有時只記干而不計支。」《安陽發掘報告》第 3 期（1931 年），頁 488。此外，陳夢家言：「甲子雨，可以省作甲雨。」同是記干而省支，見陳夢家：《綜述》，頁 93。

〔註79〕卜辭稱特定疾病爲「疾某」，如「疾首」、「疾目」、「疾耳」、「疾口」、「疾舌」、「疾齒」等。單稱「疾」，則是泛稱。見宋鎮豪：〈商代的疾患醫療與衛生保健〉，《歷史研究》2004 年第 2 期，頁 4。

〔註80〕「疾人」，李宗焜以爲是「人有疾，人泛指全身，可能是指人全身不舒服」。見李宗焜：〈從甲骨文看商代的疾病與醫療〉，《中央研究院歷史語言所集刊》第 72 本第 2 分（2001 年），頁 361。

〔註81〕《詁林》，第三冊，「𢍰」字條，頁 2696。

畀（🔯）為賦予義，〔註82〕「帝畀我下危」，帝賜予我下危這個地方嗎？辭例4之降永，永，長久也，即帝降以長福嗎？

此外，有一辭「左」，可釋為「輔佐」或「違戾」。「壬寅卜，㱿貞：帝弗左王？」〔註83〕此「左」可以是輔佐，也可作違背。

（3）號令權能

殷人心目中的帝，可以發號施令。前已敘說帝可令雨、令風、令雷、令雪之氣候權能，亦可以「乎戈」（號令戰爭），「帝令乍我囚」（帝命令使我有不祥），「降永」（降福）、「降囚」（降憂）、「降莫」（降禍）、「降𢦔」（降鳥害），知帝能指揮氣象、戰爭、福祐、災禍。除此之外，亦有「帝令」作用於人間：

（1）庚辰，貞：降〔鬼〕，允隹帝令？　　　《合》34146

（2）貞：帝弗令隹蠅？

　　丙辰卜，古貞：帝令隹蠅？　　　《合》14161 正

辭例1，鬼，人所歸也。「降鬼」意謂帝降下鬼魂。殷人對於鬼魂態度是戒慎恐懼，避之唯恐不及，遂卜問果真的是帝命令鬼至的嗎？〔註84〕可知帝有支配鬼魂能力。辭例2，蠅為祭牲。「帝令隹蠅」，謂帝命令祭祀時所用之犧牲。然卜辭僅見一例。

藉由分析上帝的二大權能，知帝有善惡兩面，能給福，亦能給禍。帝握有氣象權能，可令雨、令風、令雷、令雪，有禍於王、我、邑，亦有授佑、降永於我之事，能左右戰爭之成敗，而且能命令祭祀犧牲的準備。再者，帝以「降」之姿，從高位賜予、給予低位者福禍之事，並以帝高居在天而遂稱「上帝」〔註85〕。其權能掌握人世間的生存條件，可以滿足安全需求，也可以剝奪生存機會，由此來看，帝似乎握有極大的能力，去控制人間世界的生存環境。

〔註82〕裘錫圭：〈畀字補釋〉，《古文字論集》，頁93。

〔註83〕辭例來源：《英》1136。

〔註84〕允，肯定副詞，用來表示事實的確如此，出現在驗詞部分，表示事實跟所占測或所貞問的相符，有「果然」、「果真」、「的確」。用於貞辭（如本例）則表示事實果真會或應跟所貞問的相符，可譯為「果真」、「確實」。見張玉金：《甲骨文語法學》，頁61～62。

〔註85〕賓組卜辭：「上帝降莫」（《合》10166），目前所見卜辭中「上帝」的首次出現。可見武丁時期殷人已經認為帝居於上，而稱上帝。

再者，帝非職能神〔註86〕，非絕對的惡神或善神，其可與人為善，也可禍於人者。呂大吉提出殷人的上帝對求卜之事作出吉凶之簡單示現，並沒有任何理性之依據，而上帝發出的天命（帝命），基本上偏向一己的意志和情欲，其喜怒無常，不可捉摸。〔註87〕從卜辭來看，帝包含了善惡，是與人「同性」，是一個人格化的神靈，具有自己的意志、行為和可以命令風雨的性質。人們在創造神靈的性格時，實依據人本身的特性賦予個性，根據人所不能及之事，給予超越於人間的力量，主宰自然和人類。

既然神靈是人的創造，為何要創造會傷害、降憂於我的帝，而不是擁有保佑我的對象。這是殷人對於「帝」這個角色賦予了作用於自然和生活現象無常不定的性格，正如同生活裡，氣象變化、災咎發生、征伐勝敗的不確定性，與不能掌握性，遂在異己世界尋求慰藉，以解釋生存之事，且希望藉由占卜方式，與上帝溝通，獲得啟示，尋求帝的認同允若。上帝的不理性成分，實由於帝有能力以自己的意志和命令來支配和操控自然和人間的生活，乃帝之主動行為。當人們創造了帝，帝同時也脫離人而獨立存在，擁有性格去影響人世生活。

三、帝的地位

藉由帝卜辭中帝的權能分析，知帝有能力去操控人間之禍福，對人世有極大的影響力，遂有學者指稱帝為殷代的至上神，擁有至上獨尊之地位〔註88〕，統管一切自然現象，並且自有一套臣僚系統的帝廷存在。然而，亦有學者提出帝非至上神，僅是殷商時期宗教信仰中的諸神之一。

稱帝為至上神，此關係到「至上神」之定義問題。曾仰如提出：

> 至上神是位格的（personal），有理智和意志，有超人的力量，不但創造宇宙，且統治宇宙，宇宙間所發生的事，都與其有關，所以對人的命運及其他遭遇具有大的影響，人的禍福都操之於他，也因此

〔註86〕職能神為具有某種特別的屬性或功能，如古代巴比倫宗教有主管智慧、慈悲、司法、藝術等事物的神靈。中國古代宗教的職能神如伏羲氏（畜牧授獵之神）、神農氏（農神）、城隍神、月下老人、文昌帝君等。參考自呂大吉：《宗教學通論新編（上）》，頁60。

〔註87〕呂大吉主編：《宗教學綱要》，頁69。

〔註88〕胡厚宣提出殷人已有至上天神的概念，舉凡人間雨水之時否，年收之豐嗇，征戰之勝敗，福禍之來臨，無不由帝主之……帝之至上獨尊。見胡厚宣：〈殷代之天神崇拜〉，頁292。

人對其要必恭必敬，可以用禱告、祭祀與其接近，向其祈福平安，
免於禍害。〔註89〕

呂大吉認爲：

> 至上神觀念表現爲神與神的關係，表現了神靈世界的秩序和等級結
> 構。這種關係、秩序和結構，不能不是人間世界中人與人的社會關
> 係，社會秩序和等級結構的反應，應從人與人的社會關係去尋找至
> 上神觀念的主要根源。〔註90〕

從至上神之定義來看，至上神有兩個特點：一爲創造且統治宇宙之神，萬物
一切皆與造物者具有聯繫。二爲至上神在神靈世界的秩序中，位於最高位，
可以統御其他神靈。

在「帝對人世的作用」一節中，筆者提出帝具有個人的意志和命令，可
以左右人世之遭遇，擁有獨立的人格特質。藉由權能之分析，帝能命令天象，
滿足需要，但也可以降下災難。人間發生之事和帝有關。然而，殷商宗教體
系裡，比較自然信仰和祖靈信仰之於人間禍福之關係，帝的權能並非具有唯
一性。在神靈世界的結構，帝也未必具有最高的地位，去掌管其他信仰體系
中的神靈和鬼魂，其帝廷結構以主掌天神爲主要，尚未延伸至自然信仰或祖
靈信仰。以下就筆者提出之疑義，論證如下：

（一）帝與自然神、祖先神的權能比較

「殷商自然神權能表」（見附錄一），帝和自然神權能有重疊之處。令風
令雨卜辭具祈求意味，此能力其餘自然神祇亦有，如「𠬝（求）雨于土」、「秦
雨于山」、「于岳𠬝（求）雨」等，令風者除帝之外，自然神皆無此能力。帝能
福佑、作咎於商王，此能力先公、先祖亦能𡧛王、祟王，如「父庚𡧛王」、「妣
己𡧛王」、「祖乙𡧛王」、「祖辛𠬝（祟）王」、「祖丁祟王」、「祖乙孽王」等等。
而貞問輔佐商王者，則有「祖辛弗佐王」。而帝能致使王生病，卻不能替之攘
除疾病，反觀先王則有此能力，例如「疾齒禦於示」、「禦疾身于父乙」，皆因
身體上之不適而向先祖舉行禦祭，以消除疾病。

陳夢家認爲帝的特殊能力是「戰爭」〔註91〕，從帝之戰事權能可見帝可
以保佑戰事，也可以號令戰事。可是作爲自然神祇之「河」神，殷人可對其

〔註89〕曾仰如：《宗教哲學》（臺北：臺灣商務印書館，1986年），頁30。

〔註90〕呂大吉：《宗教學通論新編》上，頁176。

〔註91〕陳夢家：《綜述》，頁580。

乞求而獲戰事上的佑助。此外，卜辭有「下上」一辭，多用在征伐之卜問，其例如：「舌方出，王自征，下上若，受我〔佑〕？」「王征舌方，下上弗若，不我其受〔佑〕？」「☑比望乘伐下危，下上弗若，不我其受佑？」〔註92〕「下上」，是「上下神祇」，乃上天下地的各方神靈，包含了天神、地祇和人鬼。〔註93〕戰爭時，由於關係到國家和人民的生存，所以希望天地神祇都能保佑戰事順利。

可見，帝的能力並非唯一，也非權力最大者。在殷人的神靈世界中，諸神具多樣能力，沒有專職性，也無惟一性，帝為至上神的說法有待保留。

（二）帝與天神之關係

卜辭有「帝臣」、「帝史」、「帝五臣」、「帝五丰臣」之詞：

（1）尞帝史風，一牛？　　　　　　　　　　　　《合》14226

（2）尞于帝云？　　　　　　　　　　　　　　　《合》14227

（3）隹帝臣令？　　　　　　　　　　　　　　　《合》217

（4）庚午貞：秋大雟☑于帝五丰（介）臣血□，在祖乙宗
　　卜？茲用。　　　　　　　　　　　　　　　《合》34148

（5）貞：其寧秋于帝五丰臣？《屯》930

（6）癸酉貞：帝五丰（介）〔臣〕，其三百四十窜？
　　　　　　　　　　　　　　　　　　　　　　《合》34149

（7）辛亥卜：帝丰（介）壱我，侑三十小牢？

　　　　　　　　　　　　　　　　　　　　　　《合》34154

（8）寧侑于帝五臣，有大雨？
　　王侑歲于帝五臣正，隹亡雨？　　　　　　　《合》30391

（9）乙巳卜，貞：王宁帝史，亡尤？　　　　　　《合》35391

「帝臣」、「帝史」，「帝史風」蓋古人以鳳為風神，為天帝之史而祀之。依此，

〔註92〕辭例來源：《合》6098、《合》6316、《合》6505正。

〔註93〕「下上」的神祇，趙誠認為包含了上帝、天神、地祇和祖先（祖先去世的靈魂也升到天上）。見趙誠：《甲骨文簡明辭典——卜辭分類讀本》，頁272。此外，從先秦文獻看，無「下上」表示神祇總稱，有「上下」一辭見有「上下神祇」（《尚書·湯誥》）、「先王顧諟天之明命，以承上下神祇」（《尚書·太甲》）、「禱祠於上下神示」（《周禮·春官·宗伯》），可見「下上」可能是人外世界的神靈世界。

則「帝雲」亦爲天帝之史。胡厚宣以「帝史風，史讀爲使。……又言帝風。……又言帝云」。〔註94〕以風和雲屬之上帝，同爲帝之使者。「臣」，卜辭爲官名，如「臣正」、「小臣」等。「臣正」者，有見「乎雀臣正」、「王氏臣正」，乃雀之臣僚、王之臣僚，故「帝臣」爲帝之臣正，可謂是帝朝廷的官員。而此臣僚的名稱，在殷商武丁時就已經產生。

　　丰，郭沫若讀介，引「若有一介臣」，亦作「唯一介」，介今爲个作爲量詞〔註95〕以「丰」爲量詞，則「五丰臣」爲五工臣、五個臣，是帝廷的五個臣子。然而在卜辭語法中，數量短語是出現在名詞後，如「鬯五卣」、「馬二十丙」，而「數量名」的結構未見〔註96〕，若「丰」爲量詞，則「帝丰」一詞無解。因此，「五丰臣」之「丰」應爲形容詞。丰，隸定作「丰」，讀介，爲挾助輔佑之意。何樹環理解「五丰臣」爲「將上帝之意傳達至人間的五個神靈」。〔註97〕《禮記・聘義》言：「上公七介，侯伯五介，子男三介，所以明貴賤也。」孔疏：「〈聘禮〉有介，傳達賓主之命。」〔註98〕謂「介」乃負責傳達命令的職官，何氏之說，筆者以爲稍有不妥。《禮記》指「介」爲傳達使命之官，然在卜辭中，帝可以直接號令風、雨、雷等作用於人間，也可以直接降戩、降囚在王、年成，不需透過中介去傳達旨意。卜辭有「多介父」、「多介子」，「多介兄」，裘錫圭以「介」爲「直系」的相對之詞，有「副」之意。〔註99〕花東卜辭有「多丰臣」一詞，「介」爲副、次之意，「介臣」之地位相當於「冢臣」。因此，「介」乃朝廷之臣子，放諸帝廷則爲帝之臣佐。

　　卜辭明言帝使有「風」和「雲」，而「帝五臣」、「帝五丰臣」所謂之五位冢臣爲何，陳夢家以日月風雨爲史，胡厚宣以五方之神爲說。藉帝權能考之，帝能令風、令雨、令雷、令雪，掌握氣候之型態，則風雨雷雪或爲帝之使臣，故帝命令之，「五丰臣」是在帝之左右掌管與天候有關的天神。此外，殷人對其卜問事項爲秋時之蝗蟲災害，如「秋大雋」、「寧秋」（寧息秋收的蝗蟲災害）」，卜問是否「屯我」（損害商國）。祭祀「帝五臣」、「帝五臣正」是否會

〔註94〕 胡厚宣：〈殷代天神之崇拜〉，頁 316。
〔註95〕 郭沫若：〈殷契粹編考釋〉，《郭沫若全集・考古篇》第三卷，頁 359～360。
〔註96〕 沈培：《殷虛甲骨卜辭語序研究》（臺北：文津出版社，1992 年），頁 195。
〔註97〕 何樹環：〈釋「五丰臣」〉，《第十三屆全國暨海峽兩岸中國文字學學術研討會論文集》，頁 193。
〔註98〕 《禮記正義》，頁 1027 上。
〔註99〕 裘錫圭：〈關於商代的宗族組織與貴族和平民兩個階段的初步研究〉，《文史》17 輯（1982 年），頁 3～4。

下雨，其祭祀地點應位在戶外，以燎、侑、歲祭之，並佐以犧牲三十小牢，甚至三百四十牢，其祭品之豐厚，可以想見帝廷之臣僚與人間生活息息相關。再者，「帝臣」、「帝介」、「帝史」應爲「帝五臣」、「帝五丰臣」之籠統概念，是官員集團，其地位位於帝之下，遂以臣、介、史稱之。是故，帝在天神信仰的體系爲主神之存在，有帝臣、帝五臣正、帝五丰臣以供運作。殷人帝信仰裡，包含有天體信仰系統，並且已有神靈階級制度的觀念。

　　帝廷的存在，實反映了人間社會的現況。神靈世界的創造，是依據社會形態而發展，將現世延伸至他世，以上帝同人間帝王，百官臣僚佐之，然而上帝所掌管的僅有五位臣子，並未延伸至其他信仰體系中。

（三）帝與祖先神之關係

　　帝和祖先神之關係，可從「先王寳于帝」和其相關卜辭看起。

　　　　（1）貞：下乙寳于帝？下乙不寳于帝？

　　　　　　　貞：大甲寳于帝？大甲不寳于帝？

　　　　　　　貞：下乙不寳于咸？

　　　　　　　貞：咸不寳于帝？貞：咸寳于帝？　　　　　《合》1402 正

　　　　（2）貞：大甲不寳于咸？貞：大甲寳于咸？

　　　　　　　貞：下乙不寳于咸？　　　　　　　　　　　《合》1402 正

　　　　（3）父乙寳于祖乙？父乙不寳于祖乙？　　　《合》1657 正

賓（寳），在卜辭多義，有貞人、居所、賓導、賓客、祭祀動詞等。賓作「𡧍」、「𡧝」、「𡧚」等，其簡化爲𡧍、𡧝。字形象主人（男或女）跪坐於家中，迎接外來之賓客（以止表之），遂賓之本義爲迎導、迎接，其接迎對象爲賓客，遂有賓客之意，動詞即作客。《山海經・大荒西經》言：「開上三賓于天，得〈九辨〉與〈九歌〉以下。」〔註 100〕啓即夏后啓，嬪即賓，謂夏后啓作客於帝，且「三賓」於天，是以作客後又返回於地。大甲、下乙（祖乙）、咸（成湯）可當作帝之賓客，被帝所迎。劉桓認爲在賓於帝的過程，首先貞問下乙和大甲是否賓於咸，後再由咸賓於帝，因咸地位最高，最有資格賓於上帝。〔註 101〕

〔註100〕「開」應爲「啓」，漢人避諱所改。〔晉〕郭璞注，〔清〕郝懿行箋疏：《山海經箋疏》（臺北：臺灣中華書局《四部備要》本，1965 年），卷 16，頁 7〜8。
〔註101〕劉桓：〈殷墟卜辭「大賓」之祭及「乍邑」、「宅邑」問題〉，《中國史研究》2005年第 1 期，頁 5。

　　劉氏之說，於同版卜辭可證其說有誤。「下乙宾于帝」和「大甲宾于帝」兩卜辭，大甲和下乙可以直接宾於帝，不用透過咸。從語序來看，是先貞問下乙能否宾於帝，其次問大甲是否能宾帝，再其次問咸能否宾於帝，最後卜問大甲和下乙能否宾於咸，其中看不出地位之高低順序。此外，大甲和下乙都可以宾帝、宾咸，則帝和咸之地位相當，都可以迎大甲和下乙。

　　胡厚宣提出「宾于帝」是時王透過先祖向帝表達企望的說法，朱鳳瀚引證「帝其降永，在祖乙宗」，選擇某位可以宾於帝之先王，在其宗廟占卜與上帝溝通。〔註102〕其說雖然反映帝和祖先神的交往，但帝與時王之間，沒有一定要透過中介來傳達祈求之意，時王可以卜問帝是否授福於我，如：「我伐馬方，帝受我佑？」「帝若王？」「我其已宾，乍帝降若？」等等〔註103〕，帝與我能直接交流。

　　先祖作客於帝，或父乙作客於祖乙，表示帝和祖先，祖先和祖先可以互相交往。從卜辭看，主人和作客者的身分，以高位迓迎低位之神，其關係以高位（帝、咸、祖乙）為主，低位（大甲、下乙、咸、父乙）為客，雖有主客關係，但隸屬關係並不明確，亦無高位神統御下位神的涵義。誠如曾昭旭所言：

> 殷人的祖宗神在天庭中的地位頗為特殊，它們不是隸屬於上帝的廷臣，而是在帝之左右，而與上帝為宾主的關係，所以卜辭中常有「某某宾于帝」的文字，這表示祖宗神是有其獨立地位的。〔註104〕

胡厚宣所言先祖死後作客於帝所，供其驅使，卜辭中並無證據。但其作客之目的於卜辭資料甚少。

　　綜上所述，帝之能力並非唯一，亦非至上神，但有一個管理天象的帝廷，是主掌天神的最高神祇，但不能證明帝為至上神。此外，帝和祖先之間，無高位神下位神的統屬，是以帝沒有統整神靈世界。誠如朱鳳瀚所言，「帝」是商人對一種神祕力量進行初步思考的產物。〔註105〕在殷人的神靈系統中，多神多權能，彼此並不互相統屬，則「帝」之思考也無至上性。是以「帝」在殷人的宗教信仰中，僅是眾神之一。

〔註102〕朱鳳瀚：〈商周時期的天神崇拜〉，頁195～196。
〔註103〕辭例來源：《合》6664正、《合》14198正、《合》6498。
〔註104〕曾昭旭：〈骨肉相親，志業相承──孝道觀念的發展〉，收入黃俊傑主編：《天道與人道》（臺北：聯經出版公司，1993年），頁215。
〔註105〕朱鳳瀚：〈商人諸神之權能與其類型〉，頁75。

四、祭帝的宗教儀式

宗教觀念裡，信仰和實踐相輔相成。殷人創造帝的存在，其能作用於人世，而帝是否接受祭祀的問題，陳夢家言「帝不享受生物或奴隸的犧牲」、「絕無上帝享祭的卜辭」〔註106〕；胡厚宣云：「祭帝者未有之，蓋以帝之至上獨尊，不受人間之享祭，不能以祖先之禮事之。」〔註107〕二氏所言帝不接受祭祀。島邦男則提出：

> 卜辭□（丁）字，作爲祭祀對象有指祖神，也有指上帝。……「□」，也被稱爲「□示」，「□示」又被稱爲「示□」，可知□是被用作□示、□示的略稱。此非祖丁、武丁的別稱，又「□」、「帝」同音通假，「□示」、「示□」當是指上帝。〔註108〕

島邦男舉證之卜辭，「貞：□巷？」「不隹□示巷？」「隹□巷？」「貞：隹□示巷禽？」認爲「□」同「□示」，又「□」、「帝」同音通假，故可稱爲上帝。然而，卜辭中帝的卜辭，未見稱「帝」爲丁、丁示、示丁之辭，均明指言「帝」。「丁示」，是集合祖神名，家族中日名爲丁的先祖，非帝之別稱。再者，從丁示的權能看，丁示能作祟於禽，禽爲商臣，藉朱鳳瀚所言「帝對貴族和平民不施加權能，而商族先公可對部分貴族施展權能。」〔註109〕帝不作用於貴族，則丁示非指稱帝。

此外，有學者指稱「方帝」和「巫帝」皆爲祭祀帝之卜辭，其應是祭方和祭巫之詞，與祭帝無關。〔註110〕朱歧祥認爲《合集》22073 和 22075 兩卜辭爲祭帝之辭。〔註111〕觀兩卜辭的「帝」字，《類纂》作「帝」，《釋文》作「庚」。依字形來看，釋「庚」較佳。朱鳳瀚言：「此兩版卜辭屬子組卜辭，常卜祭『庚』，疑此字爲『上庚』之合文，上是冠於日名前的美稱。」〔註112〕因此，此二條卜辭非祭帝之紀錄。此外，「賓帝」是作客於帝所，並無祭祀之意。

筆者贊成卜辭中無祭祀帝的記錄。不過，信仰神靈時，須透過某些方式

〔註106〕陳夢家：《綜述》，頁 580。

〔註107〕胡厚宣：〈殷代天神之崇拜〉，頁 292。

〔註108〕〔日〕島邦男：《殷墟卜辭研究》，頁 178～180。

〔註109〕朱鳳瀚：〈商人諸神之權能與其類型〉，頁 62。

〔註110〕黃淑雲：《甲骨文所見天神資料研究》，即認爲「方帝」、「巫帝」爲祭帝之辭，頁 118～122。

〔註111〕《合》22073：乙丑卜，钔于帝：卅小牢？《合》22075：辛亥卜，出歲于帝：牢？見朱歧祥：《甲骨文研究——中國古文字與文化論稿》，頁 449。

〔註112〕朱鳳瀚：〈商周時期的天神崇拜〉，頁 197。

以溝通人神，而交流工具即是占卜和祭祀。帝不以祖先之禮祭祀，只能藉占卜預知帝之作爲。而在帝統屬下的帝臣，可以接受祭祀，並享有犧牲。此種現象在殷商的宗教信仰中實屬特殊。殷人心態裡，上帝不同於一般神靈，而具有特殊意義的存在，以「超然世外，不食人間煙火的清高姿態」〔註113〕，故只能藉卜兆推測帝的意志。

然而，上帝作爲信仰對象，應有其宗教儀式。《逸周書・商誓》：「在商先誓王，明祀上帝，□□□□，亦惟我后稷之元穀，用告和，用胥飲食。」〔註114〕「明祀」爲禋祀，乃以燎木之煙達於上帝，可見商王有祭祀上帝之禮儀。然卜辭資料不全。故尚未能證此之說。

帝有自己的意志去發號施令，且殷人已賦予人性，是爲人格化之神。帝的活動來看，能降、能陟，行於人世與天上。見於卜辭：

（1）癸卯卜：帝自入？十月。　　　　　　《合》15973

（2）癸亥卜：翌日辛，帝降，入于獄大宵，才寍？

　　　　　　　　　　　　　　　　　　　《合》30386

（3）□卯卜：帝其降？　　　　　　　　《合》30387

胡厚宣認爲帝可以下降至人間〔註115〕，辭例2釋爲：辛日，帝降，會入於廷之宮室之側室嗎？除此例之外，辭例1言「帝自入」，自當爲副詞，親自之意，意謂帝親自入，乃帝降於人間。而「降」亦是帝降入人間。

就宗教觀點，神靈活動是需要透過儀式來請神和送神。這一條歷組卜辭可能和請神之儀式有關：

　　　叀五鼓☑上帝若，王☑有佑？　　　　《合》30388

鼓爲古代祭祀時常用之樂器，卜辭中見有鼓聲配合祭祀。如：「貞：其酬彡，勿鼓？」「王賓，鼓。亡囚？」〔註116〕《禮記・郊特牲》言：「殷人尚聲，臭味未成，滌蕩其聲；樂三闋，然後出迎牲。聲音之號，所以詔告於天地之間也。」〔註117〕上帝不受祭祀，亦不予犧牲，卜辭所言之「五鼓」可能是用來請神之舉，以鼓聲震動天庭，將某事告於上帝，卜問上帝是否會允若。此

〔註113〕晁福林：〈論殷代神權〉，頁199。

〔註114〕〔清〕朱又曾校釋：《逸周書集訓校釋》（臺北：藝文印書館，1980年），頁103～104。

〔註115〕胡厚宣：〈殷卜辭中的上帝與王帝（上）〉，頁45。

〔註116〕辭例來源：《合》15710、《合》25238。

〔註117〕《禮記正義》，頁507上。

外，卜辭中見「帝乇燎門」〔註118〕，「乇」（割裂牲體以祭）、「燎」（燔燒以祭）為祭祀活動，其地點在於「門」，可能是帝降之處，故以乇祭、燎祭請神入世。此二祭，以祭祀活動來看，均備有祭牲，是請神也需犧牲以祈神下世。

　　殷人祭帝的宗教儀式，於卜辭所見不多，證據也稍嫌不足。可是，信仰勢必帶來儀式，殷人不以祭自然神、祭先祖的祭祀活動祀帝，但是以鼓聲、犧牲來請神，亦是一種祀神方式。加上，帝之神性特殊，非為實體，故不以平常之祭祭之。

第二節　殷墟卜辭的天神信仰

　　原始時代，天體與人世生活關係密切。漁獵時期，動物是人類生存的食物來源。與動物拼搏之時，人類渴望擁有強大如動物的能力，如鳥飛、豹走、虎躍等，遂有動物之崇拜。希望透過動物與人類共有的東西而互滲，使人類具有動物的力量。進入畜牧和農耕的經濟生活後，自然界的天氣型態，深深影響了植物和農作的生長，基於依賴大自然的心理因素，遂對於天體每日規律出現的日、月、星辰等，產生依賴性。此外，認為劇烈天氣變化為非常態性，造成莊稼和畜牧之損失，以為天體之運行有神靈在操控之，如同人類具有靈魂而有生氣，遂對天體產生崇拜，並進一步以儀式事神。

　　殷人天神信仰之對象有二類：天象之神和氣象之神。前者包括日、月、星三辰，後者包括風、雨、雲、雪、雷、虹之氣象狀態。總共有九位天神。

一、天象諸神的崇拜意識和祭祀

　　天象諸神的信仰，以「天之三辰」日月星為對象。

（一）日的崇拜意識和祭祀

　　日為天體中的主要存在。《莊子・田子方》：「日出東方，而入於西極，萬物莫不比方。」〔註119〕太陽在人類的生產實踐活動裡，有至關重要的作用，其每日有規律的東升西落，給予人世光明與黑暗，溫暖與寒冷，直接影響農作生長。因太陽在生活中有利害關係，使得人們思考太陽在生活的意義，而理解太陽具有使萬物復甦、生長的超自然力量，甚至視之為豐產的主要賜予

〔註118〕辭例來源：《合》22246。
〔註119〕〔清〕郭慶藩：《莊子集釋》（臺北：華正書局，1982 年），頁 707。

者。然而，太陽一方面能造就萬物，另一方面若過於炎熱，導致莊稼旱死，則爲不祥。中國古代文獻有「十日」神話傳說，言十日出而使生民受災。《呂氏春秋・求人》：「十日出而焦火不息。」〔註 120〕《淮南子・本經》：「逮至堯之時，十日並出，焦禾稼，殺草木，而民無所食。」〔註 121〕十日並出，是先民在現實生活厭惡太陽的連日炙熱所引發的想像，也是對太陽形成災難所作的解釋。此種太陽爲善爲惡的雙重作用，致使先民對太陽神力有所崇拜和畏懼。

殷人日神觀念之產生，起因於太陽狀態會左右天氣，影響農成，於卜辭有：

（1）癸卯卜，行貞：風，日車壱，在正月？　《合》24369

（2）癸巳卜，爭貞：日若茲敏，隹年図？三月。

《合》10145

辭例 1 卜問正月之風，是日神作害嗎？正月之際的風，會影響人世生活，遂詢問是否是日神爲害。辭例 2，敏，郭沫若讀爲晦〔註 122〕，是太陽受到雲氣或塵霾之遮蔽，導致光線無法照射至大地，示意日昏昧不明的樣子，遂卜問是否有年憂。此外，有學者指稱「日羊（祥）」之辭，爲日降祥之意〔註 123〕，然「日羊」爲誤釋，應爲「白羊」，其辭「車白羊，有大雨」謂祭祀用白羊，會有大雨嗎？非太陽降祥之意。〔註 124〕

殷卜辭所見祭日之禮，有二類：一是祭祀太陽，二是觀察太陽運行的祭禮。第一類祭祀太陽者有：

（3）壬子卜，旅貞：王窋日，不雨？　　《合》22539

（4）乙巳卜：王窋日？

弗窋日？　　　　　　　　　　　　　《合》32181

（5）己丑卜，出貞：置日，其犭丁〔牢〕？　《合》23614

辭例 3 和 4 之「窋」，禮鬼神之意，亦有王親自前往的意思。辭例 3 謂王窋祭

〔註 120〕陳奇猷校釋：《呂氏春秋校釋》（下），頁 1515。

〔註 121〕〔漢〕劉安著，〔漢〕高誘注：《淮南子》（臺北：臺灣中華書局，1965 年，《四部備要》本），卷 8，頁 5。

〔註 122〕郭沫若：〈卜辭通纂考釋〉，《郭沫若全集：考古篇》第二卷，頁 407。

〔註 123〕宋鎮豪釋「羊」作「祥」，謂天久旱不雨，將大雨釋爲日神降祥之事。見宋鎮豪：《夏商社會生活史》（北京：中國社會科學出版社，1994 年），頁 466～467。

〔註 124〕《合》30022：「車白羊，有大雨」，根據《甲骨文合集釋文》之隸定。

日，不會下雨嗎？辭例 4 謂王要宿祭日，還是不要宿祭日呢？祭祀者爲王，且王親自祭祀，見其對日神之尊敬。辭例5，𝇎，祝禱之意，是向日祝禱，「𰀀」字不識，祭祀備有牢。祭祀太陽的卜辭共有 23 條，是天神祭祀中最多的。《禮記・郊特牲》言：「大報天而主日。」鄭注：「天之神，日爲尊。」孔疏：「天之諸神，莫大於日。祭諸神之時，日居諸神之首。」〔註125〕言祭天神以日爲尊，殷代日神信仰，「以日爲尊」這個現象是存在的。

第二類是觀察太陽運行的祭禮，其數量較多，也較爲重要：

（6）叀入日彡？ 《屯》4534

（7）☑其入日侑☑ 《合》13328

（8）辛未卜：侑于出日？ 《合》33006

（9）戊戌卜，内：乎雀戠于出日于入日，宰？

戊戌卜，内：乎雀戠一牛？

戊戌卜，内：戠三牛？ 《合》6572

（10）丁巳卜：侑出日？

丁巳卜：侑入日？ 《合》34163+34274

（11）侑出入日？

弜侑出入日？ 《屯》1116

（12）癸未貞：甲申，酚出入日，歲三牛？兹用。

癸未貞：其卯出入日，歲三牛？兹用。

出入日，歲卯〔多牛〕？不用。 《屯》890

出日和入日，有兩個說法：一是太陽的日出日落，二是由日出日落所延伸出的時稱觀念。「出日」、「入日」在祭日之禮中，視爲祭日之升、日之落的禮節。《禮記・祭義》言「祭日於東」、「周人祭日以朝及闇」〔註126〕，祭祀太陽在東方，並且「朝及闇」即日出日落皆祭之。又如《尚書・堯典》之「寅賓出日，平秩東作」、「寅餞納日，平秩西成」，孔疏云「恭敬導引將出之日」、「恭敬從送既入之日」。〔註127〕《史記・五帝本紀》「敬道日出」、「敬道日入」〔註128〕，是以卜辭之「出日」、「入日」是禮拜日的升落，反映了殷人

〔註125〕《禮記正義》，頁 497 上。
〔註126〕《禮記正義》，頁 812 下。
〔註127〕《尚書正義》，頁 21。
〔註128〕《史記》上，頁 31。

觀察太陽之運行，其祭祀方位也應是東方和西方，如《詩·定之方中》所言「揆之以日」，毛傳：「揆，度也。度日出、日入以知東西。」〔註129〕藉由觀察太陽而得知東西二方，是以祭出日入日在東西方位。藉日之運行揆度方位，殷人已能利用日影之變化來測度時間，「立竿測影」，殷人已有「立中」，即以木竿爲立柱測影，經由影長制定時間，進而確定東西二方。

其後，「出日」、「入日」合稱爲「出入日」。宋鎮豪認爲「出入日」爲抽象術語，具有某種宗教性內容，是行之於春分秋分之時，用來制定天象訂定節氣的日子。〔註130〕宋氏之說，筆者認爲「出入日」不必然行之於春分和秋分之日，宋氏以《尚書·堯典》仲春「寅賓出日」和仲秋「寅餞納日」後世文獻推演殷代情況，或有不合之處。以卜辭來看，卜問祭祀出日、入日，或出入日，皆爲同一日，可視爲卜問今日是否要祭祀出入日，即祭祀日出和日落，或擇一舉行。依原始思維，此種祭日之禮在人類學材料有言：

> 印度婆羅門在清晨奉獻祭品是爲了給太陽催生，如果不這樣奉獻，
> 太陽肯定不會升起。〔註131〕

祭日出是爲是爲呼叫太陽的儀式，經由對太陽的祭祀和奉獻祭牲，讓太陽能照常升起，照亮大地，提供光明。

殷人祭日之禮，除表達對太陽之禮敬，另有「觀象授時」的作用。「歷象日月星辰，敬授人時」，太陽於天體運行，其位置不同則能制定不同時辰，劃分時間，以順行之事。殷王有行觀日之禮，則跟祭祀出入日有關聯：

（13）王其蘿日出，其戠于日，耤？

　　　☑祀？

　　　☑耤？

　　　其蕭漁，王其焚？

　　　其沈？

　　　耤其五牢？

　　　其十牢？吉。　　　　　　　　　　　　　　　　《屯》2232

「蘿」，卜辭用於動詞爲觀，用於祭祀爲灌祭。從文例看，「王其蘿日出」和「王其蘿藉」、「其蘿黍」同，「蘿藉」、「蘿黍」謂王觀耕藉、觀黍田之事，乃

〔註129〕《毛詩正義》，頁115下。
〔註130〕宋鎮豪：《夏商社會生活史》，頁470。
〔註131〕〔英〕弗雷澤：《金枝》上冊，頁120。

視察農耕情況。「藋日出」則謂王觀日出，而對日進行戠祭。戠，宋鎮豪釋戠，有治義。《詩・常武》：「截彼淮浦。」毛傳：「截，治也。」〔註132〕爲殷王觀測日出而治祭日神，有認識自然天象和辨識太陽運動規律的內容，其戠祭有揆日測度天象標準的祭禮意義。〔註133〕殷王觀察日出之地在水，糷殺牛牲舉行焚祭、沉祭。灘水在殷都附近，其接受祭祀，對殷人而言，是一條重要河流。王於此地觀日而治日，表示了固定觀日地點的可能，此與《尚書・堯典》：「分命羲仲，宅嵎夷曰暘谷，寅賓出日，平秩東作。」〔註134〕在嵎夷（山東東部濱海之地）引導賓迎日出，以定春分之時，開始農耕之事，乃藉此認識自然和制定農時。

　　王觀日並治日之活動，筆者認爲是太陽在日常生活中重要意義之展現。「日若茲敏，佳年囜」，可見日之狀態會影響農成。關於日的天氣形態，有日暈，日暈是日光通過雲層中的冰晶折射而成的光暈。「暈」，殷人以爲有禍，如：「癸巳卜，今其有禍？甲午暈。」又：「暈既屰牛？」〔註135〕日暈爲太陽的不正常現況，故殺牛祭日。殷人的日神崇拜，以祭祀出日、入日爲主，祭於東方和西方。王有觀日之禮，觀察太陽而制定農時、且觀察日象變化。對於日神，殷人僅止於祭祀而不對日神有所祈求，是針對日出日落的直觀顯現。

（二）月的崇拜意識和祭祀

　　月在人類生活中僅次於日，其給夜晚帶來光明，在許多民族中，月和日同爲豐產的賜予者，其夜晚因寒氣而產生露珠，給植物水氣，滋潤大地。此外，月有規律的陰晴圓缺，使人以爲月亮有重複再生之能力，是以在部落民族中，月具有重生、新生之意義。〔註136〕此外，月亮的盈虧向人們顯示具體的時間意義，其變化的往復循環和規律，使「月」成爲記日工具，同「日」一樣具有制訂時間的作用。

〔註132〕《毛詩正義》，頁 693 上。
〔註133〕宋鎮豪：《夏商社會生活史》，頁 471。
〔註134〕《尚書正義》，頁 21。
〔註135〕辭例來源：《合》13049、《合》13404。
〔註136〕在墨西哥：「月神爲土地神，爲植物神；月可以死，但可以再變爲幼年，是植物復生的象徵。」伊利亞德認爲，月亮之神顯在於其揭示了生命有節奏的自我重複，它是有生命的，其再生是永無止盡的，於是人類從月亮的生命反映至自身，激發其對再生的渴望和對重生的希冀。見〔羅馬尼亞〕米爾洽・伊利亞德著，晏可佳，姚蓓琴譯：《神聖的存在：比較宗教的範型》（桂林：廣西師範大學出版社，2008 年），頁 151。

　　先秦祭月之敘述有言「祭月於西」、「祭月於坎」〔註137〕，於西方、於坎地舉行祭祀月亮之禮，至於後世祭月之禮，也很發達。於卜辭中祭月之辭鮮少，胡厚宣明言「卜辭中無祭月之記載」〔註138〕，但是，溫少峰、袁庭棟提出「王⊠⊅」是祭月之辭。〔註139〕筆者認為有可商榷之處。卜辭「月」、「夕」有異字同形的現象，孫海波提出甲骨文字「月」、「夕」不別，需由文義推之。〔註140〕姚孝遂認為因時代不同或書寫者之習慣，有時把月寫成「⊅」，有時候寫成「⊅」，夕字情況相同。而月、夕同時出現之時，如月為⊅，則夕為⊅，反之亦同。〔註141〕前引「王⊠⊅」應釋為「王窋夕」，於夕舉行祭祀，夕指夜晚時間，而非月亮。以「王⊠⊅」卜辭來看，記有月份者，如：「甲戌卜，尹貞：王夕禘，亡囚？才六月（⊅）。」「〔王〕窋夕禘，亡尤？二月（⊅）」、「癸丑卜，行貞王窋夕禘，亡囚？才二月（⊅）。」〔註142〕以上辭例，夕作⊅，月作⊅，故「王⊠⊅」非祭月之辭。

　　不過，筆者認為卜辭是有祭月之記錄，其例有二：

　　　　（1）⊠賓貞：王勿窋月。不佐？　　　　　　《合》1540

　　　　（2）貞：王勿窋月⊠　　　　　　　　　　　《合》15175 正

這兩條辭例和「王窋夕」卜辭不同。「王窋夕」之卜辭，其後均接「亡囚」、「亡尤」，未見「不佐」之辭。〔註143〕左，為輔佐，卜辭見：「壬寅卜：殷貞：帝弗佐王？」「貞：咸允佐王？貞：咸弗佐王？」「丁卯卜：王往于敦，不左？」〔註144〕均言神鬼對殷王是否給予輔佐侑助，故辭例1為：「王不要窋祭月，不輔佐嗎？」言祭月會讓月神輔佐王嗎？辭例2辭殘，其有可能是「王窋夕」卜辭。從文例看，「王窋」卜辭不見「王勿窋」卜問，僅在命辭後貞問亡囚、亡尤，故排除「王窋夕」卜辭的可能。從字型看兩辭例的賓字都作「窋（⊠）」，反觀「王賓卜辭」多數作「⊠」，推論辭例2應為祭月之辭，謂「王不要賓祭月……」。以上二例，祭月皆為反問，卜辭是對貞形式，兩兩對貞卜問，一正

〔註137〕《禮記正義》，頁812。

〔註138〕胡厚宣：〈殷代之天神崇拜〉，頁223。

〔註139〕溫少峰、袁庭棟：《殷墟卜辭研究——科學技術篇》，頁38～39。

〔註140〕孫海波：《甲骨文錄》（出版地不詳：河南通志館，1937年），頁8。

〔註141〕姚孝遂：《姚孝遂古文字論集》，頁52。

〔註142〕辭例來源：《合》22630、《懷》1054。

〔註143〕以「王窋夕禘」為例，均言亡囚、亡尤，見《類纂》頁412～413。

〔註144〕辭例來源：《英》1136、《合》284 正、《合》7945。

一反來讓神靈選擇一方。從句法看，「王不賓月、不佐」，則正面之辭爲「王賓月、佐」，是以賓祭月會得到輔佐的意思。

殷人祭月卜辭僅二例，雖非完全不祭月，但也不普遍，於萬片卜辭中僅存有二例，可見殷人對月的態度較爲疏遠，故鮮少祭之。加上，月對於農事的影響較小，幫助不大，誠如溫少峰、溫庭棟言：「太陽與人類之關係較月亮密切而重要，不僅影響生活，而且直接影響生產。」〔註145〕遂對日和月的態度有明顯差異。另一方面，月的圓缺週期有其規律性，先民起初或有驚異之感，異於月亮變化，然假以時日後，發現月亮圓缺並不會深刻影響生產之事，故雖以萬物有靈的心態看待月亮，然而向未賦予月作祟的能力，故祭月之事甚少。〔註146〕

（三）星的崇拜意識和祭祀

星作爲天之三辰之一，其佈滿於天空，在夜晚閃爍著光芒，提供些微光明，並可作爲制定方位、時間、季節的依據。〔註147〕崇拜星辰，乃是原始人類對星體的存在和運行產生莫大的神祕感。星體會因爲時間、季節變換而移動，加上其閃爍不定的光亮，讓人們認爲星體神秘莫測，以爲星體具神性，遂引發對於星體自然特性的崇拜。

崇拜星辰的基礎，在於星辰與人世生活有關係，某顆星的出現，是表示要耕作；某顆星的出現，則可推測有風或有雨，是以爲星操控著氣候。英人柴爾德說：

> 當經驗提醒你應該把穀物種下去了，是在天空中居於一個重要位置的某幾顆星子或某幾個星座；當期望有雨時使穀物成熟，則又是另外一些星子或星座。如此利用星子來作指導，人類會相信是這些星子影響了地下的事情，就把時間的聯繫和偶然的聯繫混同起來。〔註148〕

〔註145〕溫少峰、袁庭棟：《殷墟卜辭研究——科學技術篇》，頁39。

〔註146〕殷代屬於陰陽合曆，從祭祀卜辭看祭月甚少，但並不否定殷人對月亮的崇拜。

〔註147〕李零指出古代有依日照而決定方向（背陰向陽），即上南下北，也有依斗極和斗旋順序而決定方向，即上北下南的情況。李零：〈楚帛書與「式圖」〉，《江漢考古》1991年第1期，頁61。北斗七星在不同季節和夜晚的不同時間，出現在天空的位置不同，遂可制定時間。

〔註148〕〔英〕柴爾德著，周進凱譯：《遠古文化史》（北京：中華書局，1956年），頁95～96。

古代農業生活，星體位置與農時有密切關係。《夏小正·五月》：「初昏大火中。大火者，心也。心中，種黍、菽、糜時也。」〔註149〕《禮記·郊特牲》：「季春出火，爲焚也。」〔註150〕「大火」是二十八宿中的心宿，此星現則要放火焚田，開始農事，適合種植黍、菽、糜的時節。加上，星體與氣候亦有關聯。《尚書·洪範》言：「星有好風，星有好雨。」孔安國注：「箕星好風，畢星好雨。」〔註151〕《周禮·大宗伯》有言祭「風師」和「雨師」，鄭注：「風師箕也，雨師畢也。」賈公彥疏：「《春秋緯》云：『月離於箕風揚沙。』故知風師也。《詩》云：『月離於畢俾滂沱矣。』是雨師畢也。」〔註152〕是以將星辰人格化，認爲其可招風號雨，故有祭星之禮，如「幽宗，祭星也」、「祭星日布」，皆爲星辰之祭。

殷人觀察星象、祭祀星象的記錄，胡厚宣認爲有祭祀「鳥星」〔註153〕、「鶉（𫎇）星」。這些說法於今看來都有待討論。羅列卜辭如下：

（1）乙巳明雨，伐既雨，咸伐亦雨。啟、卯，鳥（𓏲）星。

《合》11498

（2）☑雩，庚子枻，鳥（𓏲）星（𓇽）。　　《合》11500

（3）☑大采烙云自北，西單雷☑鶉（𫎇）星（𓇽）

《合》11501

（4）王占曰：止□勿雨。乙卯，允明霧。三□食日大星（𓇽）。

《合》11506

「鳥星」一辭，胡厚宣疑爲《尚書·堯典》「日中星鳥，以殷仲春」之星鳥，鳥星爲二十八星宿之南方七宿。〔註154〕沈建華亦以「鳥星」之鳥是指「南宮朱雀」，另舉卜辭有帝祭鳥之辭：「帝鳥，三羊三豕三犬？」「丁巳卜，貞：帝鳥？」故鳥爲星宿。〔註155〕溫少峰、袁庭棟亦認爲「鳥」爲星名鳥宿。

〔註149〕方向東：《大戴禮記彙校集解》（北京：中華書局，2008年），上冊，頁233。
〔註150〕《禮記正義》，頁491下。
〔註151〕《尚書正義》，頁178。
〔註152〕《禮記正義》，頁270～271上。
〔註153〕「鳥星」的問題由董作賓首先提出，認爲祭祀鳥星的時間在春季。參見董作賓：《殷曆譜》，收入《董作賓先生全集》第7冊，頁445。
〔註154〕胡厚宣：〈殷代之天神崇拜〉，頁227。
〔註155〕沈建華：〈甲骨文中所見廿八宿星名初探〉，《中國文化》第10期（1994年），頁83。

故「施卯鳥星」爲以施祭和卯祭祭鳥星，「杽鳥星」爲杽祭鳥星。〔註156〕沈
建華提出「帝鳥」的卜辭，實爲不確。「🐦」字，應釋爲王亥之亥，是帝祭亥，
非祭星。〔註157〕馮時認爲所論祭鳥之辭，「鳥」字型不同，是否統釋爲鳥有
需探討。〔註158〕筆者認爲，以上諸說所提出「祭鳥」之鳥的字形，與「鳥
星」不同，卜辭「鳥星」和文獻「星鳥」是否相同，亦沒有足夠證據證明是
祭祀星宿。

　　「鳥星」是否爲星名，楊樹達把「鳥星」之星，視爲姓，即夜間除星見
之意。〔註159〕李學勤釋「鳥」爲副詞，以音求之，讀爲候，「鳥星」則爲「候
晴」。〔註160〕筆者贊成以上四條卜辭之「星」視爲姓爲晴之意。李學勤釋辭例
1謂「乙祀日日明時下雨，舉行伐祭時雨停，伐祭結束後又開始下雨。後舉行
飲、卯，則候晴。」相同文例有：「酌，明雨。伐〔既〕雨，咸伐亦〔雨〕。飲、
卯，鳥大啓，易。」〔註161〕「鳥大啓，易」謂候地天空晴朗而太陽出現，與
「鳥星」同。李氏之說可從。辭例2辭殘，釋義爲：「庚子杽時，候然晴朗。」
「杽」爲時稱，唐蘭謂：「本義則人持木爲火炬……上燈之時矣。」其時間爲
暮後夕前〔註162〕，則太陽下山之後，「星」視爲夜晚天空之明朗。「🐦星」，
常玉芝認爲是「鳥星」之別體，謂天氣放晴。而「大星」表示形容天氣晴朗
的程度。〔註163〕以上四條卜辭之星皆非表示星星之義。至此，殷人有觀察星
體的紀錄嗎？筆者認爲是有的，如：

　　　（5）辛未，有機？新星。　　　　　　　　　　《合》6063

　　　（6）七日己巳夕向〔庚午〕有新大星（品）並火。

　　　　　　　　　　　　　　　　　　　　　　　　　《合》11503 反

　　　（7）☑大星（品）出☑南。　　　　　　　　《合》11504

「新星」、「新大星」皆表示天空出現新的星辰，爲天文之紀錄，可能是客星、

〔註156〕溫少峰、袁庭棟：《殷墟卜辭研究—科學記述篇》，頁54～55。
〔註157〕楊樹達：《積微居甲文說 耐林廎甲文說 卜辭瑣記 卜辭求義》，頁15～16。
〔註158〕馮時：〈殷卜辭二十八宿之檢討〉，《古文字與古史新論》（臺北：臺灣書局，
　　　　2007年），頁181。
〔註159〕楊樹達：《積微居甲文說 耐林廎甲文說 卜辭瑣記 卜辭求義》，頁20～21。
〔註160〕李學勤：〈續說「鳥星」〉，《夏商周年代學札記》（瀋陽：遼寧大學出版社，1999
　　　　年），頁62～63。
〔註161〕辭例來源：《合》11490。
〔註162〕李宗焜：〈卜辭所見一日內時稱考〉，《中國文字》新18期（1994年），頁194。
〔註163〕常玉芝：〈關於卜辭中的「星」〉，《殷都學刊》1998年第1期，頁27。

彗星一類偶出的天文現象。〔註164〕辭例 7 言有大星出於南，「大星」是殷人常見的星體，有學者以爲是「金星」，是五大行星中最亮的天體，白天就能以肉眼見到，無月夜裡，其光亮如燈塔，是觀測金星的紀錄。〔註165〕而辭例 6 之「火」是爲大火星。辭例 5 謂「辛未日，有機嗎？出現新的星辰。」辭例 6 謂「有一個新的星辰在大火星附近」；辭例 7 則是「大星（金星）出於南方」，此皆爲觀察星象的記錄。

由此可知，卜辭之「星」，二義：一作晴解，字形作𣊻、𣊡；二作星辰解，字形作𣊶、𣊷，兩類字形無有混淆。殷人觀測天上星子和農時有關，且後世亦有祭星之事，推測殷人亦有祭星的情況。馮時認爲，二十八星宿名在甲骨文中已見，是殷代星辰已有其專名，有些且作爲祭祀對象。〔註166〕二十八星宿之名是否見於卜辭，似無可靠證據（見附論一「祭星卜辭之檢討」），但殷人有祭「大火星」於卜辭有徵：

（8）其𡛷火？

其延雨？　　　　　　　　　　　　　《合》30158

（9）貞：尞岳天火？　　　　　　　　《合》21110

火，典籍稱「大火」。「火」，作爲星名，「七月流火」、「初昏大火中」、「祭春出火」，皆指大火星，是二十八星宿的中央一星心宿二（今天蠍座 α），是一顆紅色的一等亮星，典籍又稱之爲「大辰」。〔註167〕「大火，心也，在中最明，故時後主也。」〔註168〕乃大火星是觀察星象的標準星。此外，竺可楨言：「我

〔註164〕董作賓以「有新大星並火」指殷人於己巳夜間觀察星象的紀錄，「並」有近意，「新大星」即新星之大者，猶言有一大新星傍近火星，火星即指心宿的中央一星。見董作賓：〈交食譜〉，《殷曆譜》，收入《董作賓先生全集》，頁 446～447。唐人李淳風在《觀象玩占》提到：「客星，非常之星。天皇大帝之使，以告咎罰者也。其出也，無恆時；其居也，無定所。忽見忽沒，或行或止，不可推算，寓於星辰之間如客，故謂之客星。」見〔唐〕李淳風：《觀象玩占》（合肥：黃山書社，2008 年），卷 34，頁 358。

〔註165〕莊威鳳主編：《中國古代天象紀錄的研究和運用》（北京：社會科學出版社，2009 年），頁 37～40。

〔註166〕馮時：〈殷卜辭二十八宿之檢討〉，頁 149～185。

〔註167〕〔漢〕何休注，〔唐〕徐彥疏：《春秋公羊傳注疏》（臺北：藝文印書館《十三經注疏》本，1955 年），頁 291 上。

〔註168〕〔晉〕郭璞，〔宋〕邢昺疏：《爾雅注疏》（臺北：藝文印書館《十三經注疏》本，1955 年），頁 98 上。

國古代，以春秋黃昏大火即心宿二之東升為一年中之大典。」〔註169〕《夏小正‧五月》：「初春大火中，種黍、菽、糜時也。」又言「九月內火。」〔註170〕初春時大火星現，宜於農耕，至夏曆九月，大火星伏而不現。而「季春出火，民咸從之；季秋內火，民亦如之。」〔註171〕大火星之出與沒於農時符合，作為指導農業生產的授時星。辭例8、9可見對其舉行「鬯、寮」兩種祭祀，鬯是以香酒獻神，寮則以煙祀祭神，其目的在辭例8可見為求雨，謂：「鬯祭大火星，繼續下雨嗎？」辭例9之岳為山神、夒是先公，同版祭祀，可見大火星受殷人重視。

祭大火星以求雨，雨和農業息息相關，農時開始之際，如果有旱災，則損害農耕，不利生產。卜辭有「大火星」出現，是否下雨之辭：

（10）己巳卜，爭貞：火，今一月其雨？

　　　　火，今一月不其雨？　　　　　　　　　《合》12488乙

大火星於春天出現，卜問是否降雨。殷代春季作物為黍，其種黍亦在一、二月，例如：「貞：重小臣令眾黍？一月。」「乙未卜，貞：黍在龍囿杏受有年？二月。」〔註172〕祭大火星以保障農業之生產。

此外，除祭有大火星，羅琨提出從門從火之閃（𤈦），可能是星名：

（11）閃寮，重小牢？

　　　　大甲師，重大牢？　　　　　　　　　　《合》27160

（12）其秦閃，有大雨？　　　　　　　　　　　《合》30319

（13）弜寮于閃，亡雨？

　　　　其寮于雪，有大雨

　　　　☑寮，亡雨？

　　　　閃寮酚，有雨？

　　　　雪眔門皆酚，有雨？　　　　　　　　　《英》2366

「閃」，學者釋義有二：一是祭祀對象，郭沫若認為：「閃與大甲同例，所祭之神名。」陳夢家：「閃當與雷雨有關的神。」〔註173〕二是地名，姚孝遂於《詁

〔註169〕竺可楨：〈二十八宿起源之時代與地點〉，《竺可楨全集》第二卷，頁590。
〔註170〕方向東：《大戴禮記彙校集解》上冊，頁233，頁280。
〔註171〕《周禮注疏》，頁458下。
〔註172〕辭例來源：《合》12、《合》9552。
〔註173〕陳夢家：《綜述》，頁577。

林》案語言：「閔是地名。」〔註174〕從辭例13看，閔和雪同版，「雪眔門」之門和閔可能爲同一神祇，羅琨認爲「閔」是「鶉火」，其言：

> 《說文》火部：「閔，火貌，從火，㒳省聲。」《說文解字義徵》引「《集韻》燭熄火存謂之㒳」，說明閔是與大火既有聯繫又有區別的顏色。卜辭有：「戊王其射閔狐，湄日亡災，擒。貞呼射閔狐擒。」（《合》28318）閔有作爲地名，但卜辭中禽狐記錄有獲狐、大狐、白狐，作通稱之狐鮮見地名者，甲骨文常見馬、牛等通稱前冠以毛色形成專名，「閔狐」當是構詞相同的專名，即以毛色命名的紅狐或火狐。……其特徵使人聯繫文獻中的鶉火。《左傳·襄公九年》：「咮爲鶉火，心爲大火。」說明古代與大火並重的還有鶉火。〔註175〕

羅氏的說法可供參考。由此可知，殷人祭星的目的，均爲求雨之需，是以星體和氣候具有關連，是觀察星象之餘所得到的氣象知識。

二、氣象諸神的崇拜意識和祭祀

氣象諸神包含有風、雨、雲、雪、雷、虹六類。

（一）風神的崇拜意識和祭祀

風是無形無狀之物，如何以名稱之，卜辭假鳳爲風，其字形作「䳗」、「䳗」「䳗」、「䳗」等。「䳗」字，王襄認爲：「古鳳字，假爲風，左象鳳鳥羽翼之形，又從凡，有四正四隅八風風向之誼」，又提出：「殷契假鳳爲風，初期像鳳之形，繼則字旁加點，有風動塵起之誼。」〔註176〕從王襄之說，可以聯想「鳳」和「風」有意義的引申，以鳳飛而塵揚，遂有風起之貌。金文鳳字有在翅膀添加小點者，如鳳作且癸簋上的鳳字「䳗」，其附加小點就是描繪鳳揮動翅膀的形象，其小點用來說明鼓動翅膀會產生很大的氣流。〔註177〕聯想鳳鳥展翅而有風起而命名之。

〔註174〕郭沫若、姚孝遂的說法見《詁林》，第三冊，「閔」字條，頁2085～2086。

〔註175〕羅琨：〈殷墟卜辭中的「火」——兼說「去火」〉，《紀念殷墟甲骨文發現一百周年國際學術研討會論文集》，頁155～164。其論點又見〈甲骨文「閔」字探析——兼說卜辭中的「鶉火」〉，《古文字研究》第25輯（2004年），頁5～10。

〔註176〕《詁林》，第二冊，「鳳」字條，頁1706～1707。

〔註177〕魏慈德引水上靜夫的說法，金文中鳳字所附加的小點是加在尾翼上，是表示翅膀起風的指事符號，如〈虩簋〉。見魏慈德：《中國古代風神崇拜》（臺北：臺灣古籍出版，2002年），頁28～29。而〈鳳作且癸簋〉的「鳳」字尾翼也有附加小點。

　　早期的漁獵、畜牧、農耕生活，基於生存需要，需仰賴大自然，看天吃飯，若遭遇大風侵襲，則不利生產，威脅生命。風不一定帶給人類壞處，有時也給與生產上的幫助。《白虎通義·八風》云：「風之爲言萌也，養物成功。」〔註178〕風吹拂之下，和風煦煦，利於農作，萬物藉其養成。夏日涼風可解炎熱天氣的不快，也利於萬物生長。舜有歌曰：「南風之薰兮，可以解吾民之慍兮。南風之時兮，可以阜吾民之財兮。」〔註179〕南風陣陣可解憂悶，適時南風可給百姓民富。而先民不明風是氣流流動的自然現象，以風有神靈在掌控，遂產生風神崇拜。

　　殷卜辭所見殷人對風的認識，有驟風、大風、小風、征（延）風等，形容風之強弱緩急，或刮風持續的時間，對於風的區分有一定知識，在此認識下，見風對於殷人生活之影響有：

　　　　（1）辛未卜，王貞：今辛未，大風不隹囚？　　《合》21019

　　　　（2）貞：茲風不隹孽？　　　　　　　　　　　《合》10131

　　　　（3）丙午卜，亘貞：今日風囚？　　　　　　　《合》13369

　　　　（4）丙寅卜：日風，不囚？　　　　　　　　　《合》34036

以上四例皆爲卜問風之吉凶，詢問風會帶來危害，還是不會帶來危害。此外，殷王的行動，如行旅、田獵、祭祀等，亦卜問風是否影響王的活動，如：

　　　　（5）今日王其田，不冓大風？　　　　　　　　《合》28556

　　　　（6）今日王洍，不風？　　　　　　　　　　　《合》20273

　　　　（7）于翌日壬廼钦庚，不冓大風？　　　　　　《合》30270

　　　　（8）王其田，枒亡災？
　　　　　　　王其田，冓大風？大吉。
　　　　　　　其冓大風？吉。　　　　　　　　　　　《合》28554

辭例5謂王往田獵，不會遇到大風嗎？辭例6之「洍」，是泛舟，謂王前往泛舟不會起風嗎？辭例7言隔日壬祭祀要「钦庚」〔註180〕，乃建造大鐘以備祭

<hr />

〔註178〕〔漢〕班固撰，〔清〕陳立疏證：《白虎通義》（臺北：臺灣商務印書館，1968年），頁282。

〔註179〕〔魏〕王肅注：《孔子家語》（臺北：臺灣中華書局《四部備要》本，1965年），卷8，頁3。

〔註180〕裘錫圭提出「庚」釋「庸」，是大鐘。見裘錫圭：〈甲骨文中的幾種樂器名稱——釋「庸」「豐」「鞀」〉，《古文字論集》，頁196～197。

祀，會遇上大風嗎？「大風」可摧毀農作，或造成王行動上的不安全，遂卜問是否會遇到大風。辭例 8，貞問王於杞時前往田獵，是否有災？是否會遇上大風，言「大吉」是卜兆性質的「兆辭」，是以遇上大風為有吉之事，可見「大風」不一定是有害之意。是以，風有好壞而人所不能為，只能透過占卜來得到啟示，來臆測風神颳風時的善惡程度。

以風為風神，殷人祭風之例有：

　　　（9）乙未：王寳風？　　　　　　　　　　《合》1248 反

　　　（10）尞帝史風，一牛？　　　　　　　　《合》14226

　　　（11）帝風，九犬？　　　　　　　　　　《合》21080

　　　（12）辛未卜：帝風？不用。雨。　　　　《合》34150

　　　（13）🐷風卙豚，有大雨？　　　　　　　《合》30393

辭例 9，「王寳風」和「王寳日」、「王勿寳月」一樣，是王親自以賓祭祭風神。辭例 10 言「帝史風」，風為帝使，可供上帝驅策，遂以燎祭祭之。辭例 11 為以帝祭祭風，用九犬嗎？辭例 12「帝風？不用。雨」包含命辭（帝風）、占辭（不用）、驗辭（雨），謂：「帝祭風嗎？不用。下雨。」辭例 13 之「🐷風」是西方風名，用豚牲祭🐷風有大雨嗎？由此可見，祭風和雨有關連，有風則有雨來，故祭風以求雨。再者，風可為災，則有平息風災之祭：

　　　（14）寧風？　　　　　　　　　　　　　《合》13372

　　　（15）其寧風，三羊，三犬，三豕？　　　《合》34137

　　　（16）其寧風雨？　　　　　　　　　　　《屯》2772

寧，定息也。寧風，止息風災，可直接對風神舉行寧祭，亦可對「方神」、「巫神」、「土神」舉行寧風之祭，是以殷人認為這些神祇有可以控制風的能力，故假方、巫、土神之力來平定風災。〔註 181〕

　　此外，在殷人的風神信仰中，有一特殊之現象，乃風有其專名。殷人對於東西南北四個方向吹來的風有不同之命名，顯示對於風向、風態之感度。卜辭見「四方風名」：

　　　東方曰析，風曰劦；南方曰因，風曰髟；

　　　西方曰彝，風曰䧹；北方曰夗，風曰役。〔註 182〕

〔註 181〕詳細情況可見本章第三節「地祇信仰」。

〔註 182〕根據魏慈德所釋之釋文。魏慈德：《中國古代風神崇拜》，頁 53～65。

以東西南北四處不同方向吹來的風命名，東風曰劦，是春日的和協之風，春耕之時協力農產；南風曰髟，髟義為「飄」、「猋」，是夏日天氣不穩定的大風；西風曰轑，有收穫束薪刈稻的形象，是秋季收成之貌；北風曰殳，有冬季冷冽萬物止息之貌。四時之風，攸關農作，若不合時宜，則害於農事。而殷人替風之性質命名，表示了對風有其地域性和時候性之認識。

（二）雨神的崇拜和祭祀

雨水，關係著萬物生存的重要物質，其從天而降下，雨多則成澇，雨少則成旱。水患淹沒土地、農作，甚至造成河水之暴漲，危及人類的生命安全。乾旱則讓土地乾涸穀物枯萎，百物不生，最嚴重的是會使人類缺乏用水，形成缺水之危機，嚴重影響生存。澇和旱，這兩種情況皆不利生產，亦不利人類生活，是雨水的不適當帶來的生存威脅。然而，有時候的天降甘霖，適時解決久旱不雨情形，及時雨水是生活上的救贖。雨水降下的時機和程度，此帶來的禍與福，讓不明其理的先民們又敬又畏，故在敬畏的情感之下，加上雨水是生存之必須的依賴感之中，產生了雨神之崇拜，並且相信雨是有神靈在操控，直接對人世發生作用。

雨神觀念之產生，和雨能滋潤萬物，亦能破壞萬物，息息相關。《爾雅・釋天》言：「甘雨時降，萬物以嘉。」〔註183〕相反地，「久雨謂之淫」〔註184〕、「不得雨曰旱」〔註185〕，適當雨水是人們所希望的，可以帶來良好的生產。另一方面，極端的雨水現象是人們所不希望的，會造成農作歉收。殷人的雨神形象，是會帶來災禍，同時亦會給予福佑，例如：

（1）甲申卜，爭貞：茲雨隹囚？

　　　貞：茲雨不隹囚？　　　　　　　　　　《合》12833

（2）貞：茲雨隹孽？　　　　　　　　　　　《合》12892

（3）☐茲雨以飲？　　　　　　　　　　　　《合》12896

（4）戊申卜，古貞：茲雨隹若？　　　　　　《合》12899 正

（5）甲子卜，出貞：茲雨非囚？　　　　　　《合》24156 正

〔註183〕《爾雅注疏》，頁 95 上。
〔註184〕《爾雅注疏》，頁 97 上。
〔註185〕〔晉〕范甯注，〔唐〕楊士勛疏：《春秋穀梁傳注疏》（臺北：藝文印書館《十三經注疏》本，1955 年），頁 82 上。

（6）壬寅卜，殷貞：不雨，隹茲商有乍𡆥？　《合》776 正

（7）貞：不雨，不隹𡆥？　　　　　　　　《合》12887

（8）貞：今夕其雨，疾？　　　　　　　　《合》12670

辭例 1 至 5 卜問「此雨」是否有憂、有孽，或是順利。辭例 6 問「不雨」是否會讓「茲商」有憂，即對殷都造成威脅。辭例 7 謂不雨，沒有憂嗎？詢問雨神不降雨，不會讓人世有憂嗎？辭例 8 之「雨疾」，學者認為是疾雨之義，是快速之降雨。然以卜辭中描述降雨的情況為「大雨」、「小雨」、「多雨」等，與文例不合。「雨疾」，是降雨而使人有疾病，或是農業水澇之疾。〔註 186〕雨神可善可惡，反映在降雨情況對人世的影響。

　　殷人對於降雨之認識有：大雨、小雨、多雨、烈雨、延雨、從雨、暫雨、脩雨等等〔註 187〕，殷王生活中，雨勢和雨量影響祭祀、田獵、行旅、農作之事，如：

（9）□酉卜，逐貞：王窒歲，不菁大雨？　《合》24879

（10）王其田斿，不菁大雨？　　　　　　《合》28347

（11）己酉卜，穷貞：今日王步◪見雨亡災？一月。

　　　　　　　　　　　　　　　　　　　　《合》12500

（12）貞：雨不正辰，亡勾？

　　　庚辰卜，大貞：雨不正辰，不隹年？　《合》24933

辭例 9、10 卜問是否會遇到大雨，前者問於祭祀之時，後者問於田獵之時，其祭祀在戶外，遂卜問是否會遇上大雨而影響祭祀時的活動。田獵時遇上大雨，會使得狩獵不順利，甚至路滑造成受傷之事，遂卜問。辭例 11 詢問王出門時，見到下雨了，這雨會不會有災禍呢？再者，於農業生產而言，雨下得適不適當攸關農作，辭例 12 言「雨不正辰」，正，適當、合誼之義；不辰，不時也〔註 188〕，謂雨不合時沒有害嗎？雨不合時，不影響年成嗎？可見雨對農事的影響。

〔註 186〕視為人的疾病，則以潮濕、或下雨太久導致的溼氣，使得人的身體不舒服。從疾病來看，有風濕關節之類的疾病在雨天容易變得嚴重，遂言下雨，會使人生病嗎？另一種說法，筆者認為「疾」可能是農災、水災等水澇之災，卜辭有見「寧疾」、「寧雨」，是以止息、雨災之祭，故卜問下雨，有災害嗎？

〔註 187〕「多雨」雨降很多之義。「烈雨」是爆烈之雨，即暴雨。「從雨」是順雨。「暫雨」是短暫陣雨。「脩雨」，是雨之綿長者。

〔註 188〕《爾雅注疏》，頁 61 下。

殷人祭雨，有祭祀雨神和求雨雨祭。雨祭，其祭祀對象不限於雨神，凡有能力掌握降雨者，都有可能對其求雨。卜辭中直接祭祀雨神，僅有寧祭：

（13）其寧風雨？　　　　　　　　　　　　　　　　《屯》2772

（14）寧雨？　　　　　　　　　　　　　　　　　　《合》33137

「寧雨」，推測是降雨成災而舉行寧雨之祭。從祭祀雨神之卜辭來看，殷人似乎不對「雨神」求雨。然而，殷人「雨祭」活動甚多，可見殷人對雨水之強烈需求。

（三）雲神的崇拜意識和祭祀

天上的雲，飄忽不定，各有其形，雲狀是天氣預兆。朱天順提出把雲神化的主要原因有二：

> 天上的雲狀是不同天氣的預兆，而對某種天氣來臨的期望使人們首先期望某種雲的出現，這種心理狀態是雲神產生的基礎。另一方面，天雲多變，有各種色彩和形狀，有時像美麗的物體，有時候烏雲滾動，使人恐怖，而人力又無法控制雲的變化，就產生雲神崇拜。
> 〔註189〕

首先是出自觀察天氣變化，不同雲狀代表某種天氣狀態，萬物有靈的觀念下，賦予雲神性，以雲朵的千變萬化是雲神之作為。為了祈求良好的天氣型態，遂開始崇拜雲神，仰求雲神賜予好的氣候，以保護農作、行旅、田獵。

殷人對於雲的認識，和降雨有關。「茲雲其雨」，謂此雲將會下雨嗎？「茲雲征雨」，言此雲將會有連綿細雨嗎？「茲朱雲其雨」、「茲朱雲不其雨」，「朱」為混濁的陰雲，故卜問是否會下雨。〔註190〕殷人明瞭哪類雲狀會導致降雨，或不導致降雨，故祭祀雲神，一方面卜問是否下雨，另一方面透過祭祀，祈求出現某類天氣。

而殷人祭雲之例有：

（1）己丑卜，爭貞：乎雀尞于云，彪？

　　　貞：勿乎雀尞于云，彪？　　　　　　　　《合》1051

（2）尞于帝云，犬？

　　　貞：及今十三月雨？　　　　　　　　　　《合》14227

〔註189〕朱天順：《中國古代宗教初探》，頁54。

〔註190〕辭例來源：《合》13387、《合》13392、《合》13390正。

　　（3）☐尞云，不雨？　　　　　　　　　　　　　《合》21083

以上皆用燎祭祭雲。辭例1為命臣子雀用牲彪燎祭雲神嗎？辭例2謂「尞于帝云」，雲為帝之五介臣之一，祭雲卜問今十三月有雨，認為祭祀雲則可得雨，雨和雲有共生關係。辭例3辭殘，「尞云不雨」，不確定其為要祭雲或不祭雲，然於此辭亦能見雲雨兩者關係密切。單言雲者，謂一般概念的雲，非特指某種雲狀，殷人除祭祀一般雲之外，卜辭有記載三雲、四雲、五雲、六雲：

　　（4）貞：尞于三云？　　　　　　　　　　　　　《合》13401

　　（5）己卯卜：尞豕，四云？　　　　　　　　　　《合》40866

　　（6）癸酉卜，有尞于六云，六豕，卯羊六？
　　　　癸酉卜，有尞于六云，五豕，卯五羊？
　　　　隹其雨？今日雨？　　　　　　　　　　　　《合》33273

　　（7）叀岳先彫，迺彫五云，有雨？　　　　　　　《屯》651

　　（8）己亥卜，永貞：翌庚子彫☐王占曰：茲隹庚雨卜。
　　　　之〔夕〕雨。庚子彫三𩵋云𩽾〔其〕☐既杞啓。
　　　　　　　　　　　　　　　　　　　　　　　　《合》13399

「三雲」、「四雲」、「五雲」、「六雲」、「三𩵋雲」專稱某類之雲。于省吾認為「數字＋雲」表示雲色數量〔註191〕，即今日所稱之雲彩；陳夢家則提出「𩵋雲」讀為祥雲，二、四、六之數字是祥雲之數。〔註192〕劉釗「讀𩵋為戕，或讀為牂」，釋典籍「戕」訓傷、訓殘，其「三𩵋雲」讀作「三牂雲」，是「牂雲」為亂君之象。〔註193〕筆者認為，「𩵋」於卜辭有傷害義〔註194〕，同意劉釗釋義為「戕」。三𩵋雲可能是形狀破碎的雲朵。從辭例8來看，王的驗辭是會下雨，之後出現了「三𩵋雲」，在下雨之前，雨層雲下會有「碎雨雲」的出現，此種雲狀出現，表明水氣充足，大雨將來。另外一種情況是，碎雨雲也會在晴朗時出現，亦是降雨之前兆。〔註195〕

〔註191〕于省吾引《公羊·哀六年傳》：「諸大夫見之，皆色然而駭。」王引之《經義述聞》：「色者歠之借字。」又《通俗文》引《公羊傳》作「歠然而駭」。文選七發之「中若結轖」李注：「轖音色也。」是以從嗇與色字相通之證。見于省吾：《甲骨文字釋林》，頁8。
〔註192〕陳夢家：《綜述》，頁575。
〔註193〕劉釗：〈卜辭所見殷代的軍事活動〉，頁74～75。
〔註194〕《合》1027：「缶其𩵋我旅？」釋義為「缶方會傷害我的軍旅嗎？」。
〔註195〕河南開封的天氣諺語：「江豬過河，當夜滂沱。」江豬是一種大塊的碎雨雲，

　　以古代的雲占傳統，不同顏色的雲示現吉凶。《周禮・保章氏》：「以五雲之物，辨吉凶、水旱、降豐荒之祲象。」〔註196〕《左傳・僖公五年》：「凡分、至、啓、閉，必書雲物，爲備故也。」注：「分，春、秋分也。至，冬、夏至也。啓，立春、立夏。閉，立秋、立冬。雲物，氣色災變也。」〔註197〕以二分二至觀察雲色，以爲氣物之變與氣候相關，遂能辨別吉凶、水旱、豐荒之事。辭例 4 至 7 所稱之雲，應代表某一類的雲狀，以雲色數量命名之〔註198〕，乃殷人觀察雲象而祭之。其祭祀心態，是否爲出於憂咎、吉凶，於卜辭中不見雲占之義，因無貞問三雲、四雲、六雲是「隹囚」或「不隹囚」，還是貞問「隹若」、「不若」，故吉凶之說有待保留。如此，殷人祭祀雲彩，所爲何來？筆者認爲是基於求雨和息雨的需要。辭例 6、7「尞六雲」、「酌五雲」之後，言「其雨」、「今日雨」、「有雨」，即祭祀雲彩是爲了求雨。辭例 8 的王占辭「茲隹庚雨卜」義爲「唯庚雨之卜」，是庚日下雨的卜兆〔註199〕，驗辭爲「之〔夕〕雨」在夜晚時分下雨，遂「酌三䚧雲」（碎雨雲）則天氣會晴朗。

　　殷人祭雲，多爲求雨之事而來。觀察雲色而對某特定之雲命名，遂有三雲、四雲、五雲、六雲之稱，這些雲彩在殷人的吉凶觀念並不顯明，但是和降雨有所聯繫。至於「三䚧雲」，是祭祀之則天晴，表示降雨前之雲態，無雲占意義。視爲「三𦎫雲」、「三祥雲」以雲氣占吉凶的說法，在卜辭中無確切證據。

（四）雪神的崇拜意識和祭祀

　　雪，作爲一種天氣狀態，受人崇拜或敬畏，乃雪對人類生活有其作用。適當的降雪和積雪，有助於狩獵。冬季積雪，於春暖時融雪，有益於農作物而免於春旱。相反地，若冬季之時降雪太大，則有害於生存；不合時宜的降雪，則打壞了氣候常態，視爲天氣之異象，不利於人事，故「雪霜風雨之不時，於是乎禜之」，透過祭祀來攘除禍害。

　　　是大雨立至的先兆。見朱炳海編著：《天氣諺語》（北京：農業出版社，1987
　　　年），頁 40～41。
〔註196〕《周禮注疏》，頁 406 下～407 上。
〔註197〕《春秋左傳正義》，頁 205 下。
〔註198〕卜辭於名詞加數字之辭有「五山」、「九山」、「葉三隉」、「葉四隉」，其數字不
　　　表示數量，而是指稱，如「五山」是山名，非五座山；「葉三隉」是軍事據點
　　　的第三站。故「三雲」、「四雲」等，不是數量上有三、四，而指某種雲狀。
〔註199〕張玉金：《甲骨文語法學》，頁 196。

殷人對於雪之認識，有「雪雨」，是雪雨一起降下。「乙酉卜：雪？今夕雨？不雨？四月。」亦見雪雨的共生關係。〔註200〕在祭祀雪神的卜辭中，亦見：

（1）其尞于雪，有大雨？

　　雪眔門並彫，有雨？　　　　　　　　　　　《英》2366

「門」可能是星名，於祭星卜辭中有所論之。祭雪之辭目的均爲求雨，殷人認爲雪和雨是同時存在，故求雨和雪有關，遂祭祀以祈雨。

（五）雷神的崇拜意識和祭祀

雷，是特定季節和特定氣候出現的天氣現象，於春有春雷，仲春之時，「雷乃發聲，始電。蟄蟲咸動」〔註201〕，春雷震萬物動，草木萌芽、昆蟲啓蟄，春雷響是萬物欣欣向榮的開端。雷，伴隨著閃電、下雨，「季春三月，豐隆乃出，以將其雨」。〔註202〕「豐隆」謂雷，以雷聲隆隆命名之，雷電相生，孕育生命。除此之外，雷亦可以爲害生命，《論衡·雷虛篇》言：「盛夏之時，雷電迅疾，擊折樹木，壞敗室屋，時犯殺人。」〔註203〕夏日之雷，可以擊木、毀屋、殺人，讓人類生存飽受威脅。先人不明雷電之自然現象，怕受其傷害，以雷出爲害，同時卻又因打雷降雨，得其化育，以雷出爲好，在這又愛又怕的心態下，遂產生雷神之崇拜。

殷人的雷神觀念，雷之發生爲有咎或無咎，見：「☒貞：雷不隹囚？」殷人對雷的認識，有雷的狀態和雷與雨的關係。「雷征」即雷聲隆隆，連綿不斷，「弘雷」即大雷。「雲雨至則雷電擊」〔註204〕，卜辭有「雲雷」，是雲和雷並稱；「茲雷其雨」謂此雷會帶來降雨；「七日壬申雷，辛巳雨，壬午亦雨」，謂七日後有雷，九日十日後會持續下雨；「壬戌雷，不雨」，謂壬戌日有雷，不下雨嗎？〔註205〕以上四條卜辭皆言雷、雲、雨的共生關係。

（六）虹神的崇拜意識

虹，殷人觀念中是不好的預兆，源自於不明虹霓發生的原因，加上其絢

〔註200〕辭例來源：《屯》790、《合》20914。
〔註201〕《禮記正義》，頁300上。
〔註202〕《淮南子》，卷3，頁9。
〔註203〕〔漢〕王充撰，黃暉校釋：《論衡校釋》（臺北：商務印書館，1968年）上，頁286。
〔註204〕〔漢〕王充撰，黃暉校釋：《論衡校釋》上，頁283。
〔註205〕辭例來源：《合》13413。《合》13418。《合》13408。《合》13417。《合》13417。

麗的色彩，導致人們對其著迷、幻想，而加以神化。卜辭虹字作「🌈」，陳夢家認爲「卜辭虹字像兩頭蛇龍之形」〔註206〕，《山海經‧海外東經》：「䖏䖏在其北，各有兩首。」郝疏：「虹有兩首，能飮澗水，山行者或見之。」〔註207〕認爲虹能飮於河，故以雙頭龍的形象表義之。殷人認爲「出虹」爲有祟：

（1）王占曰：有祟。八日庚戌有各雲自東，面母。

　　　昃亦有出虹自北飮於河。　　　　　《合》10405 反

（2）允有戡。有☑雲☑昃亦有出虹自北〔飮〕于河。

　　　在十二月。　　　　　　　　　　《合》13442

（3）☑庚吉其☑有戡，虹于西☑　　　　《合》13443

辭例1，王的占辭爲有祟。於八日庚戌自東有雲來。昃時，出現虹，其跨越方向是自南向北，像是要到河飮水之貌。辭例 2、3「有戡」爲天象異常情況，有「出虹」自北飮於河，有虹在西邊。虹之形象，如同傳說中虹能飮水之貌。出虹飮於河，其有祟之因，同《太平廣記》言：「天將大雨，有虹自河飮水。」〔註208〕認爲「天將大雨」是虹飮於河而成大雨，有澇災之象。此外，關於虹霓的禁忌，《詩‧蝃蝀》言：「蝃蝀在東，莫之敢指。」毛傳：「蝃蝀，虹也。」〔註209〕《淮南子‧天文》：「虹霓彗星者，天之忌也。」〔註210〕多把虹視爲不祥，故禁止隨意用手指霓虹。殷代認爲出虹爲有祟有戡，是對虹之成因不明白，於後世則演變成一種禁忌。再者，殷人視虹可影響年成：

（4）庚寅卜，古貞：虹不隹年？

　　　庚寅卜，古貞：虹隹年？　　　　　《合》13443 正

「虹隹年」和「虹不隹年」，宋鎮豪認爲是虹出現會影響年成之豐欠。〔註211〕虹出現原因，是陽光射入水滴，經過反射、折射的作用而形成在雨幕上或霧幕上的圓弧。〔註212〕發生的時間在下過雨之後，太陽候地放晴之時。卜問「虹」是否影響年成，乃基於虹和雨的共生關係。

〔註206〕陳夢家：《綜述》，頁 243。

〔註207〕《山海經箋疏》，卷 9，頁 2。

〔註208〕〔宋〕李昉等：《太平廣記》（臺北：臺灣商務印書館《景印文淵閣四庫全書》，1983 年），卷 138，頁 9。

〔註209〕《毛詩正義》，頁 122 上。

〔註210〕《淮南子》，卷 3，頁 2。

〔註211〕宋鎮豪：《夏商生活史》，頁 481～482。

〔註212〕何星亮：《中國自然崇拜》，頁 265。

三、天體諸神對人世的福禍示現

前有所言，天體諸神以其自身的特性，對人世有所影響。如風和雨，其對人世的影響甚劇，故常有卜問「菁大風」、「菁大雨」之辭。然而，天體諸神，另有種對於人世之作用，是以「象」來表義，殷人以爲其「象」有預示福禍的作用。

天神信仰裡，因其天體關係到氣象和氣候，加上人對於天體的依賴感，觀察天體的同時，也察覺到某些不尋常天象的發生。象，具有表意功能，是人對於外物的領悟，且是一種象徵。中國古代將日月星辰之天體運動和運行規則與雲虹等氣象狀態稱爲「天象」，其認識重點不僅在於客觀的性質，亦在於人對它與地上事物的共通性連結。先民對外在世界的認識過程中，自身與周圍環境是渾然一體，相互聯繫的整體，所以天體現象與地上事物存在對應關係，這種「天人感應」的思維，在殷人天體信仰中，成爲天神的獨特能力。

天象，帶有預兆功能，《易·繫辭上》：「天垂象，見吉凶，聖人象之。」〔註213〕天象是一種吉凶禍福的預告，而以異常的天象有符瑞和災異的示現作用。所謂的「異常」乃「異之言怪也，謂先發感動。」〔註214〕異常事物的出現，違反自然秩序的認識，造成人類心理的恐懼，認爲天上之異象是代表世上會有某些重大事件的先發現象，故具有前兆的意義。殷人的觀念中，天象與人事有某種聯繫，遂卜問異常天象是否帶來災咎。其所見的天文異象有：日食、月食、日戠、月戠四項。

（一）日食月食

卜辭有日之非常態紀錄，視太陽的不正常現象會影響人世，故卜問吉凶：

（1）癸酉貞：明有食，裴若？

癸酉貞：明有食，隹若？　　　　　　　　《合》33694

本版卜辭亦有釋讀作「日夕有食」或「日月有食」。卜辭中之「夕」指稱夜晚時分，此時如何有日蝕的發生？釋爲「日月有食」，則據稱日蝕和月蝕互見，是日月頻食的紀錄，或言「日月薄食」，謂「日月無光曰薄」。此說解有一定的可信度。然而，就甲骨文字刻寫的字體判斷，「日月」二字的刻寫空間似爲

〔註213〕《周易正義》，頁157。
〔註214〕《白虎通義·災變》言：「災異者，何謂也。《春秋·潛潭巴》曰：『異之言傷也，隨事而誅。異知言怪也，先發感動之也。』」見〔漢〕班固撰，〔清〕陳立疏證：《白虎通義》，頁220～221。

一字，見下圖：

「</ref>」佔一字的空間，應是作一個字。李學勤認為此字是「明」，從日從月，義同於旦，即日出之時。「明有食」表示日出時有日蝕。〔註215〕筆者贊同此說，惟有一點存疑，即「明」字在卜辭中不見日旁在月的上方，其可能是一種特別寫法。癸酉日這天的天象，不管是「日月有食」或「明有食」，均是日蝕的記載。日蝕發生後，詢問順利與否，可見日蝕於殷人心中影響人間事物。

　　再者，月的非常態之事有「月蝕」：

　　（2）癸亥卜：旬亡囚？旬壬申夕，月有食。　　《合》11482 正反

　　（3）〔己〕丑卜，㱿貞：翌乙〔未〕□黍登于祖乙□？

　　　　〔王〕占曰：有祟。不其雨。

　　　　六日〔甲〕午夕，月有食。　　　　　《合》11484 正

　　（4）癸未卜，爭貞：旬亡囚？三日乙酉夕，月有食。聞。八月

　　　　　　　　　　　　　　　　　　　　《合》11485

　　（5）癸丑卜，貞：旬亡囚？七日己未夕向庚申，月有食。

　　　　　　　　　　　　　　　　　　　　　《英》885 反

日食和月食，即日蝕和月蝕，是地球、太陽和月亮的方位約成一直線時，所造成的天文現象。日月的非常態現象，被視為未來福禍之預兆，遂卜問日月有食之時，諸事順利，還是諸事不順利。在月食卜辭中，卜問「旬亡囚」之事，占辭謂「有祟」，驗詞言「夕，月有食」，可見夜晚發生的「月有食」是一件令人憂慮之事。

　　在夏代，日蝕被視為大災降臨，《左傳・昭公十七年》引《夏書》云：「辰不集於房，瞽奏鼓，嗇夫馳，庶人走。」〔註216〕民間傳說裡，日蝕乃「天狗

〔註215〕李學勤：〈癸酉日食說〉，《中國文化研究》第 21 期（1998 年），頁 26～27。
〔註216〕《春秋左傳正義》，頁 835 上。

食日」，故以鼓奏之聲喝嚇，以營救日，並且驅趕驚慌失措的眾人，以避危難。
視日蝕月蝕爲災禍，於美洲大陸土著部族中，亦有紀載：

> 月蝕是有巨狗在天上追趕月亮，抓住它並且把它撕破，其光線就從
> 傷口流出，變成了紅色和黯淡的。……日和月被憎惡光線的惡魔吞
> 噬，人們整夜成群地跳舞和吼叫，以便把惡魔趕跑。……秘魯人在
> 月食時發生震耳欲聾的叫嚷聲、奏樂器、打狗。……印地安人會發
> 出可怕的嚎叫和哭聲，且同時像天空射箭，以便把妖魔趕走。〔註217〕

然而，在商代的日蝕天象，並不表示不順遂，也可能是示意平安。反觀於殷
代月蝕，就帶有較大的災咎義。此外，殷代對日蝕的中和態度，和對待月蝕
的災禍義，與周代亦有同異之處。《周禮》有「救日之矢」、「救月之弓」，此
謂日月蝕之時所用之弓矢。又「救日月則詔王鼓。」〔註218〕其視日月蝕爲災
異之跡。

（二）日戠月戠

　　日戠和月戠，是「自然界的某種異常現象」可能爲日月暈、日月光變色
等〔註219〕，爲福瑞災咎之預告。暈，見於卜辭中，有日暈記載，「日戠」「月
戠」可能非日、月暈。日月變色而有災咎，於文獻有《晉書‧天文志》：「月
變色，將有殃。」〔註220〕又如《宋史‧五行志》記：「紹熙三年冬，潼川路不
雨，氣燠如仲夏，日月皆赤。」〔註221〕異常地日月變色，反常氣象會導致人
世之禍福，極端的氣候現象，致使人類的生存遭受威脅。而殷代的日戠和月
戠，可能就是日月變色的非常現象。

　　關於日戠的記載，卜辭有：

　　　　（1）乙丑貞：日有戠？允佳戠。　　　　　　　《合》33700

　　　　（2）甲子卜貞：日戠于甲寅？　　　　　　　　《合》33703

從這兩條卜辭看來，「日戠」現象對於殷人來說，是能預測且熟悉的。然而，

〔註217〕〔英〕愛德華‧泰勒：《原始文化》，頁269。

〔註218〕《周禮注疏》，頁559上，頁190下。

〔註219〕陳劍：〈殷墟卜辭的分期分類對甲骨文字考釋的重要性〉，《甲骨金文考釋論集》
　　　　（北京：線書局，2007年），317～448頁。

〔註220〕〔唐〕房玄齡：《晉書》（附考證）（臺北：臺灣中華書局《四部備要》本，1965
　　　　年），卷12，頁1。

〔註221〕〔元〕脫脫等修：《宋史》（附考證）（臺北：臺灣中華書局《四部備要》本，
　　　　1965年），卷63，頁6。

對於太陽變色成因的不明瞭，故日戠發生時，卜問是否順若，並告於先祖或河，如：

（3）庚辰貞：日有戠，非囚佳若？

庚辰貞：日戠，其告于河？

庚辰貞：日有戠，其告于父丁，用牛九？在燮。

《合》33698

（4）乙巳日：日有戠，夕告于上甲，九牛？

（5）□巳日：日戠在西，囚？　　　　　《合》33704

（6）丙戌卜，穷貞：告日有戠于上甲，三牛？

《合》13329

從以上六條卜辭可得出：

1. 日戠兼有福禍：「非囚佳若」，卜問沒有憂是順利嗎？「囚」乃憂心，日戠發生在西方，有憂嗎？可見日戠異象是兼有善惡二義。

2. 日戠發生時間：日戠爲日變色，「日戠在西」可能爲太陽將要落下之時，即落日時太陽光線的變化，此爲不平常色變，遂紀錄之。發生日戠後，於「夕」時告於上甲，並備有犧牲。

3. 日戠告祭對象：發生日戠後，因其敬畏之心理，告於先祖或河神，認爲其有權能免除災禍，亦可能是告訴先祖、河神日戠之事，保佑順遂。

再者，月戠記載有：

（7）壬寅貞：月有戠，其侑土，尞大牢？茲用。

（8）壬寅貞：月有戠，王不于一人囚？　　《屯》726

「月戠」時是否要侑祭土，燎燒大牢，與日戠時告祭先祖和河神類似。月戠的犧牲是專門爲祭祀而養養的牛羊豕，與日戠時用九牛相比，較爲尊貴。此外，卜問王是否有憂，可見殷人以爲月戠是預告王身之逆順，而此不見日戠之時。

殷代之異常天象記載有日食月食、日戠月戠，是日月的非常態狀況。在先民不知日月蝕的成因之前，把不尋常的天象當成福禍預兆，而求諸龜甲鬼神而卜問吉凶。日蝕和月蝕的發生，雖然看成是有祟之事，然而卻無對治的手段，亦不依靠祭祀來驅吉避凶。其原因據筆者推測，可能是日蝕月蝕雖有災禍義，但就殷人的天文知識，加上長期觀察而言，其影響生活不大，且無

人事相應的附會出現。此外，日蝕月蝕的現象終會過去，故不訴諸於祭祀而禳災，僅貞問是順利，亦或不順。反觀，日戠和月戠的日月變色，帶給殷人較大的恐懼感，雖然殷人有能力觀測其可能會發生，如：「日有戠？允隹戠。」但是當日月不尋常變色之時，導致了環境的氣象劇變，如太過炎熱、太過陰暗等，嚴重地左右生活，故祭祀先祖和河神、土神來避禍禳災，以祈求保佑。

第三節　殷墟卜辭的地祇信仰

　　地祇信仰，源於對大自然的崇拜和依賴而產生的內在情緒。人之所以可以生存，離不開水、大地、山林等可以養物成物之自然事物，認為其有神靈在掌控這一切事物之生發。此種基於生存所需的依賴內在心理，遂產生對大自然的崇拜意識。

　　地祇信仰與天神信仰雖同出於依賴性和畏懼性，地祇信仰有更多的「地域性」和「獨特性」。天神信仰對象的日、月、星、風、雨、雷等，除「風」有劦、彭、糞、陷之名，和一些帶有特殊現象的狀態外，其餘皆為共通性，未見人離開了居住之地，則不再信仰日月星三辰，或是雨和雷在某處，發生會特別重要或受關注。自然信仰的特性，費爾巴哈言：

> 一個人、一個民族、一個氏族，並非依靠一般的自然，也非依靠一般的大地，而是依靠這一塊土地、這一個國度；並非依靠一般的水，而是依靠這一處水，這一條河、這一口泉。埃及人離開了埃及就不成為埃及人。……人將自己的本質投射到自然物上，並受限於自己的土地之上，故有充分的理由將國度中的山岳、樹木、河川、泉源當作神來崇拜，因為他們的存在寄託於他們的國度。〔註222〕

以農業為主的殷代，氣象狀態深深影響農收豐歉，遂有天神之崇拜，期望具有良好的氣候狀態來保障年成。對於地祇的崇拜，亦是基於生存根植於土地、川水、山林的依賴性質。常言「人離不開土地」，土地是萬物滋生的本源，是人類維生的根基，人居住之處的土地，其用來耕種之田地，就是信仰的物件。水，人類生活不可或缺的重要物質，人類覓尋居住地，常居於水邊、河邊，一方面受其取水之便，但一方面卻又飽受河水氾濫之苦，好與壞的雙重面下，河水的形象便被塑造出來，其有利弊於人。費爾巴哈言「埃及人離開了埃及

〔註222〕〔德〕費爾巴哈著，王太慶譯：《宗教的本質》，頁3。

就不成爲埃及人」，尼羅河之於埃及人的重要性，被視爲埃及的生命之河，在沙漠之地備受重視。殷人位居黃河流域，其對於黃河和殷都附近的河川，同樣視作生存之必須，爲生命之源。山林崇拜，一是基於對崇高、聳立的畏懼，其接近於天空而不可窮盡。二是山與氣象狀態的關聯性質，其烏雲罩頂之時，則有大雨，無雲之時則晴朗，似也是掌握氣象之神。三則是對於能從山得到生活所需。《禮祭・祭法》言：「山林川谷丘陵，民所取才用也。」〔註 223〕《釋名・釋山》：「山，產也，產生物也。」〔註 224〕皆說明了山是可以得到生活資料的處所。

殷人地祇信仰的崇拜對象，以地上所崇拜之物爲範圍，比對《周禮》地祇〔註 225〕，得出崇拜對象爲：山、岳、河、水、土、方、巫、東母、西母。分成山神（山、岳）、水神（河、水）、地神（土、方、巫、東母、西母）三大類來討論。

一、山神類崇拜意識和祭祀

山神類的討論物件包括殷人祭祀國境內的山峰，如五山、十山等，和境內最高的岳山。先論其崇拜之意識，並佐以殷人祭拜之例說明。

（一）山的崇拜意識和祭祀

山之所以受殷人的敬仰和崇拜，除山之巍峨氣勢之外，和其能興風雨的聯繫相關。高山聳立入雲，其林間風大雨多，雨水充沛，終年濕潤。觀察天象之時，古人發現下雨之前，山頭烏雲密佈，認爲雨雲從山頭升起，雲能致雨。而雨水適不適宜，攸關河流決溢或是土地澇災與否，影響年成之事。《韓詩外傳》言：「山者，萬物之所瞻仰也，草木生焉，萬物植焉，飛鳥集焉，走獸伏焉，四方益取與焉。」〔註 226〕則強調山是萬物所藏之所，可以爲民用，致使生成百物；再者說明山和雲、風、雨氣象的共存關係。此外，祭祀山川，是因其爲雨水之源頭，「山者，水之源。將欲禱雨，故先祭其本源」。〔註 227〕

〔註 223〕《禮記正義》，頁 803 上。
〔註 224〕〔漢〕劉熙：《釋名》，《叢書集成初編》（上海，商務印書館，1936 年），卷 1，頁 11。
〔註 225〕地祇：社、稷、五祀、五嶽、山、川、林、澤、四方、百物。
〔註 226〕〔漢〕韓嬰撰，許維遹校釋：《韓詩外傳集釋》（北京：中華書局，2005 年），頁 111。
〔註 227〕〔明〕胡廣等撰：《禮記大全》，《景印文淵閣四庫全書》第 122 冊，卷 6，頁 38。

山、降雨、年成的因果關係，導致了山神崇拜，認爲其有興雲播雨之職能。

山和雨的關係，從殷人對山之祭祀可見：

（1）壬午卜，伏：奏山，日南，雨？　　　《合》20975

（2）丁酉卜，伏：寮山，羊于狽，雨？　　《合》20980 正

（3）癸巳貞：其寮十山，雨？　　　　　　《合》33233 正

（4）乙丑卜：丙寅，來山寮，雨？　　　　《合》21078

（5）庚〔午〕卜：其來雨于山？　　　　　《合》30173

（6）壬午卜：來雨寮罒？　　　　　　　　《合》30457

（7）丙寅卜：王盡，來雨？　　　　　　　《合》12860

（8）其𤔲取二山，有大雨？　　　　　　　《合》30453

（9）☒其敕二山，有大雨？　　　　　　　《合》30454

（10）其𥷚侑于小山，有大雨？　　　　　《合》30456

以上十條卜辭可見祭「山」的需求在於降雨。辭例 1 謂：「奏祭山，自天南方，下雨嗎？」辭例 2 謂：「燎祭山，跳舞時戴羊飾，跳鮮足舞，犧牲用狽，會下雨嗎？」辭例 3 謂：「燎祭十山，下雨嗎？」辭例 4 謂：「桒、燎祭山，下雨嗎？」辭例 5、6、7 有明確對山「桒雨」之辭，分別對象是山、罒、盡，應該是殷都境內的山脈。辭例 8 之「𤔲」訓爲列，有相並之義〔註 228〕，謂：「並用取祭於二山，有大雨嗎？」辭例 9 謂：「敕祭二山，有大雨嗎？」辭例 10 謂：「𥷚祭、侑祭小山，有大雨嗎？」藉由奏、寮、桒、取、敕、𥷚、侑的祭祀儀式，祭山神而卜問有雨嗎？皆可見山和雨有不可分割的聯繫。再者，卜辭亦有對山神祈年：

（11）其桒年二山、𠂤于小山，盤豚？　　《合》30393

「𠂤」，應爲山名。同版卜辭見：「𡕥眾叀小牢，有大雨？」𡕥爲二山之合文，𠂤亦當是山名。辭例 11 謂：「求年於二山、𠂤在小山，用盤的方式（割祭牲取血）處理豚嗎？」𡕥和𠂤可能是小山附近的山脈，故就近於小山之處舉行祭祀。

其餘祭山之辭有：

（12）丁丑卜：侑于五山在葉隹？二月卜。　　《合》34168 正

〔註 228〕于省吾：《甲骨文字釋林》，頁 372～373。

（13）尞🔲？　　　　　　　　　　　　　　　　《合》30413

（14）于🔲桒？

于🔲桒？　　　　　　　　　　　　　　　《合》30463

辭例 12 之「枼隉」是爲了保障道路之安全所設置，是一種常設性的軍事據點，置於幹道附近的高丘或山上，愼守險惡路段。〔註 229〕五山可能位於枼隉附近，故祭五山以保障道路安全，是以山有保護神的作用。辭例 13、14 之「🔲」、「🔲」、「🔲」三字皆從山旁，當爲山名或祭祀之地。

　　以上列舉卜辭，有二山、十山、小山等，皆是山名，於卜辭亦有三山、九山等稱謂〔註 230〕，無法確指爲哪幾座山。朱歧祥認爲是就群山分區或分項之劃分。〔註 231〕就卜辭來看，「數字＋某物」應該是表示具體的地點。卜辭中數字編號的名詞當作受祭者有「二雲」、「三雲」、「六雲」等，于省吾認爲是雲色數量，朱天順則提出專指某種雲態。筆者以爲「數字＋雲」釋義雲色或某種雲態皆有合理之處。「數字＋山」的祭祀物件，視爲山之專名較佳。卜辭見「五山在隉」，是表示五山位於枼隉，故在此處舉行祭祀；又「往三山」是到某一座山去，而非前往三座不同的山。

　　從殷人祭祀境內山峰來看，除了岳山外，還祭祀眾多位於殷都附近的小山神，對之桒雨、桒年，和生活相關的山皆納入祭祀範圍，以求得護佑。

（二）岳的崇拜意識和祭祀

　　岳，所指爲何山，彭裕商認爲「岳」即「太岳山」（嵩山）。〔註 232〕唐曉峰比對岳之後裔的地望，提出岳爲「霍山」之說。〔註 233〕勞榦以文獻中的岳是指今山西西部的霍山，或今陝西西部的太岳山，提出以商之實力不達陝西西部，故岳以霍山爲近。〔註 234〕以岳爲嵩山或霍山雖多爲猜測之詞，若以自然信仰的地域性來看，嵩山可能是殷人所稱之岳。依字形，岳多作「🔲」、「🔲」

〔註 229〕宋鎮豪：《夏商社會生活史》，頁 208～209。

〔註 230〕如：《合》19293：「往三山？」《合》96：「勿于九山尞？」。

〔註 231〕朱歧祥：〈殷商自然神考〉，頁 453。

〔註 232〕彭裕商認爲依〈大雅・崧高〉毛傳：「山大而高，崧。」《爾雅・釋山》云：「又作嵩，崧即嵩也。」嵩即崇之或體，「崇山」者謂其山高峻，同於「嶽」之形象。認爲嵩山在今河南省中部，距殷都安陽不遠，在殷代爲內地，常爲殷人瞻仰遂名爲嶽。彭裕商：〈卜辭中的「土」、「河」、「岳」〉，頁 390～391。

〔註 233〕唐曉峰：〈卜辭「岳」之地望〉，《九州》第 3 輯（北京：商務印書館，2003年），頁 89。

〔註 234〕勞榦：《古代中國的歷史和文化》（臺北：聯經出版公司，2006年），頁 653。

形，屈萬里以「」象層層迭嶂山外復有山之形，「」象山上有樹，樹外又有高峰的樣子。字形作山峰連綿層復有山之貌，實表岳是殷都境內最高之山，神聖性高，受殷人重視。

　　高聳的大山，常被視為有神靈居住，林惠祥《文化人類學》提及：

> 高大插天的山有神聖的意義。人類以為神靈所棲的地方，如羅馬的朱庇特（Jupiter），猶太的耶和華，北歐人（Norsemen）的奧丁（Odin）都在山上。山的崇拜中國也有。又如美洲土人以為所有山嶺和高地差不多全是神靈的住所。〔註235〕

高山給予人驚奇的幻想，尤其高山、山谷之間雲霧繚繞，視線朦朧不清，可以產生神怪奇想，讓人們以為有神靈棲息。在這種環境下，產生對於山神的崇拜，是對於境內最高峰之岳山賦予神化。先民對高山之觀感，在《山海經》中記載許多奇形怪狀的神物在山裡面，如〈西山經〉：「崑崙之丘，是實惟帝之下都，神陸吾司之。其神狀虎身而九尾，人面而虎爪。」「玉山，是西王母所居也。」「長留之山，其神白帝少昊居之。」〔註236〕高山裡居住著神物，故對高山有神祕感知，從神話思維推測殷人對高山的想像，亦是如此，而殷都境內最巍峨的山──「岳」即是殷人山神信仰中最重要的祭祀對象。

　　殷人對「岳」的崇拜，超出於一般山神自然特性之象徵，前論山神之祭為秦雨和秦年，不對人世有壞的影響，而岳神具有作禍的能力，例如：

　　　　（1）庚〔戌〕卜，爭貞：岳壱我？　　　　　　《合》14488

　　　　（2）隹岳壱禾？　　　　　　　　　　　　　　《合》33338

　　　　（3）丙寅貞：岳壱雨？　　　　　　　　　　　《屯》644

　　　　（4）隹岳壱云？　　　　　　　　　　　　　　《屯》2105

岳有損害人王、傷害年成、可破壞降雨和雲態，對於人世有比小山眾神更進一步的傷害作用，於是有舉行止息岳神的祭祀。

　　　　（5）丁亥卜：寧岳，尞牢？　　　　　　　　　《合》34229

寧，平息也。觀《合》34229：「丙戌：戌雨？丙戌卜：及夕雨？丙戌卜，岳其壱？丁亥卜：尋岳尞牢？丁亥卜：弜尋岳？丁亥雨。」從丙戌日開始卜問是否降雨，岳將會破壞嗎？隔日丁亥日貞問是否要寧祭岳，會下雨嗎？可見

〔註235〕林惠祥：《文化人類學》（臺北：臺灣商務印書館，1966年），頁226。
〔註236〕《山海經箋疏》，卷2，頁18，頁19，頁21。

丙戌日是沒有降雨，所以卜問是岳造成的嗎，遂在丁亥日問要舉行寧祭止息
岳神嗎？不應該寧祭岳神嗎？岳的山神特性亦和雨聯繫，如「岳肇我雨」謂
「岳降予我們的雨」〔註237〕，又見：

> （6）甲子卜，穷貞：于岳求雨？　　　　　　　《合》12846
>
> （7）辛未卜：于岳桒雨？　　　　　　　　　　《合》34196
>
> （8）貞：舞岳，有雨？　　　　　　　　　　　《合》14207 正
>
> （9）己卯卜：取岳，雨？　　　　　　　　　　《合》32833
>
> （10）乙酉卜：奏岳？從用。不雨。　　　　　　《屯》4513+4518
>
> （11）叀岳先酚，雨？　　　　　　　　　　　　《合》34221

舉行桒、舞、取、酚之祭祀儀式，向岳求雨。辭例 10：「奏岳？從用。不雨。」
包括命辭（奏岳）、用辭（從用）、驗辭（不雨），則奏祭岳可視爲寧雨之祭。
另外，對岳桒年、桒禾之事，所在多有：

> （12）貞：桒年于岳，尞三小牢，卯三羊？　　《合》385
>
> （13）已卯貞：桒禾于岳，尞三小牢，宜三牛？《合》33292

據統計，賓組對岳「桒年」有 15 條卜辭，「桒禾」在歷組有 27 條卜辭。〔註238〕
以「雨」作爲基本思考，而對岳神祈求年成，其自然神特性表露無遺。

　　此外，岳有特定的祭祀地點：「于岳宗酚有雨」、「岳于楚」、「岳于三門」、
「岳于南單」、「岳于三戶」。〔註239〕「岳宗」，宗爲祭祀場所的廟室，岳與諸
山神異，而近於祖先神。卜辭「使人于岳」是派人前往山岳處或岳廟去祭祀
岳神；「岳窐」即親往特定的祭岳場所舉行祭祀。楚（✲）和「三門」、「南單」
對應，作地名解。王光鎬釋「楚」爲「楚丘」是地名〔註240〕。于省吾認爲「單」
讀作臺，是郊野的高地，假借作「壇」，爲祭祀地點。〔註241〕「南單」是位於
南方的祭祀地。「三門」、「三戶」，連紹名以「古代城邑每面三門，三門、三
戶即商都南面的城門。」〔註242〕是在城門之地進行祭祀活動以禮拜岳神，是

〔註237〕方稚松：〈談談甲骨金文中的「肇」字〉，復旦大學出土文獻與古文字研究中
　　　　心，發佈時間：2008 年 1 月 17 日。
〔註238〕統計數量和來源見附錄四，頁 211。
〔註239〕辭例來源：《合》30298、《合》34220、《合》32833。
〔註240〕王光鎬：〈甲文「楚」字辨〉，《江漢考古》1984 年第 2 期，頁 52～54。
〔註241〕《詁林》，第四冊，「單」字條，頁 3051。
〔註242〕連紹名：〈商代祭祀活動中的壇位〉，《古文字研究》22 輯（2000 年），頁 15。

一種望祭，乃是無法親臨岳宗之現場，而在殷都附近設壇遙祭。

文獻中對於山川舉行望祭，如《尚書‧舜典》：「望於山川。」〔註243〕《禮記‧王制》：「柴而望祀山川。」〔註244〕以山川距離王都遙遠，遂在王都郊野設置祭壇。以望祀山川，則殷人祭岳亦是如此，可以「使人于岳」之「即祭」，亦能「岳于楚」、「岳于三門」等等之望祭。

綜上可知，殷王對於「岳」神的態度不同於一般小山神，為其建立廟室、在王都設置祭壇，表達對於岳的高度崇拜。岳已非自然特性的山神，有其宗廟專門祭祀，在殷人心中有很高的地位，並且將岳神拉升到神聖性最高、權勢最大的山神，頻繁地對之祈求年成與收穫，可見在殷商的農業社會中，岳神的角色可視為保護神一類，尤其在農業方面。

二、水神類崇拜意識和祭祀

水神類的討論對象包括殷都境內諸水，如洹水、滴水、瀧水等，和其境內最大河流黃河。先論其崇拜意識，後列舉祭祀卜辭討論。

（一）水的崇拜意識和祭祀

在原始思維中，水是宇宙萬有的肇端，更是人類生命的本源，城邑多依水而居，取材於水之資源。葉舒憲認為水是生命的開始，也是終結，其言：

> 原始人從觀察得知，魚兒離開水就喪生，動物和人也必須時常飲水才能生存，就連草木離開了必要的水分也會乾枯而死。於是，根據原始思維，水就成了一切生命存在的條件，生命有賴於水，甚至得之於水。〔註245〕

水是人類賴以生存的資源，河岸之地多為人類居住之所，能供給民生、農耕等，然而在治河技術未成熟以前，河水因一時暴雨或雨量極多時，所造成的水災會導致嚴重的傷亡和損失。《呂氏春秋‧愛類》記有一則古代洪水之事：

> 昔上古龍門未開，呂梁未發，河出孟門，大溢逆流，無有丘陵沃衍、平原高阜，盡皆滅之，名曰鴻水。〔註246〕

〔註243〕《尚書正義》，頁 36 上。

〔註244〕《禮記正義》，頁 226 上。

〔註245〕葉舒憲：〈水：生命的象徵〉，《批評家》第 4 卷第 5 期（1988 年）。轉引自蕭兵，葉舒憲：《老子的文化解讀：性與神話學之研究》（武漢，湖北人民出版社，1994 年），頁 600。

〔註246〕陳奇猷校釋：《呂氏春秋校釋》（下），頁 1643。

記上古大禹未治水之前，河水流經於孟門山之上，可是受到龍門、呂梁的阻礙，造成大河逆流蔓延，河水淹沒丘陵、平原，稱爲「鴻水」。鴻者，大也，即大水。

甲骨文「災」之字形作「〰」「〰」，象洪水橫流，溢濫成災之貌；又作「〰」「〰」，像河流壅塞之形，以水災意象作爲「災」義，是先民實際生活的反映。其人無法控制水的流量、無法拒絕大水來臨，遂認爲河水有神靈掌之。

卜辭有卜問「水」是否到來之詞：

　　　（1）丙子貞：亡川？有川？　　　　　　　　《合》33357

　　　（2）其水？不水？　　　　　　　　　　　　《合》33354

　　　（3）貞：不來水？　　　　　　　　　　　　《合》10159

　　　（4）其有大水？　　　　　　　　　　　　　《合》10150

　　　（5）今秋禾不冓大水？　　　　　　　　　　《合》33351

　　　（6）今歲無大水？　　　　　　　　　　　　《英》2593

川字作〰、〰，水字作〰、〰，二字稍有別，或以川爲較大之河流。「不川？其川？」和「其水？不水？」川、水用法相同，意義相近，皆貞問水、川是否漲水之詞。「大水」乃大量水勢，遂問「今秋禾」（秋收時）會遇上大水嗎？「今歲」（今年）沒有大水嗎？而大量水勢之因可能源自降雨。「丙申卜：其雨？丁未卜：亡水？有水？妙。」〔註247〕丙申日卜問會下雨嗎？隔日丁未卜問是否有水？可見丙申那天下雨了，故又貞問河流是否因此而漲水，是好事嗎？

殷墟城都位於今河南安陽村北，今洹水（安陽河）南岸，卜辭亦有卜問洹水是否成災，例如：

　　　（7）洹其乍茲邑〔圖〕？　　　　　　　　　《合》7854 正

　　　（8）辛卯卜，大貞：洹弘弗敦邑？七月。　　《合》23717

　　　（9）洹其盗？　　　　　　　　　　　　　　《合》8315

　　　（10）洹不次？　　　　　　　　　　　　　《合》8317

　　　（11）乙卯卜，貞：今者泉來水次？五月。　《合》10156

洹，字形作「〰」、「〰」像水流回環圍繞之形。洹水從西往東流，流經殷都

〔註247〕辭例來源：《合補》10548。

的南面，再折向東流，水流曲折。洹水從殷都中間穿過，其水之流量攸關都邑存亡。所謂「河竭而商亡」〔註248〕，乃洹水跟殷都息息相關。辭例 7 謂：「洹水會使都城憂嗎？」辭例 8 之「洹弘」，弘者大也，盛漲也，「敦」爲迫義，「洹弘弗敦邑」謂：「盛漲的洹水不會敦迫商邑嗎？」辭例 9 和 10 之「盜」、「次」均指河水滔漫、滿溢之狀。辭例 11 之「泉」，指洹水，洹水亦稱「洹泉」〔註249〕，謂：「今洹泉會來水而滿溢嗎？」以洹水會讓殷人受災，遂對之有祭祀活動，如：

　　　　（12）□□卜，出貞：侑于洹，九犬九豕？　　《合》24413

　　　　（13）戊子貞：其尞于洹泉，□三牢宜牢？　　《合》34165

藉侑、燎二祭祭祀洹水，希望不要有水災發生。另外，「丁亥貞：衣洹▨」〔註250〕一辭。衣，除作祭祀動詞，亦可當作地名。「衣洹」一辭，「衣」「洹」相連，衣或爲地名，地望與洹水相近，可能就是安陽附近的衣地。衣，古音爲微部影母；殷，古音爲文部影母，兩者音可相通，衣或就是指「殷」地。故「衣洹」非祭祀洹水之辭。而「衣洹」也可證明卜辭中的洹水位於安陽附近，是殷都境內的河流。

　　除了洹水之外，滴水亦對商王有重要作用，商王多在滴水蕩舟垂釣和撒網捕魚，或頻有「涉滴」之詞：

　　　　（14）□丑卜，行貞：王其率舟於滴，亡災？　《合》24608

　　　　（15）叀滴網魚？　　　　　　　　　　　　《合》28426

　　　　（16）王其田，涉滴，至於戲，亡災？　　　《合》28883

　　　　（17）王涉滴，射有鹿，畢？　　　　　　　《合》28340

　　　　（18）于滴，王逆以羌？　　　　　　　　　《合》32035

辭例 14、15 的「率舟」、「網魚」是商王在滴水之活動，在行前卜問有災無災。辭例 16「戲」是商王田獵之地，如：「王其田戲，亡災？」「王其射戲鹿，亡災？」「王其田盂至戲，亡災？」皆是卜問王前往戲地是否有災之辭。辭例 17，其射鹿之地可能是戲，遂涉滴水而至。辭例 18「逆以羌」謂「以羌爲牲而迎之以致祭」，商王在滴水迎接討伐羌方得來的獻俘，可見滴水是商邑附近的河

〔註248〕〔三國吳〕韋昭注：《國語》（臺北：藝文印書館，1974 年），頁 73。
〔註249〕辭例來源：《合》34165。
〔註250〕辭例來源：《合》13014。

流。孫淼指出滴水之特徵為：距殷都不遠，是東西流向，是一條比較大的河
流，應當為今之漳水。〔註251〕漳水，即古之滴水。商和漳的關係，葛毅卿從
音韻說解：

> 商章音同，《尚書‧費誓》「我商賚汝」，徐邈音章，《集韻》本之，
> 于商字別出章讀。……商陸或作蔏陸，或作章陸、章柳，語見王氏
> 《廣雅疏證》商陸條，《集韻》于商字下亦別出章讀，則甲文之滴，
> 或即後日之漳。〔註252〕

此外，楊樹達則以古代地理訓之：

> 考殷代屢易國都，大抵皆在大河南北，如淮水出自南陽、洧水出自
> 潁川，汝水出自盧氏，洹水出自林慮，皆在今河南省境。以彼推此，
> 滴水蓋亦今河南省境之水，以字音求之，蓋即今漳水。……《水經‧
> 河水篇》云：「又東北過楊墟縣東，商河出焉。」酈注：「一曰小漳
> 河。」〔註253〕

從葛氏和楊氏之疏解，知商章音同，可以通假，則甲文之滴水為今之漳水。
其祭祀之例有：

（19）杗禾于滴，有大〔雨〕？　　　　　　　　《合》28243

（20）王其侑于滴，在有石尞，有雨？即川尞，有雨？

　　　　　　　　　　　　　　　　　　　　　　《合》28180

滴水有杗禾、求雨，甚至有止息蝗災的能力。辭例20之「有石」可能是地名，
即王要侑祭滴水，在「有石」這個地方舉行燎祭，會下雨嗎？還是到川舉行
燎祭，會下雨嗎？可見滴水的祭祀地點為「有石」或「川」地，而非滴水之
旁。

另外，殷都附近有「灘水」，亦是受祭對象：

（21）戊午卜：王于尞灘，三牢埋三宰？　　　《合》14362

（22）庚戌卜：豹勿帝于灘？　　　　　　　　《合》14363

（23）侑于灘？　　　　　　　　　　　　　　《合》14361

灘水，「日神信仰」中言其為觀測太陽日出之所，地點應在殷都東邊。今日哪

〔註251〕孫淼：《夏商史稿》（北京：文物出版社，1987年），頁262。

〔註252〕葛毅卿：〈釋滴〉，《中央研究院歷史語言研究所集刊》第7本第4分（1939
　　　　年），頁545～546。

〔註253〕楊樹達：《積微居甲文說　耐林廎甲文說　卜辭瑣記　卜辭求義》，頁70。

條河流不明。從祭祀活動來看，對灣水是具崇拜意識，由於是可以觀日測日之地點，故神化了灣河。

殷人崇拜洹水和滴水，其兩條河水比之「河」（黃河）是較小之河流，且殷都境內亦有不少同洹水、滴水大小相同的河流，如淇河、衛河、沙河、淮河等，卻不見被崇拜尊爲神，趙誠認爲河流被神化雖取決於殷人意識，但崇拜洹水和滴水的特殊現象，只能存疑待考。〔註254〕此兩條河流的特殊性，筆者認爲可從兩個原因解釋殷人神化因素。其一是河流性質和河流的生產作用。洹水在殷代容易氾濫，「洹其盜」之水患危險威脅影響生計，不僅造成農業損失，更會使瀕洹水的殷都遭受水災，使國家陷入危難之中，其餘河流雖在殷都附近，但不直接形成威脅，故不受崇拜。滴水，是殷王前往田獵地的必經之河，又是泛舟捕魚之地，對於殷王生活有作用，遂受崇拜。另外一個因素是商地望的起源問題。鄒衡藉考古工作提出「先商文化」在今漳河流域是商遠祖活動地區，是以滴（漳）水是商的起源地。〔註255〕朱彥民認爲「商」最初爲商族自稱之名稱，而後變成族居地名，亦以「商」命名商族長期居留地的附近水名，是「滴水」得名由來。〔註256〕崇拜因素，是對於自身根源的探求和追溯，亦表明自然信仰與地域性兩者之間的緊密關係。

（二）河的崇拜意識和祭祀

河，卜辭裡「王其往觀河」、「師般涉於河東」、「有出虹自北飲於河」等〔註257〕，均指河流，殷都位於黃河流域之區，故學者多認爲是黃河。黃河是殷人生存所依賴的大河，遂當成神靈崇拜。

「河」在水神類被視爲最重要的祭祀對象，與一般滴水、洹水之小水神不一樣。洹水之氾濫雖會危害殷都，其爲水流特性所導致。而河，在殷人的觀念中，有「害王」、「害禾」、「害雲」等作祟能力：如「河害王」、「河害雨」、「河害禾」、「河害雲」、「河害年」、「河祟我」等。〔註258〕河已非一般水神的性質，可以對王、雨、禾、雲進行破壞，不利於人世。其祭祀數量和祭祀儀式多於岳，是以河對於人生存關係較大，遂備受重視。其亦是奉年、奉禾、求

〔註254〕趙誠：《甲骨文與商周文化》，頁65。

〔註255〕鄒衡：《夏商周考古論文集》，頁117～123。頁139。

〔註256〕朱彥民：《商族的起源、遷徙與發展》，頁304。

〔註257〕辭例來源：《合》5158乙、《合》5566、《合》10405反。

〔註258〕辭例來源：《合》776正、《合》14620、《合》33337、《屯》2105、《英》780、《英》1167。

雨的對象：

（1）戊寅卜，爭貞：秦年于河，尞三小牢沉三牛？

《合》10084

（2）己亥貞：秦禾于河，受禾？　　　《合》33271

（3）于河秦雨尞？　　　　　　　　　《合》12854

（4）丁未卜，爭貞：求雨匄于河？十三月。《合》12863

（5）庚申卜，殸貞：取河，有从雨？　《合》14575

根據統計，賓組向河「秦年」有 19 條，歷組「秦禾」有 28 條〔註259〕，數量較岳稍多。從河之自然特性思考，河為農業灌溉的重要資源，遂有可以護佑年成的能力。又依河能匄雨，則河亦有降雨的能力，遂用秦祭、取祭、燎祭等向河祈雨。

此外，河神另被賦予保佑戰事的能力：「舌方于河匄」、「于河告舌方」。〔註260〕匄，乞求義，表示希望河神能保佑征伐舌方之事。「向河告祭舌方」，示告祭河神以佑戰事成功。《合》6133 同版卜辭見「告於上甲」，《合》6139「大丁告舌方」，河之權能與上甲、大丁之先公等同，見其地位崇高。河神之地位，亦可從「告秋」、「告歲」看：

（6）甲申卜，宁貞：告秋於河？　　　《合》9627

（7）庚辰卜，宁貞：告櫛於河？　　　《合》14522

（8）庚辰貞：日戠，其告於河？　　　《合》33698

辭例6之「告秋」為一種嘗新之禮，《禮記‧月令》云：「（孟秋之月）農乃登穀。天子嘗新，先薦寢廟。」〔註261〕秋天為穀物成熟和收穫的季節，然時常有蝗災之禍，遂告秋於河乞求保佑農業豐收。「告秋」的對象還有上甲和高祖夒。「告櫛」為天有異象，「日戠」為日不正常之變色，其異象引起恐懼，遂祈求河之保佑。此祈求對象還有父丁和上甲。可見「河」之地位相當於高祖夒、上甲、大丁、父丁等先公和先王，已超越一般的自然神特性，並帶有人祖性質。此性質，亦可藉報祭、酌祭，與河合祭之神靈來看：

（9）庚戌卜，殸貞：于河侑報？　　　《合》418 正

〔註259〕統計數量和來源見附錄四，頁 211。
〔註260〕辭例來源：《合》6125、《合》6133。
〔註261〕《禮記正義》，頁 323 上。

（10）甲申卜，夯貞：其酭報于河？ 　　　《合》6331

（11）貞：酭于河十牛？ 　　　《合》1052 正

（12）辛巳卜貞：來辛卯，酭河，十牛卯十宰？

　　　王亥，尞十牛卯十宰？上甲，尞十牛卯十宰屯？

　　　　　　　　　　　　　　　　　　　《合》1116

報祭，多實行於祖先之祭，酭祭亦是。酭祭同爲自然神土、方之祭祀儀式。
從辭例 12 河跟王亥、上甲合祭，亦可見其地位不亞於殷人先祖，是以河亦有
廟室謂之「河宗」，如：

（13）于南方，將河宗？十月。 　　　《合》13532

（14）王亥上甲即宗于河？ 　　　《屯》1116

辭例 13 之「將」，如《詩》「我將我享」之將，有奉享之意。〔註262〕辭例 14
謂「王亥和上甲到河宗同祭」，是以河神有宗廟之主的性質。再者，卜辭「使
人於河」，可能就是派人前往黃河處或河廟去祭祀河神；「奉于河王其宼？」
〔註263〕王親自到祭祀場所（河宗）去奉祭河神。祭祀時間，楊升南認爲多
在辛日，並有「河日」，同於「上甲日」、「大乙日」等固定祭祀祖先的日子，
是以「河日」當爲固定祭祀河神的日子。〔註264〕可見對河神的祭祀已有一
定的規律性，甚至可說是常祭。

　　此外，祭河神爲常祭現象，見有祭祀祝冊之辭，如：

（15）其奉河，隹舊呰用，于滄酭？ 　　　《合》30429

「舊呰」，冊指簡冊，記載典章制度。〔註265〕乃爲祭祀祝禱之辭，爲祭祀河
神時的禱告。可見祭祀河神在當時有一定的程序和規模，故有祝冊文書的出
現。

　　再者，祭河之地點，除有河宗之外，見有：

（16）貞：王至余，尞于河，三小宰沉三牛？ 　《合》14380

（17）貞：尞于河。五牛沉十牛？十月在鬥。 　《合》14453

（18）王其田，襄，紬于河？ 　　　《合》30431

〔註262〕《詁林》，第二冊，「將」字條，頁 1037。

〔註263〕辭例來源：《合》34241。

〔註264〕楊升南：〈殷契「河日」說〉，《殷都學刊》1992 年第 2 期，頁 8。

〔註265〕詹鄞鑫：《華夏考——詹鄞鑫文字訓詁論集》，頁 372～375。

条，曹錦炎認為是地近黃河之一處水名，故殷王在此燎祭河神。〔註266〕黃天樹提出「条」是「歈」字省形，讀為「陰」。〔註267〕筆者認同黃氏之說。辭例15酌祭河在「淪」，淪作陰義，是在河之北處為陰。辭例16「王至条，燎于河」言「王到河之北岸燎祭河神」。

辭例17、18之鬥、襄之地望今不可考，其應不在黃河邊，推測祭河和祭岳一樣具有「望祭」性質。是以，祭祀黃河不一定要在黃河岸邊「即祭」，而在某地舉行望祭也行。

從以上對河之祭祀儀式，可多見祭河活動之豐富。祭河神，最特殊的地方在於其犧牲有人牲，祭品有玨，此為其它自然神所無。卜辭見：

（19）酌河，三十牛？以我女？　　　　　　　《合》672

（20）貞：燮玨酌河？　　　　　　　　　　　《合》14588

（21）禦于河，羌三十人？　　　　　　　　　《合》26907

（22）其燎于河，牢？沉妾？　　　　　　　　《合》32161

女、燮、妾、羌皆是人牲，人牲於祭祀中為高貴之象徵，代表具有某種社會地位的神靈，遂以高級之禮祭之。河在殷人心目中，其宗教地位在地祇神中當為最高，同時也是自然神中之最高。

以上論述可知，殷王對於河不等同於一般境內諸水神的祭祀態度，其更顯現一種除了畏懼感之外，更帶有一種尊敬之意，是故立廟祭之，立有常設祭河之日，並且其地位相當於先公諸人鬼，顯示了對於河的極度依賴和崇拜。

三、地神類崇拜意識和祭祀

地神類的崇拜對象包含土和方。土意指土地，方謂指方向、空間。朱鳳瀚認為「土」和「方」作為土地神，在神性和類屬一致，祭祀土亦同祭方，土帶有方向義。〔註268〕而葉文憲〈商人的方土觀及其演變〉一文言：

> 武丁、祖庚、祖甲時期商人對於方和土的觀念明顯有別的，故有求
> 東南西北四土受年，但不見求東南西北四方受年的卜辭……至廩
> 辛、康丁、武乙、文丁時期這兩個不同的概念開始被混淆，因此出

〔註266〕曹錦炎：〈甲骨文合文新釋〉，《古文字研究》第22輯（2000年），頁44。

〔註267〕黃天樹：《黃天樹古文字論集》，頁215。

〔註268〕朱鳳瀚：〈商人諸神之權能與其類型〉，頁68。

現了四方或五方受年的卜辭。〔註269〕

艾蘭以為：

> 「土」和「方」之間是有區別的。四土明顯是真實的領土，甲骨卜辭裡將其是否遇到豐年、或是乾旱連在一起。而「方」除遇到豐年外，沒有遇到乾旱。……土是位於殷商北面、南面、東面、西面的真實領土，它們向殷商繳納穀物。而方的初義原是指形而上的存在物，方可以與真實的領土（土）重合，但它一般用於神靈之鄉，是風神的住所。〔註270〕

筆者認為「土」和「方」有疊合過渡的形象，如「北土受年」、「西土受年」、「東土受年」、「南土受年」皆為武丁時期賓組卜辭，而在武丁晚期至祖庚祖甲早期之歷組有見「南方受年」、「東方受禾」「北方受禾」，是以「土」、「方」意義等同。卜問東西南北四方是否受禾，就是貞問東西南北四方的土地是否受禾。其有重合的傾向，但「方」在卜辭中除作為方國名外，另一為表達四方邊遠之地，另一則為空間概念，屬於空間崇拜。

　　以下分述土和方的崇拜意識，並佐以祭祀之例論之。在論述「土」的過程中，筆者藉此分疏卜辭中「土」的相關問題，如亳土、唐土、四土等。

（一）土崇拜意識和祭祀

　　「人依土而立」，土地是萬物的負載者，生存仰賴的野菜、果實等均由土地而成。「地，底也，其體底下載萬物也；土，吐也，土生萬物也。」〔註271〕土地蘊育出能餵養人類的食物。人類早期以捕獵、採集的經濟活動時，對於土地依賴性不大，進入原始農業後，人類從外界的獵取資源到親手種植作物，直接與土地發生關係，土壤的貧瘠好壞攸關收成，是以土地亦有神靈掌之，土地有靈，可控制作物生長，遂產生崇拜意識。原始的土地崇拜，土地神信仰即崇拜土地的繁殖力量，祈望賜予收成，祈求豐年。就發展的社會背景言，土地神是伴隨著農業發展而產生。殷代為農業經濟，對於土地依賴性增加，故有濃厚的土地神崇拜。

　　卜辭中的「土」，不單言土地，而又指稱「社」。「土」為「社」之本字，

〔註269〕葉文憲：〈商人的方土觀及其演變〉，《殷都學刊》1988年第4期，頁10～12。

〔註270〕〔英〕艾蘭：〈「亞」形與殷人的宇宙觀〉，《中國文化》第四期（1991年），頁34～35。

〔註271〕〔漢〕劉熙：《釋名》，卷1，頁10。

是祭祀場所，或是祭祀對象。凌純聲以「社爲神聖之地」〔註272〕，意味著一地的神聖之處，有神靈處之。古代祭社場所，銅山丘灣有殷人祭社的遺址，以四塊大石頭爲社主，保護祭祀對象，其考古遺跡符合文獻所言「殷人之禮，其社用石」〔註273〕之說。將「土」視爲「社」，《詩・玄鳥》「殷土茫茫」〔註274〕，《史記・三代世表》引作「殷社茫茫」〔註275〕；《詩・綿》：「迺立塚土」，毛傳：「塚土，大社也。」〔註276〕土即爲社。社爲祭祀土地神的場所。土之字形作「Ω」、「Ω̇」、「Δ」，象一積高之土塊，上有塵土之貌。依考古證據，上述字形作一石塊立於地上，亦無不通。石社形式爲社壇用石，或社主用石。Ω、Δ即符合石社意象，Ω̇ 象石上附有塵土，是以石爲社主。表示廣大土地中的具體祭祀物件，或確立祭祀場所，故「Ω」成爲土地神存在的象徵，即「土地廣博，不可遍敬，五穀眾多，不可一一祭也，故封土立社」〔註277〕，在土地設立祭祀據點作祭祀之用，謂爲社，土地神即社神。

　　殷人之土（社）有土、唐土、亳土、宅土、四土，祭祀以「土」爲多。沈建華提出「土」是中央之土，是商王所居之地；唐土、亳土則爲邦社，是爲國社。〔註278〕朱鳳瀚以《禮記・祭法》言王都內有兩種社：「王爲群姓立社，曰大社；王自爲立社，曰王社。」單言「土」者祭祀最盛，相當於王社；亳社、邦社相當於大社。

　　從卜辭來看，「土」之祭祀最多，筆者贊成其當爲「王社」，而「亳土」、「唐土」、「宅土」其祭祀數量不多，且集中在何組、無名組，則可能是某一時期的祭祀現象，是以國社、大社之說，筆者存疑。至於東西南北四土，是「王爲群姓立社」的大社，是商屬諸侯國。筆者贊成艾蘭所言四土「是眞實的領土」，其與中土（商都）形成五土，四土是殷王控轄範圍的疆域。卜辭記有卜問四土之事，可見殷王對四土之關心。言「令𠁥伐東土」，謂命令𠁥伐東土，是以東土與殷雖爲君臣關係但仍有衝突，且殷在戰爭時會聚集東土人以備作戰，如「令井東土人」。至於南土，「雀亡囚？南土囚。告事」，雀爲殷王

〔註272〕凌純聲：〈中國古代社之源流〉，《中央研究院民族所集刊》17集（1964年），頁5。
〔註273〕《淮南子》，卷11，頁7。
〔註274〕《毛詩正義》，頁793下。
〔註275〕《史記》上，頁225下。
〔註276〕《毛詩正義》，頁549下。
〔註277〕《白虎通義》，頁65。
〔註278〕沈建華：〈由卜辭看古代社祭之範圍及起源〉，頁73～74。

南土都邑的掌管者，卜問「雀亡囚」，驗辭為「南土囚」，故有告事之舉。西土則有「舌方弗罙西土」、「☐罙伐西土」之辭，「罙」為「探」之本字，有襲擊義，是以卜問舌方不會襲擊西土嗎？北土見：「☐方出从北土，弗災北土？」謂某方會攻擊北土嗎？是以殷王卜問四土皆和戰事相關，其安危或許會威脅到殷都，故卜問之。〔註279〕

從殷代之土（社）來看，殷王所屬之地皆有「社」立，「社」是一個人類群體生活的居住地。形成群體生活後，為了保護在此居住的人民，而在環境中立「社」，祭祀當地的土地之神。甲骨卜辭中，「土」（社）當為「王社」，即殷都所在地的土地神，以保護殷都的環境範圍。

殷人祭土（社），其作崇之事不見，對之祈求有「求雨」、「寧風」、「秦年」等，甚至天象之異常也會向土地神報告：

（1）王求雨于土？　　　　　　　　　　　《合》32301

（2）丙辰卜：于土寧風？　　　　　　　　《合》32301

（3）己未卜：寧雨于土？　　　　　　　　《合》34088

（4）☐午卜：方帝，三豕又犬，卯于土，窜，秦雨？三月。

　　　　　　　　　　　　　　　　　　　　《合》12855

（5）癸巳卜：禦于土？　　　　　　　　　《合》32102

（6）辛酉〔卜〕，☐〔貞〕：☐禦水于土，窜？《合》14407

（7）月有戠，其侑土，尞大牢？茲用。　　《屯》726

殷人不對土地神「秦年」，而「求雨」僅三條，是以土不是秦年、求雨的主要對象。但是土可以寧風、寧雨、禦土、禦水等拔除不祥的自然災害，其和周代「禜」祭「攘風雨、雪霜、水旱、癘疫於日月星辰山川也」〔註280〕的意義等同，清人金鶚有言：

> 禜祭亦及社稷。〈大祝〉職曰：國有大故天災，彌祀社稷禱詞。鄭注：
> 天災，疫癘水旱也，是禜及社稷矣。……。〈祭法〉曰：雩禜，祭水
> 旱也。天子雩禜日月星辰以及社稷山川。〔註281〕

〔註279〕卜辭材料來源：《合》7048、《合》7308、《合》20576 正、《合》6537、《合》7802、《合》33050。

〔註280〕《說文》：「禜，設綿蕝為營，以禳風雨、雪霜、水旱、癘疫於日月星辰山川也。」

〔註281〕〔清〕金鶚：《求古錄禮說》（濟南：山東友誼書社，1992 年），卷 9〈禜祭考〉，

周代禜祭以攘除水旱之災爲主，於卜辭「寧風」、「寧雨」之事互相對應，其寧風雨求之於土，加上有貞問「東西南北」四土是否受年，則殷代土地神帶有後世「社」和「稷」之形象。謂「封土立社，示有土也；稷，五穀之長，故立稷而祭之。」〔註282〕社爲土地之神，稷爲土地上之五穀之神，各司其職，在殷代則由「土」表示社和稷。〔註283〕然而，「土」在殷代爲社稷之神，當爲祈求年成的神祇，理應有大量的秦年之辭，發揮作爲土地神和稷神的作用。可是在卜辭中對「土」的祭祀目的，卻不以年成爲主，而是在攘除災禍這個方面。從這個角度看，土地神之於殷人是一個消除災禍的神祇。

再者，其餘祭祀土地神之儀式：

（8）貞：尞于土，三小牢卯一牛沉十牛？　　《合》779 正

（9）尞酻于土？　　　　　　　　　　　　《合》34188

（10）癸亥卜：有土，尞羌一小牢宜？　　　《合》32120

以燎、酻二祭祭祀土地神。其用牲之法有「沉十牛」，王社離河不遠，殷都附近水域有洹水、漳水、黃河等，其中洹水流經殷都，則沉祭可行。犧牲有羌人作爲人牲，可能源於原始獵頭祭穀的農業祭祀。〔註284〕祭土雖不明言「秦年」，但基於土地生殖作用實有祈年冀望。詹鄞鑫提出：「商代的『土』神已經脫離了土地自然屬性的原始崇拜性質，而成爲民族和國家的保護神。」〔註285〕筆者認爲殷人祭土（社）雖有超出其土地的自然性，然仍保有原始土地崇拜的性質存在，如「秦年」就是基於原始的土地崇拜。此外，「土」無作祟能力，故殷人「土神」有保護神作用是該地的守護者。

（二）方神的崇拜意識和祭祀

甲文「方」，其本義或爲刀柄、或爲以刀分物、或爲象耒之形制〔註286〕，

　　　　頁 387～389。

〔註282〕《白虎通義》，頁 65。

〔註283〕詹鄞鑫認爲卜辭未發現稷神或其他穀物神，以《左傳》所謂「周棄亦爲稷，自商以來祀之」的說法是靠不住的。見詹鄞鑫：《神靈與祭祀——中國傳統宗教綜論》，頁 62。筆者以爲不然，殷代的「土」實包含社和稷之形象。

〔註284〕鄭若葵：《中國遠古暨三代習俗史》（北京：人民出版社，1994 年），頁 217～218。

〔註285〕詹鄞鑫：《神靈與祭祀——中國傳統宗教綜論》，頁 62。

〔註286〕朱芳圃認爲：「方當爲枋若柄之初文，從刀、一指握持之處（變形作Ｈ），與刃從刀，指刀鑒相同。」詳見朱芳圃：《殷周文字釋叢》（臺北：臺灣學生書局，1972 年），卷下，頁 159。何琳儀以爲「方」字「施一橫於刀身，表示以

在甲文中已假借作方位之「方」，表示方向、區域之意，如四方、方、東方、北方、南方；或作方國，如土方、馬方、龍方等，等同於邦、部族。

　　殷人的方位崇拜，可從兩個角度論述：一爲空間崇拜，二爲氣象觀察所產生的方神崇拜。認爲「方」是風雨所來之處，故「方」有神靈控制氣候狀態。

1. 空間崇拜

　　殷人崇拜「方」，指示空間方向的「方」，其崇拜因素可從空間之認識說起。古人對於空間、方位的認識源自爲何，《淮南子・齊俗》說：「古者民童蒙，不知東西。」〔註287〕處於心智狀態尙蒙昧的先民，對於辨別空間方位是很朦朧地。劉文英提出各種方向、方位區分，是在生活實踐中對於物體位置的分別而產生。〔註288〕而最初空間概念的發生，是由自己爲中心，產生出左右、前後、上下。甲文中的左（𠂇）右（𠂇）、上（二）下（二），左右造字以身體的左右手爲象；上下則以一橫線作爲基底，上下各有一短橫指示位置。甘露在其〈甲骨方位詞研究〉中說：「甲骨文方位詞『東西南北中』、『上中下』、『左中右』自成一套。」〔註289〕先民是以自我爲中心來確定方位。「東西南北」如何判定，王振鐸認爲：

> （東西南北）其起源可能並非同時，太陽於人之關係深矣，東西二向可能發生爲早。漢許愼解「東」、「西」云「日在木中爲東，鳥棲巢曰西」，南北的觀念，或由寒暑冬夏，陰陽向背而發。〔註290〕

李零則指出古代有依日照而決定方向（背陰向陽），即上南下北，也有依斗極和斗旋順序而決定方向，即上北下南的情況。〔註291〕蕭良瓊認爲東西南北是

刀分物，指事。」見何琳儀：《戰國古文字典：戰國文字聲系（上）》（北京：中華書局，1998 年），頁 713。徐中舒提出此說。認爲「上短橫象柄首橫木，下長橫即足所蹈履處，旁兩短劃或即飾文。」詳見徐中舒：《甲骨文字典》，頁 953～954。

〔註287〕《淮南子》，卷 11，頁 1。

〔註288〕生活實踐而產生的時間與空間概念，例如碰到果子成熟的時間和果樹存在的方位問題。或是捕獵野獸，也要對野獸出沒的時間和區域進行掌握，如此才能順利捕獲。詳見劉文英：《中國古代的時空觀念（修訂本）》（天津：南開大學出版社，2000 年），頁 2。

〔註289〕甘露：〈甲骨文方位詞研究〉，《殷都學刊》第 74 卷第 4 期（1999 年），頁 1。

〔註290〕王振鐸：〈司南指南針與羅盤經－中國古代有關靜磁學知識之發現與發明（上）〉，《考古學報》第 3 冊（1948 年），頁 207。

〔註291〕李零：〈楚帛書與「式圖」〉，《江漢考古》1991 年第 1 期，頁 61。

經過確定「中」而得，其言：

> 中是最古老的一種天文儀器，是人們最初用以人主觀認識去瞭解天
> 體運行的客觀變化。「中」的所在地是人們去認識變化的出發點，也
> 就是人本身所在的空間。地球上任何一點都可以是中心，但東、南、
> 西、北方向順序卻不能變，那是依太陽視運動的投影決定。〔註292〕

方位是藉由觀察太陽出入、照射與星象而來的，並由「立中」確定中間方位，
後確立東西南北四方。江林昌提出方位出現順序是：先東西，後南北，是比
較原始的方位觀念，而辨別東西二方的因素，即是太陽升落的位置。〔註293〕
對太陽觀察，和太陽在生活的作用，延伸出對東、西、南、北方位的崇拜意
識。再者，殷人祭方位，是出於空間幅員廣大之感所產生的畏懼因素，人處
於大地之中，對於未知、看不見、遙遠等不可窮盡的事物，懷有尊敬和恐懼
的交織情感，藉殷卜辭之記載，「方」不爲作祟對象，但從祭日延伸出的祭方，
則展現殷人的方位崇拜，是爲「方望」之祭。

　　殷人祭方位空間，爲東、西、南、北四方，先從祭祀數量來看〔註294〕：

祭祀對象	東	西	南	北
數量	14	12	4	3

祭祀東方最多有 14 條，西方其次 12 條，南方 4 條、北方 3 條。其數量顯示
了祭方和祭日的密切關係。東西二方爲日出和日落之處，受殷人重視。此外，
東西二方的祭祀，犧牲數量較多，南北二方的犧牲數量較少，試以燎祭和帝
祭舉之：

　　（1）尞東，黃薦？　　　　　　　　　　　　　《合》5658

　　（2）尞于東，三豕三羊囷犬卯黃牛？　　　　　《合》14314

　　（3）殼貞：尞于東，五犬五羊五▨？　　　　　《合》14316

　　（4）貞：尞東、西、南，卯黃牛？
　　　　　尞于東西，又伐卯毃、黃牛？　　　　　《合》14315 正

〔註292〕蕭良瓊：〈卜辭中的「立中」與商代的圭表測影〉，原載《科技史文集》第10
　　　　輯（1983年），收入《甲骨文獻集成》第32冊，頁381。
〔註293〕江林昌：〈甲骨文四方風與古代宇宙觀〉，《殷都學刊》1997年第3期，頁21
　　　　～22。
〔註294〕數量統記以賓組爲範圍，見附錄五，頁213。

（5）尞于西，牛？　　　　　　　　　　　　　　《合》14329 正

（6）尞于西，☒一犬一豰，尞四豕四羊豰二，卯十牛豰一？

　　　　　　　　　　　　　　　　　　　　　　《英》1250 正

（7）尞于西，弗保？　　　　　　　　　　　　　《英》339

（8）尞于南？　　　　　　　　　　　　　　　　《合》15991

（9）貞：尞于北？　　　　　　　　　　　　　　《合》14334

從燎祭來看，其犧牲有：黃薦、豕、羊、犬、牛、豰、黃牛。祭東方、西方之辭，備有犧牲，祭東方有至五犬五羊，西則有到十牛。辭例 6 的祭牲數量有二十三隻，是祭祀方位犧牲最多的一條卜辭。而祭南北二方則相對於簡單，不帶有祭牲。此外，以帝祭祭方之辭有：

（10）貞：帝于東，埋☒豕，尞三牢，卯黃牛？

　　　　　　　　　　　　　　　　　　　　　　《合》14313

（11）戊寅卜：九犬，帝于西？二月。　　　　　《合》21089

（12）帝于南，犬？　　　　　　　　　　　　　　《合》14323

（13）帝于北，二犬卯☒？　　　　　　　　　　　《合》14332

從帝祭來看，祭西有九犬之多。祭牲數量仍以東西二方爲多，南北之祭較簡單。從祭祀東、西、南、北四方的卜辭數量對照所備之犧牲，可見殷人對東西二方的重視，也間接表示方位崇拜和日神崇拜的關聯。至於殷人對東西二方的態度，高江濤提出「燎于西，弗保」是殷人對西方存有疑異。〔註295〕然而，殷人對西方跟東方的態度相差無幾，從辭例 4 來看，「燎東、西、南」、「燎東、西」是殷人方位選擇，釋爲燎於東，還是燎於西，亦或是南。「燎于東西」是「于東于西」的簡省，亦是卜問要於東、西哪一方舉行燎祭。〔註296〕對東西方位之好惡雖有差異，然並不明顯。〔註297〕

〔註295〕高江濤：〈殷人四方尊位探討〉，《2004 年安陽殷商文明國際學術研討會》，頁332。

〔註296〕黃天樹以「東西」是兩個截然不同的方向，據「☐于東于西」（《合》8732）看，「于東西」的「東西」是「于東于西」之省。參黃天樹：〈說殷墟甲骨文中的方位詞〉，《2004 年安陽殷商文明國際學術研討會》，頁 121。

〔註297〕楊錫璋從殷人都城、宮殿方向的考察，認爲其方向皆爲北偏東，是「殷人對於東北方位或稍偏東方的方位特別重視」。見楊錫璋：〈殷人尊東北方位〉，收錄於《慶祝蘇秉琦考古五十年》，頁 305～314。高江濤審視相關材料，北偏東是殷人依太陽的南北相對位置（太陽緯度）建城邑和採光防潮的自然需要

再者，祭祀東、西、南、北之祭祀還有褫、酌、侑，如：「褫于東？褫于西北？褫于南？」「丙寅卜：西酌不？」「☑侑于西，十牛？」。〔註298〕

從祭祀東、西、南、北四方空間的卜辭來看，沒有作禍於人之事。其祭祀心態為四方方位有助人世生活。對空間的敬畏之情產生了空間的崇拜，此敬畏之情一來自對太陽的崇拜，另外則源自人對大自然的認識和相處的過程。從朦朧無知到辨別四方，人的實踐活動和觀察天體星象所制定的東、西、南、北四個方位，影響著人世，且人類配合太陽日出而作，日落而息，故東西二方為祭祀重點。

2. 方神崇拜

方神崇拜亦是空間崇拜之一，與上述所論的空間崇拜有所不同。東西南北四個空間在殷人心中無作祟之事，但殷人賦予方神其所掌管的事物以「氣象」和「農業」為主，認為東西南北四方皆有神靈。方為雨風雲虹發生之處，卜辭如：「其自西來雨？其自東來雨？其自北來雨？其自南來雨？」「昃雨自東？」「大采雨自北？」「大風自西？」「各雲自東？」「有出虹自北。」等等〔註299〕，皆表示雨風雲之氣象來自於四方，四方握有控制天氣的能力，誠如于省吾言：

> 殷代農業，已成為主要生產。殷人求雨，是為了年收。風雲雷虹，
> 都和雨水有密切關係。風吹則與雨來，有雲乃雨降，雷為雨的先聲，
> 虹見則止雨。……風雲雷虹雨水之來，則恒自四方。〔註300〕

以上所列卜辭，卜問雨從何處來，風、雲、雷也都關心其發生的方位。說明殷人認為氣象現象是來自四方，四方有神靈控制風雲雷雨的到來，故加以崇拜。卜辭的方、四方，殷人對其有奉年、求雨、寧風、寧雨、寧歔、寧疾的祈求：

（1）其奉年于方，受年？　　　　　　　　《合》28244

（2）方帝，三豕又犬，卯于土，牢，奉雨？　《合》12855

所致，而這個現象是殷人對太陽重視的反應，也表示了對東方的重視。詳見高江濤：〈殷人四方尊位探討〉，《2004年安陽殷商文明國際學術研討會》，頁327～333。
〔註298〕辭例來源：《合》14395、《屯》4414、《英》86。
〔註299〕辭例來源：《合》12870、《合》20966、《合》20960、《合》21021、《合》10405反、《合》10406反。
〔註300〕胡厚宣：〈釋殷代求年于四方和四方風的祭祀〉，頁282。

（3）桒雨于東方？　　　　　　　　　《合》30173

（4）☑侑于方，有大雨？　　　　　　《合》30395

（5）其寧風于方，有雨？　　　　　　《合》30260

（6）其寧雨于方？　　　　　　　　　《合》32992 正

（7）方帝，寧飲？　　　　　　　　　《合》14370 丙

（8）寧疾於四方，三羌又九犬？　　　《屯》1059

辭例 3 明言向東方求雨，東方有降雨的能力。前已論及方和土的概念重合，殷人對「方」有祈求年成、祈雨、並且可止息風、雨，平息鳥災對農田傷害，甚至「寧疾」，疾可能是指農田災害或是天氣異常之災，與「土」能拔除不祥的自然災害的意義相同，加上辭例 2 方、土同祭，《詩‧甫田》云：「以社以方。」毛傳：「社，后土也。方，迎四方氣於郊也。」〔註301〕可證方神崇拜兼有土神崇拜的意味。

　　另外，祭方之辭有「方帝」：

（9）貞：方帝，一羌二犬卯一牛？　　《合》418 正

（10）甲寅卜：其帝方，一羌一牛九犬？　《合》32112

（11）方帝？

　　　勿方帝？　　　　　　　　　　《合》456 反

（12）☑尞于土，方帝？　　　　　　《合》14306

胡厚宣認為「方帝」之「方」即四方，「方帝」猶言「帝方」，就是帝祭四方之意。〔註302〕島邦男言：

　　　「方帝」也被記作「帝方」……所以「方帝」就是「帝祀于方」，也
　　　就是它辭所載「貞：帝於東方」、「貞：帝於南方」的意思。……由
　　　於帝祀行於四方及他方，所以稱作「方帝」。〔註303〕

胡厚宣和島邦男皆以「方」為名詞，「帝方」就是帝四方。陳夢家將「方」釋為動詞，是各以其方向祭祀四方之帝。〔註304〕沈培從語法分析著手：

　　　一般的「神名＋祭祀動詞」句的否定形式是「神名＋勿＋祭祀動詞」，
　　　但方帝的否定句卻是「勿方帝」。……「方帝」之辭的「方」是動詞，

〔註301〕《毛詩正義》，頁 468 下。

〔註302〕胡厚宣：〈釋殷代求年於四方和四方風的祭祀〉，頁 284。

〔註303〕〔日〕島邦男：《殷墟卜辭研究》，頁 200。

〔註304〕陳夢家：《綜述》，頁 578。

「方帝」可能就是「按『方』的方式進行帝祭」的意思（這樣祭祀
實際上就是對各方進行祭祀）。〔註305〕

魏慈德補充沈培的說法，其言：

（按沈氏）「方帝」是按方的方式舉行帝祭，採這種解釋可以解決「方
於大乙」（《合》1264）、「案年于丁」（《合》1962）兩個神名的疑惑。
此處的方當作動詞。……方當動詞指方的獨特祭祀方式。〔註306〕

將「方帝」的「方」當作動詞為佳，筆者同意「方帝」即沈培所說按「方」
的方式進行帝祭。「方的方式」可能就是陳氏「各以其方向祭祀四方」的說法，
故「方帝」是「各以其方向祭祀四方的帝祭」，釋為祭方之辭。此「祭方」不
是空間崇拜的方，前引「方帝案雨」和「方帝寧戠」二辭，加上辭例 11 土、
方並祭，可知「方」是與土神形象重合之方神，也因如此，「方」也可視為殷
代農業神。

再者，殷代的方神信仰，最特殊的是「四方神名」。在論述風神信仰時，
東南西北四風風名是以春夏秋冬四時氣候的性質命名，四方神名亦是。四方
名為：

東方曰析，南方曰因，西方曰彝，北方曰夗。〔註307〕

東方曰析，《說文》訓析為破木也，像春天草木破土而出之貌，為春之象；南
方曰因，因，就也，就，高也。因有長成、長高之意，像夏天草木長養之貌，
為夏之象；西方曰彝，彝者夷也，〈月令〉：「孟秋之月，律中夷則。」〔註308〕
《史記・律書》釋「夷則」言：「宜則，言陰氣之賊萬物也。」〔註309〕秋季秋
風肅殺，草木零落，加上「南風曰𣱶」是秋時收穫束薪之貌，符合秋之象；「北
方曰夗」，《說文》訓夗為屈草自覆，萬物潛伏覆蔽之象，東風冷冽，草木衰
微，是冬之象。四方配合四時，殷人已可感受四時變化，雖卜辭中僅有春秋
二季，然對於暖熱涼寒的氣候感受是觀察大自然所得的經驗，且符合農作的
生長周期，遂對四方神案年：

帝于北方曰夗風曰殳，案年？

帝于南方曰因風曰彭，案年？

〔註305〕沈培：《殷墟甲骨卜辭語序研究》，頁 72〜75。
〔註306〕魏慈德：《中國古代風神崇拜》，頁 83。
〔註307〕根據魏慈德所釋之釋文。見魏慈德：《中國古代風神崇拜》，頁 53〜65。
〔註308〕《禮記正義》，頁 323 上。
〔註309〕《史記》上，頁 429 上。

　　　　帝于東方曰析風曰劦，枈年？

　　　　帝于西方曰彝風曰韑，枈年？　　　　　　　　《合》14295

四方主宰氣候和農業之事，四方神名蘊含四時認識。四方神和四方風同祭，
顯示出方神和風神的密切關係。風名所代表的意思是方名的延伸，四方的空
間概念，將飄忽不定的風區分爲四類，除配合空間概念，最重要的是，殷人
在實際生活的體驗中有同樣的現象，如魏慈德言：

> 中國位居亞洲大陸的東南部，面臨太平洋，這種海陸分布，使冬、
> 夏兩季氣壓系統產生變化而形成季風，深深影響我國的氣候。……
> 商人的主要活動區域在北緯 30 度到 35 度之間，在華北近華中處，
> 冬季風向是西北偏北風，北方名「夗」，將方向和季節作連結，說明
> 北風來時一切作息將停止。……夏季華北華中區吹東南或南風，故
> 當南風吹時正是夏季來臨，南風曰髟，義爲「猋」、「飄」指夏季不
> 穩定所驟起的大風。……春季東南風時，氣溫改變，始農作生產，
> 故東風曰劦。……秋季風向轉爲西北，西風陣陣，氣溫逐漸下降，
> 故將西風名爲韑，有束薪、刈稻之象。〔註310〕

因爲黃河平原的氣候帶是季風形態，冬季吹北風，夏季吹南風，風向和風的
感受都不同，而殷人對風和方命名，配合四時之冷暖，是生活經驗的實踐過
程，是殷人認識自然氣候與農事消長的聯繫。對之枈年，除了有宗教性質上的
神靈崇拜外，更進一步延伸出天文學和曆象學的知識，〔註311〕而這些都是從
崇拜大自然物事中體會而來。

3. 巫神崇拜

　　殷人除以「方」表方神外，「巫」亦是方神之一，其辭例見：

　　　　（1）☑帝東巫？　　　　　　　　　　　　《合》5662

　　　　（2）巫帝，一犬一豕？　　　　　　　　　《合》21078

　　　　（3）癸巳卜：其帝于巫？　　　　　　　　《合》32012

　　　　（4）癸亥貞：今日小帝於巫，狂一犬？　　《合》34155

〔註310〕魏慈德：《中國古代風神崇拜》，頁 83～84。
〔註311〕李學勤：「不管析、因、彝、伏的解釋，其與四時是分不開的。古代人民正是
　　　　從農業生產需要出發，建立了當時的天文曆象之學，認識了四時和年歲，並
　　　　知道四方風的季候性質。」李學勤：〈商代的四風與四時〉，《中州學刊》1985
　　　　年第 5 期，頁 100。

（5）辛亥卜：小帝北巫？　　　　　　　　　　　《合》34157

（6）癸酉卜：巫寧風？　　　　　　　　　　　　《合》33077

（7）燎土延巫帝？　　　　　　　　　　　　　　《合》21075

巫字形作，陳夢家說：「象四方之形。」姚孝遂云：「巫爲殷人祭祀對象，
與風雨有關。」〔註312〕艾蘭以「」用作「四方」之「方」，巫是作爲「四方」
的含義來使用。〔註313〕馮時提出「巫」的造字意識在表達四方的極遠之地，「十」
字表示四方，在四個端點位置添加四個指示符號，「巫」就是東南西北四極。
〔註314〕根據陳夢家、艾蘭和馮時的觀點，「巫」和「方」意義相當。從文例看，
「帝于巫」同「帝于方」；「帝東巫」同「帝東（方）」，故「巫」爲殷人祭祀
對象，與「方」同義。辭例 4、5 稱「小帝」，是「小規模的帝祭」。〔註315〕
卜辭有東巫和北巫，雖不見「西巫」和「東南巫」，從「方」性質推之，巫應
有四方之稱。巫有寧風能力，和土、方權能相同，且辭例 7「燎土延巫帝」謂
「燎祭土後繼續帝祭巫」〔註316〕，可證土、方、巫三者神靈性質類似。

4. 東母、西母崇拜

東母和西母的性質，筆者認爲亦屬於自然神，辭例見有：

（1）燎于東母，九牛？　　　　　　　　　　　《合》14337 正

（2）燎于東母，黃〔牛〕？　　　　　　　　　《合》14342

（3）侑于東母西母，若？　　　　　　　　　　《合》14335

（4）□貞：侑于西母，匄犬、燎三羊、三豕，卯三牛？

　　　□于□東母　　　　　　　　　　　　　《合補》4110

陳夢家推測：「東母、西母大約是指日月之神。」〔註317〕宋鎮豪提出東母、西
母是主司生死之神，東方長生，西方主死。卜辭有「己巳卜，王貞：乎弜共

〔註312〕陳夢家和姚孝遂之説見《詁林》，第四冊，「巫」字條，頁 2909。

〔註313〕〔英〕艾蘭：〈「亞」形與殷人的宇宙觀〉，頁 32。

〔註314〕馮時：《中國古代的天文和人文》，頁 25。

〔註315〕周鳳五：〈説巫〉，《臺大中文學報》第 3 期（1989 年），頁 279。

〔註316〕「延」，在卜辭用作祭祀動詞或副詞，用作副詞有繼續、連綿之義，本辭之「延」
　　　　即爲副詞。見趙誠：〈甲骨文虛詞探索〉，《古文字研究》第 15 輯（1986 年），
　　　　頁 279。

〔註317〕陳夢家據《禮記・祭義》：「祭日於東，祭月於西。」《史記・封禪書》：「祭日
　　　　以牛，祭月以羊彘特。」以東母、西母爲日月之神。詳見陳夢家：《綜述》，
　　　　頁 574。

生於東」,「共生於東」猶言拜求生命於東方。於是祭祀東母西母,象徵生命與再生,祭之以保佑商族子孫之繁衍。〔註318〕宋氏之說可供參考,但略有缺失。殷墟卜辭中,祈求生育的對象多為先妣,與東方似乎沒什麼關係。如:「癸未貞:其秦生于高妣丙?」「辛巳貞:其秦生于妣庚,妣丙。牡牝?白犬?」「辛卯貞:其秦生于妣庚,妣丙。一牢?」〔註319〕可知求生之事以祈求於先妣為主。

筆者認為,「東母」和「西母」的屬性是女性神祇,為殷商自然神中明確提及「性別」的祭祀對象。「母」為女性,冠以「東」、「西」,究「東西」二方在方神崇拜中的意涵有二,「空間崇拜」和「氣象神崇拜」。從卜辭記載東西二母僅止於祭祀,不見對人世有特殊作用,應屬於「空間崇拜」的一種。加上辭例1言祭祀東母用「黃牛」,辭例4祭祀西母用「一犬、三羊、三豕」,祭牲和祭東方相同,應有關聯。再者,以「母」的性質看,「地母」帶有大地繁衍生殖的意思,從這一角度,「東母」和「西母」似有因農業需要而產生的氣象崇拜之意味。結合兩者的特性,推測「東母」和「西母」是帶有空間和氣象崇拜的雙重象徵。故其崇拜意識來自於方位,且「東西」二方和太陽出沒有關,又是日神崇拜延伸出的方神崇拜。

從上所論,殷人的方神崇拜現象較為複雜,神祇多樣,有「方神」、「巫神」、「東母」、「西母」,所司掌能力,不脫「農業」、「氣象」的考量。再者,從空間崇拜、方神崇拜兩個角度,知殷人對於「方」有兩種不同的詮釋。東、西、南、北的崇拜,其與人世關係較為疏離,所以不對其祈求,僅供給祭祀。而對於方、四方,則與「土」之意義相當,使得殷人有秦年、秦雨等自然氣候祈求,也有寧風雨、寧摧等破壞氣候之事的攘除。故「東南西北」和「方、四方」的崇拜是兩個不同的概念系統。方神崇拜中的「四方神名」是殷人對氣象變化的認識和觀察所得出之結論。在農業生產的需求下,對其祈求豐收,故在地祇類之方神崇拜意識,農業考量是最大的崇拜因素。

第四節 小 結

本章分別討論殷代的自然神信仰體系,藉由對帝、天神、地祇神三類的信仰意識和祭祀,探討殷人對自然界的崇拜的目的和心態。

〔註318〕宋鎮豪:《中國風俗通史——夏商卷》,頁641。
〔註319〕辭例來源:《合》34078、《合》34082、《屯》750。

從帝之釋義來看，花蒂說和燎柴說均有未盡之處。筆者提出因爲帝是殷人想像出來的宗教對象，其無實體，遂以綑綁的人偶形象來表示上帝，作爲信仰對象，且將「帝」引申爲一種祭祀活動，乃用火燎燒的祭祀儀式。而帝對人世之作用，於氣象狀態、年成、戰爭、商王福咎均有涉獵，影響人世甚深。然而，單就其能力而言，帝非至上神，沒有最厲害、最無所不能的權力。帝雖有帝廷掌管天象之事，但於祖先神則無隸屬關係，無統御能力，雖以帝是掌管氣象的最高權力神，但不是整個殷商神靈的至上神。再者，卜辭中無明確的祭帝之辭，但是筆者認爲作爲信仰對象勢必有相應之事神儀式，提出殷人有請神入世之禮，例如以鼓聲、犧牲、燎燒等等。

從崇拜意識來看，殷人所崇拜的天神對象，其性格善惡兼有，能給予人世好或壞的一面。殷人所關心的事情，與其生活形態息息相關。殷商的經濟生活爲農業爲主，而農業最需要的即是雨水，在灌漑的知識和技能尚未成熟的時候，殷人只能利用天所降下的雨來滿足農業所需，故卜辭多記有：「黍年，有正雨？」「穭年，有正雨？」乃卜問種植穀物是否有適當的雨水。殷人在觀察天象之時，發現日、星、風、雷、雪、虹皆和雨有共生的關係，遂基於生活上的需要和對其之依賴性而加以崇拜和信仰之。費爾巴哈論宗教之起源言：

> 依賴感是宗教的根源，其原始對象是自然界，是人所依賴而不能與之分離的東西。……是人覺知其與自然界或世界相聯繫共存的情感。〔註320〕

殷人崇拜天體，一方面畏懼祂們帶來的不安和危險，如大風、大雨、不雨，另一方面也依賴於祂們帶來的陽光、風雨、雷電等有助於人世之事。在畏懼和崇敬兩方面的心態下，故產生崇拜意識，並且祭祀。期望透過祭祀，來與天體的崇拜對象建立關係，達到溝通的作用。

此外，藉由觀察天體事物，進而有天文、氣象的知識存在。祭祀「出入日」，是殷人觀察太陽東升日落的現象，具有揆度方位的意義。而王於滴水觀測日出，觀察太陽情況，以制定時節，據此授時。在星辰崇拜方面，某顆星子的出現表示農業耕作之始，天體中的心宿二的亮度最高，出現和隱沒之時與農季時間相符，遂成爲殷人祭祀之對象，成爲重要的星子。

在雨神崇拜方面，因爲雨能爲害不爲害，透過長期觀測雨量、雨勢，是以殷人對雨的認識有大雨、小雨、延雨、從雨等等的區分，而不是一味的通

〔註320〕〔德〕費爾巴哈著，王太慶譯：《宗教的本質》，頁 1～3。

稱爲雨，是以在崇拜意識下對於天象的進一步認識，雖然透過占卜來詢問雨神是否降雨、是否不雨、是否會遇上大風……，其雖有迷信的成分，但也透露出殷人觀察氣象的程度。在依賴自然的同時，也從自然中得出一套氣象觀察的知識。從其祭祀目的可知，殷人祭天神多爲求雨之事，具有功利性的目的，其把天體諸神都和「雨」聯繫起來，是以表達求雨之渴望，是對於天象和雨之共生有一定認識才能具有的認知。在殷商以農業爲主的經濟形態，氣候之好壞影響農耕之條件，且殷都位於河北雨水不豐之處，農耕所需之水多來自天雨，故祈雨需求最多。

再者，以日食、月食、月戠、日戠、出虹等爲有禍，是以「象」具有表義功能，其徵象預示福禍，在「天人感應」的思維下，成爲吉凶之前兆。然而此類前兆，在卜辭所表現的觀念中並無人事附會的抽象感應，僅是對於生活有實際影響的作用。

山神類崇拜意識，山除了供給生活資源外，山其興雲雨之能力，影響收成，降雨和農業結合起來，則有對諸山之祭祀。岳，其性質較爲特殊，是殷都境內最高的山，對於高山之崇仰而起尊敬之心，而且認爲岳與其他諸山不同，岳可以「告我」、「告雨」、「告禾」，直接傷害王，破壞降雨，損害稻禾，其權能較大，祈求之事，除了祈雨之外，更有祈年、祈禾對於良好收成的渴望。

河神類崇拜意識，「水」是人生命的開始與終結，是人不可或缺的資源，故聚落多傍水而建。然而，水能載舟亦能覆舟，殷墟附近的洹水、滴水和黃河，其洹水常氾濫，致使殷都陷入水患危機，故加以卜問和祭祀。滴水，則與殷王生活有密切聯繫，前往田獵地、去捕魚、遊憩泛舟，或是從外地入商都要經過洹水。而滴水還是一個迎接逆羌功臣、接受獻俘儀式的處所，對於殷都而言，是一條重要的河流。黃河，境內最大河，與境內最高山，「岳」一樣，神聖性最高，備受重視。河能「告王」、「告雲」、「告禾」，影響人世和氣象，已非一般諸水神的崇拜。

土神類崇拜意識，土地能養成人類所需的食物供給生存，原始的土地崇拜源於萬物有靈，認爲土地有神操控作物豐歉之事，進而影響人類生活。殷代土地類崇拜，土爲社，是在廣大土地中立一標誌而祭之。土不作祟於人，具有柔性性質，土地神能攘除自然災害，能祈年，能保佑人世，其形象爲具有善意的保護神。至於方，一爲空間崇拜，殷人對東西兩方祭祀次數較多，

配合考古遺址的方位，殷人視東方爲尊位。二爲方與土重疊形象的方神崇拜，方神亦不作祟於人世，和土地神一樣爲善意的保護神。至於，東母、西母是自然神中的女性神祇，具有空間崇拜和氣象崇拜的雙重特徵。此外，四方神名顯示殷人對四時暖熱涼寒的感受，符合農作穀物的周期，故能對其祈求年成。

從自然神的信仰來看，殷人的自然崇拜皆圍繞著農業，諸如降雨、寧災、祈年等等，是一個與經濟生活息息相關的宗教信仰意識。

第四章　殷商自然神信仰綜論

　　上一章論述自然神的崇拜和祭祀，所顯示出的文化現象，是以「農業」生活為考量的信仰意識，是以社會文化為基礎的宗教體系。本章將延續上一章的重點，第一節總結祭祀自然神之目的和自然神之權能。第二節為殷商自然神的祭祀特色，敘述祭祀儀式和神祇屬性的關聯。第三節是殷商自然神的相關綜合討論，重點有三：1.透過諸神權能之比較，得知自然神祇的宗教地位。2.經由祭祀和崇拜範圍的差異，敘說崇拜對象不等於祭祀對象的原因。3.藉自然神祇的互屬關係，呈現殷商自然神祇的階級高低，以建構殷人的神靈世界。

第一節　殷商自然神的祭祀目的

　　祭祀自然神的目的為何，從殷人賦予自然神的權能，可以得知其祭祀目的。權能，是諸神作祟與授人間以福佑的能力。〔註1〕神靈有異於人外的力量，可以預示災異或給予福禍，是一個渴望能平安生活的人們所依賴的對象。呂大吉提出：

> 從科學的角度看，神靈是人的創造，神性則是人的自然屬性和社會屬性的異化。人基於人本身的性格和特徵去創造神靈的存在，按照人自己支配和操控自然世界和人間生活的可能和需要，去設想神靈所擁有的權能。〔註2〕

神靈權能表示人世生活的需要，殷人對於自然神的需求是什麼，希望自然神

〔註1〕朱鳳瀚：〈商人諸神權能與其類型〉，頁57。
〔註2〕呂大吉主編：《宗教學綱要》，頁66。

能幫助他們什麼。祭祀都有其目的性，杜普瑞（Louis Dupre）提出祭祀主要目的是更換一個不同的存在領域。〔註3〕「不同的存在領域」就是人們冀望祭祀活動能達成某種目的。《禮記・郊特牲》言：「祭有祈焉，有報焉，有由辟焉。」〔註4〕祈指祈福，報指酬報，由辟指消弭災禍，都具特定目的。朱存明說：「與神交感，是趨吉避凶與安身立命的生活模式。」〔註5〕鄭志明認爲祭祀以通神，是保障個體生命，乃人們的「求優」行爲。〔註6〕故爲避免生存受威脅，並追求更好的生存環境，信仰的神靈就擁有生活所冀望的，而權能其實就反映了祭祀的目的。

在自然神中，擁有權能者包含：帝、帝臣（帝五丰臣、帝丰、帝五臣）、河、水（洹水、滴水等）、山（山、二山等）、岳、土、方、巫九位。作用的範圍遍及天象、年成、戰爭、城邑、商王等。從崇拜意識和祭祀一章節來看，殷人對自然神的祈求，集中在求雨、保佑年成、禳災這三個方面，且擁有這三者的權能對象亦最多。見下表：

分類	對象 權能	帝	帝臣	河	水	山	岳	土	方	巫
天象權能	1.寧雨							O	O	
	2.寧風							O	O	O
	3.求雨	O	O	O	O	O	O			
	4.告天災			O					O	
年成權能	1.秦年/禾			O	O	O	O		O	
	2.受年	O		O						
	3.禦年			O				O		
	4.寧飮								O	
	5.寧疾								O	
	6.寧秋		O							
	7.告秋			O						

〔註3〕〔美〕杜普瑞著，傅佩榮譯：《人的宗教向度》（臺北：幼獅文化出版，1988年），頁180。
〔註4〕《禮記正義》，頁508下。
〔註5〕朱存明：《靈感思維與原始文化》，頁320。
〔註6〕鄭志明：《傳統宗教的文化詮釋：天地人鬼神五位一體》，頁79。

將上列權能區分爲兩類：一是祈福，二是禳災。祈告：求雨對象有帝、帝臣、河、水、山、岳、土、方，幾乎涵蓋所有自然神；求年對象有：帝、河、水、山、岳、土、方。禳災：有禳天象之災，如日戠、月戠，有禳年成之災，如蝗蟲、鳥害等。

在祈福、禳災這兩個祭祀目的之外，其實還有對自然神禮敬的祭祀心態在內，所表現的就是不帶原因卻有祭祀目的的祭祀儀式，此可窺看殷人祀神的目的。以下就三方面來談祭祀自然神的目的：祭以祈福、祭以禳災、祭以禮敬。

一、祭以祈福

「祈福」，是對自然神祇進行祭祀以獲保佑。殷人對自然神之祈求，集中在求雨和祈年。祈福，卜辭可見其義的有：秦和求。秦（秦），郭沫若以金文秦字相同，于爵「佳王初秦於咸周」、杜伯盨「用秦壽匄永命」證之爲祈祀之義。姚孝遂、蕭丁亦以「秦」爲祈求之義，用於秦雨、秦年、秦禾之事，亦可當作祭祀名稱。〔註7〕孟蓬生〈釋秦〉一文，將「秦」當讀爲「求」，卜辭秦雨、秦年、秦禾可讀作求求雨、求年、求禾。是以「秦」有求福之義。〔註8〕求（秦）〔註9〕，在卜辭中常與「得」互相呼應，如「求雨我得？求雨我弗其得？」「令罍以在它求黃，得？令步求黃，得？」是以「求」具「得」意，有求取、需求的意味。

殷卜辭中，對自然神最多的祈求事項是「雨」和「年」。

求雨之辭，見有：「秦侑于帝五臣，有大雨？」「其秦雨于山？」「求雨匄于河？十三月。」「于岳求雨娥？」等等。〔註10〕「求雨匄」之辭，匄有乞求和給予二義，其義爲「祈求鬼神賜給雨水之義」。「求雨娥」，裘錫圭認爲「我」或作「娥」，娥在此卜辭不是表示你我他的「我」，應該讀爲「宜」。古代「宜」和從「宜」聲的「誼」，跟「義」是通用字。〔註11〕「求雨宜」就是求雨水得宜的意思。

〔註7〕郭沫若、姚孝遂、蕭丁之說見《詁林》，第二冊，「秦」字條，頁1474～1477。
〔註8〕孟蓬生：〈釋秦〉，《古文字研究》25輯（2004年），頁267～272。
〔註9〕羅振玉釋求，爲「裘」之初文，謂獸皮而未製衣，有求得之義。裘錫圭認爲「求」爲「蛷」的初文，求索是其假借義。見裘錫圭：《古文字論集》，頁59～69。
〔註10〕辭例來源：《合》30298、《合》30137、《合》12863、《合》12864。
〔註11〕裘錫圭：《古文字論集》，頁61～65。

此外，不明言求雨，卻卜問是否有雨之辭：「岳先彭迺彭五云，有雨？」「其尞于雪，有大雨？」「其尞十山，雨？」「取河，有从雨？」「侑于方，有大雨？」等。求雨對象有帝五臣、五雲、河、岳、山、方等，此為殷人觀察天象所得的經驗法則。帝五臣為主掌氣象的神祇，雲能致雨，河可令雨，山之高聳水氣繚繞可興風雨，而四方則是雨所來之處，所以可對其求雨。

從求雨卜辭來看，殷人對河、岳、土等自然神的態度，跟帝不同。殷人可對前者求索，表達需要，並且期望祂們降下適當雨水，然而對於帝，則僅採取「令雨」之辭，雖同是表達求雨希望，但是其主動權仍在帝本身，在自然神面前，則有主動求雨的行為和祭祀儀式。

求年之需，卜辭有「帝受年」、「河受年」之辭。祈年之對象，有河、水、山、岳、土、方，幾乎能求雨的對象均納入祈年範圍裡，可見「年」和「雨」之緊密關聯。祈年之祭，均用「尞年」「尞禾」之辭，或單言「尞」，如：「尞年于岳茲有大雨？吉。」「于河尞年？」「尞禾于滴，有大雨？」至於「四方風神」也是尞年的對象，可知自然神祇與年成的關係，遂有求取年成豐收的現象。

由是可知，從求雨和求年的需求來看，自然神其實是主掌氣象和農業為主的神祇，跟其自然特性有關，故殷人在觀察自然界的時候，推測其和「雨」的關係，進一步至「雨」和「年」的依存，遂對自然神祈求以得福。

二、祭以禳災

「祭祀」是求優的行為，既有祈福之事，則必有禳災之祭。禳災，於古有禜祭。《說文》：「禜，設緜蕝為營，以禳風雨、雪霜、水旱、癘疫於日月星辰山川也。」〔註12〕《左傳・昭公元年》：「山川之神，則水旱癘疫之災，於是乎禜之；日月星辰之神，則雪霜風雨之不時，於是乎禜之。」〔註13〕皆是祭自然神以禳災，卜辭見於「寧」、「禦」、「告」三種祭祀的使用。

（一）寧風雨

寧，為止息、平復之祭。卜辭見：「寧風」、「寧風雨」、「于土寧風」、「寧雨于土」、「寧雨于方」、「巫寧風」等。〔註14〕風雨過大則致憂，則以寧祭平復風神、雨神，希望能不要再有風雨之災。而寧風雨的權能，以土、方、巫

〔註12〕「設緜蕝為營」，蕝是束縶之茅把，即以茅把圍成祭祀場地以備祭祀。
〔註13〕《春秋左傳正義》，頁706下。
〔註14〕辭例來源：《屯》2772、《合》32301、《合》34088、《合》32992正。

三位爲主。是以「土」本來有「拔除不祥」的「熒」祭之義，加上土、方、巫之性質類似，故可攘除風災、雨災。再者，寧農災之事，則有：「其寧秋于帝五臣？」「方帝，寧馺？」「寧疾于四方？」秋，可指秋天，或蝗蟲。寧秋即寧蝗蟲之災。「寧馺」、「寧疾」都是平息農業災害。「寧于四方」則是平息四方之災，可能是風災、雨災、農害等。故「寧」祭有拔除義，是祭以攘災。

（二）禦災害

禦，有攘除、拔除的意思。〔註15〕趙誠認爲：進行禦祭主要有三個原因：一是因商王有病而進行禦祭，二是爲某人乞求福佑，三是因爲年成和水而進行禦祭。〔註16〕殷人對自然神進行禦祭，則是因年成、雨水、農災而舉行。如「禦于河？」「禦于土？」「禦年？」。「禦于河」，河有呰雲、呰雨的能力，則「禦河」可能是指拔除「河神」權能，使之不能作祟於我；亦或是攘除「河流」本身之災禍，如大水、乾旱等事。「禦于土」，因「土神」無作祟於人之事，則禦土可視作拔除農事災殃，或是消除土壤的貧瘠現象。土地爲生長穀物所需的資源，肥沃與否影響收成，故有「禦土」之事。「禦年」則爲攘蝗災、旱災之事。

（三）告災禍

「告」，報告的意思，亦指報告鬼神的祭名，在傳世文獻爲「祮」。張玉金整理對鬼神的秉告內容有：祭祀、戰爭、命令、田獵、視察、旅行、疾病、凶咎、日象等七大類。其目的當爲驅利避害，得到神靈佑助。〔註17〕殷人祭自然神以告祭之事有「戰爭」、「日象」和「年成」，是以告不祥之事於神靈，希望藉此除災。

告祭自然神祇之卜辭有：「于河告方來？」「日有戠，告于河？」「𡆥貞：告秋于河？」。〔註18〕方，爲侵擾商領土的部落方國，卜辭有見「禦方」、「方來侵我」之辭，對商有不利之事，遂因方來之事告祭河，希望河能保佑商王

〔註15〕楊樹達說：「甲文用此字爲祭名者，往往有攘除災禍之義寓於其中。」陳夢家曰：「禦即禳除之禳。」裘錫圭曰：「禦是禳除災殃的一種祭祀。」夏含夷言：「禦之本義確實爲拔除不祥之祭。」許進雄曰：「此祭爲拔除不祥之祭。」見《詁林》，第一冊，「𥛅」字條，頁391～406。

〔註16〕趙誠：《甲骨文簡明辭典——卜辭分類讀本》（北京：中華書局，2009年），頁231～232。

〔註17〕張玉金：〈論殷商時代的祮祭〉，《中國文字》新30期（2005年），頁15～23。

〔註18〕辭例來源：《合》33052、《合》33699、《合》9267。

國。日有戠爲日之異象，爲災禍前兆，故告河以佑。「告秋」是告訴年成，或告有蝗災。

自然神祭以禳災，亦是基於農業考量，舉行寧、禦二祭，以保障收成。此外，告祭較爲特殊，雖是禳災，以攘戰爭、天象之災爲主要，且僅有「河」受告祭。從祭祀目的看是屬於「弭災祭」，乃攘除自然災害。

三、祭以禮敬

祭祀自然神除了祈福、禳災，並有「禮敬」態度蘊含在其中。如「賓」祭，其例有：「王窒日」、「王勿窒月」、「王窒風」。賓，是賓於鬼神，有禮敬之義。「賓」是王親自到祭祀場所去，可見殷王對祭祀的重視。對「日」、「月」、「風」舉行賓祭，「日」、「風」其在殷人的祭祀體系中，「日」有祭出日、入日之對日神舉行較有規模之祭祀；「風」則有四方風名得知殷人對四時冷暖的認識，遂有專名受殷人重視。至於「月」，祭月卜辭僅有兩條，且皆爲反面卜問，亦使用賓祭，則不得而知殷人態度爲何，有待後世卜辭出土以備驗證，暫且存疑。

祭祀鬼神，都爲追求更好的生活品質和生存環境，透過「祭以祈福」、「祭以禳災」、「祭以禮敬」，得知殷人對自然神的祭祀目的，不僅有功利性的需求，也有禮敬、報酬的義涵在內。雖然功利性質較強，但已經有另種事神態度，即純粹出於尊敬神祇而祭之。

第二節　殷商自然神的祭祀特色

祭祀，是溝通人神的方法和手段。《孝經‧士章疏》言：「祭者，際也，人神相接，故曰祭。」〔註19〕人通過「祭」而跟神靈接近，「祭」是人和神交流媒介。「祭」如何成爲人神的橋梁，以布留爾《原始思維》「互滲律」來說，人和神之間有共融特性，從人需要飲食而獻祭神，從人冀望得到好處而諂媚神，或以人和動物都有血代表生命，經過「血」則可通神。若以精神上來說，人們長期探索自然的過程中，自然現象與人類生命息息相關，彼此相互滲透和融合，外在儀式的表現形式，都是人神互滲觀念的體現和反映。〔註20〕除

〔註19〕〔唐〕唐玄宗御注，〔宋〕邢昺疏：《孝經注疏》（臺北：藝文印書館《十三經注疏》本，1955年），頁24下。

〔註20〕郭淑雲：《原始活態文化——薩滿教透視》（上海：上海人民出版社，2001年），

了人神互滲故可用「祭」相接，在祭祀儀式和神祇之間也應該有共融關係，如此才能透過祭祀來跟神溝通。在牲品方面，亦要跟神靈性質相符，才能使神受享。這種共融是具有象徵之意義，表示了祭祀的特殊意涵和特色。

　　以下就殷商自然神的祭祀特色，分成兩類：一是祭祀儀式的特色，二是祭祀犧牲的特色。藉此說明祭祀的象徵意義，說明祭祀如何成爲溝通人神的媒介。

一、祭祀儀式配合自然神性質

　　殷商的自然神信仰，其祭祀儀式據筆者整理，有三十八種，其中火祭、侑祭、酚祭所施用的自然神對象最多，大部分自然神都是這三個祭祀的受祭者，是爲特殊現象。此外，祭河的儀式，有所謂的沉、埋二祭，鮮少作用於其他神祇，是祭河的特殊現象，此象徵意涵極爲顯著。以下就以火祭、酚祭、侑祭、沉埋祭，探究祭祀儀式和自然神性質的共融現象。

（一）火祭

　　火祭，於古代祭禮有柴祭。《禮記・王制》言：「柴而望祀山川。」〔註21〕《爾雅・釋天》：「祭天曰燔柴。」〔註22〕以祭自然界爲主。其祭祀方法，依《書・舜典》：「歲二月東巡守，至於岱宗，柴。」馬融注：「柴，積柴加牲其上而燔之。」〔註23〕是以祭祀山神以「柴」火，乃是處理犧牲的方式。柴祭，又稱「槱燎」，《說文》：「槱，積木燎之也。《周禮》：『以槱燎祠司中司命』槱，柴祭天神。」〔註24〕祭祀天神多用和火煙、焚燒相關的祭祀儀式，藉此升煙報告天帝、自然神祇。

　　「火祭」一詞，王輝〈殷人火祭說〉認爲卜辭中燎、帝、取皆爲火祭。〔註25〕除此之外，透過爬梳殷商自然神的祭祀，得「烖」、「叔」、「夌」亦是火祭，是焚燒柴木以祭，或用火燔燒犧牲以祭。殷代盛行火祭，是火之於人們生活有密切關係。從原始祭祀來看，《禮記・禮運》：「夫禮之初，始諸飲食。其燔黍捭豚，污尊而抔飲，蕢桴而土鼓，猶若可以致其敬於鬼神。」

頁 13。
〔註21〕《禮記正義》，頁 226 上。
〔註22〕《爾雅注疏》，頁 99 下。
〔註23〕《尚書正義》，頁 38 上。
〔註24〕《説文解字注》，頁 272。
〔註25〕王輝〈殷人火祭說〉，頁 403。

〔註 26〕「燔黍捭豚」即是用火焚燒黍稷、用手撕裂豚肉，即可獻神。又焚燒牲畜以祭鬼神，或以焚燒柴木祭鬼神，於文獻有徵：《周禮・大宗伯》：「以禋祀祀昊天上帝，以實柴祀日月星辰，以燎祀司中、司命。」〔註 27〕皆以火祭祭自然神靈。

為何以「火」來祭祀，是以自然神祇居於天上、四方，焚燒產生的「煙」來跟鬼神交流。火祭，是較為原始的祭祀方式，亦是配合自然神的特性，如燎祭風、雨、雲、方等，居於天上、遠方，故以禋祀溝通；燎祭山、岳、河、土等，亦是出自居於遠處、或其自然性質，故以燎祭祭之。卜辭之火祭，以燎祭為例，陳夢家〈古文字中之商周祭祀〉一文分析燎祭，提出：「卜辭燎祭皆用於天帝及一切有勢力的自然權力，凡昊天上帝日月星辰皆以燎祀祀之，故燎祭者上古之自然崇拜也。」〔註 28〕焦智勤〈卜辭燎祭的演變〉提出第一期卜辭使用燎祭頻繁，漸而至第五期衰微。〔註 29〕第五期祭祀卜辭五祀祭祀近祖的規律性，導致燎祭甚少使用。能看出燎祭為原始自然崇拜的祭祀儀式，故在殷人自然信仰中，燎祭為使用大宗。

再者，帝祭，與燎祭同為火祭，其論「帝之釋義」有言「燎是積木，帝是束薪」，兩者處理木柴的方式不同。董蓮池提出：「帝祭方神之目的在於祈求祀方神給予福佑，以保四方安定。」〔註 30〕以帝祭祭四方風神以祈年，是希望保佑年成。不過，詹鄞鑫持有不同意見，提出「帝」和「寧」的祭禮目的相似，寧祭目的有「寧風」、「寧雨」、「寧秋」、「寧馘」等；帝祭目的有「帝風」、「帝秋」等，又帝祭以求年，是止災害的祭禮。〔註 31〕董氏和詹氏的論點截然相反，詹氏說法有一處可商。帝祭對象有用於先祖、先臣，如「帝於王亥」、「帝下乙」、「帝黃奭」，其不在攘除自然災害的範圍之內。然在祭自然神時，卻與寧祭重複，筆者認為，「帝」祭目的，具有祈福和攘災的雙重特性，不能定於一處，用火祭祭祀四方神、風、河等，亦是出自原始的祭祀儀式。

取祭，于省吾提出甲文「取」字讀為「冣」而通作櫼，是燔柴之祭。〔註 32〕

〔註 26〕《禮記正義》，頁 416 上。

〔註 27〕《周禮注疏》，頁 270。

〔註 28〕陳夢家：〈古文字中之商周祭祀〉，《燕京學報》第 19 期（1936 年），頁 114。

〔註 29〕焦智勤：〈卜辭燎祭的演變〉，《殷都學刊》2001 年第 1 期，頁 28。

〔註 30〕董蓮池：〈殷周禘祭探真〉，《人文雜誌》1994 年第 5 期，頁 76。

〔註 31〕詹鄞鑫：〈禘禮辨──兼論卜辭「帝」禮及「寧」禮〉，《中國文字研究》1999 年第 1 輯，頁 36～48。

〔註 32〕于省吾：《甲骨文字釋林》，頁 159～160。

以音考之，取、敊、櫨幽侯旁對轉，故甲文取祭可作櫨祭。雷漢卿認爲，取有聚義，當爲束柴，是積柴燎以祭天。〔註33〕至於敊、叔二祭，「敊」與柴燎等性質相似；叔，爲燎之異構，像用手取火束之形。此均隸屬於火祭。

祭自然神以火祭，透過「煙」這個媒介，讓「氣」達於空中，與自然神交流。煙氣，除了焚燒木柴而有禋，燎、敊兼有用牲之法，乃取犧牲置於火上燔燒，以此饗神。此乃以火祭祭神的特色，加上其煙氣可以上達，縹緲於四處，成爲殷人祭祀自然神祇施行對象最多的祭祀儀式。

（二）酻祭

酻，作「𨠑」、「𨠑」，舊釋爲酒〔註34〕，今之學者隸定作酻。孫海波：「酻，酒祭也。从酉从彡。」〔註35〕李孝定言：「酻，爲酒祭專名。从彡象酒滴沃地以祭。」〔註36〕陳佩芬根據金文的酒字均作酉，其言：「酒是酉的孳乳字，酻必定不是酒。也不是酒祭之酒的專用字。」〔註37〕陳氏駁斥李孝定釋「酻」爲酒祭專名，但肯定酻是酒沃地以祭。酻，筆者贊成李孝定的說法，是「酒滴沃地以祭」，朱鳳瀚亦以「酻字象徵酒液傾出之形」，並與周代文獻裸祭相似。〔註38〕酻當爲酒祭的一種形式，劉源視作獻酒的行爲。〔註39〕

若視「酻」類似周代裸祭，則酻祭同《禮記‧郊特牲》言：「灌用鬯臭鬱，合鬯臭陰達於淵泉。」〔註40〕是降神所用的裸禮。以香酒灌於地，藉此溝通人鬼，其目的是招徠祖先，但在周代不施行裸祭於自然神。〔註41〕雖無證據

〔註33〕雷漢卿：《《說文》示部字與神靈祭祀考》，頁175。此外，彭明瀚提出「取祭」對象均爲歷史上之聖賢先王，如唐、祖乙，以爲「取祭」是戰神祭祀。筆者認爲釋義過甚。見彭明瀚：〈卜辭取祭考〉，《殷都學刊》1995年第2期，頁9～10，頁28。

〔註34〕孫詒讓：「龜文雖借酉爲酒，又別有酒字。」；羅振玉：「从酉从彡，象酒由尊中挹出之狀，即許書酒字。」王襄：「契文酒字象尊形旁有點滴，爲溢出之酒。」見《詁林》，第三冊，「酻」字條，頁2702～2703。

〔註35〕孫海波：《甲骨文編》，頁27。

〔註36〕李孝定：《甲骨文字集釋》，頁4399。

〔註37〕陳佩芬：〈繁卣、趞鼎及梁其鐘銘文詮釋〉，《上海博物館集刊》總第2期（1982年），頁15～16。

〔註38〕朱鳳瀚：〈論酻祭〉，《古文字研究》第24輯（2004年），頁88。

〔註39〕劉源：《商周祭祖禮研究》，頁110。

〔註40〕《禮記正義》，頁507。

〔註41〕《周禮‧天官‧小宰》：「凡祭祀，裸將之事。」鄭注：「爲人道宗廟有裸，天地大神，至尊不裸，莫稱焉。」周聰俊以《周禮》中的裸禮施用於宗廟、賓客、冠禮、籍禮。見周聰俊：《裸禮考辨》（臺北：文史哲出版社，1994年），

說明卜辭「酓」祭同「祼」禮，然以酒澆地以獻神，亦是人鬼交流的方式之一。殷人祭祀自然神使用酓祭的對象有：日、雲、雪、岳、河、土、西方，透過獻酒的儀式，來跟居於天上、位於地表、處於四方的神祇溝通，性質與「火祭以煙氣」作為媒介類似，酓即透過「酒氣」來與神靈接觸，符合自然神原始性質，使用「氣」作為溝通橋樑。殷人酓祭祭自然神之例如下：

（1）寮酓于土？ 　　　　　　　　　　　　　《合》34188

（2）岳眔河酓，王受有佑？ 　　　　　　　　《合》30412

（3）☑酓寮於河，不苒雨？ 　　　　　　　　《合》12572

（4）叀岳先酓迺酓五云有雨？大吉。 　　　　《屯》651

（5）癸未貞：甲申，酓出入日，歲三牛？茲用。

　　　　　　　　　　　　　　　　　　　　　《屯》890

（6）雪眔門皆酓，有雨？ 　　　　　　　　　《英》2366

以上六條辭例，酓祭目的為商王受佑、下不下雨，桒求福佑或單純祭之。使用「酒」作為祭祀供品，《禮記·明堂位》「夏后氏尚明水，殷尚醴，周尚酒」〔註42〕，言夏后氏尚清水，殷人尚甜酒，周人尚清酒，以酒之質樸清濁來顯現人和神之間的距離，去古愈遠，則愈原始。卜辭酓祭，以酒氣饗神，且酓是祭祀過程中的一個項目，在祭祀儀式開始階段時進行〔註43〕，是降神方式，利用酒氣招致天地神靈以近就享。

（三）侑祭

侑，字形作「屮」、「礻」。「屮」為何字，無從定論。胡厚宣提出：「（屮）除有有又二義之外，在早期卜辭中為一普遍祭名，或假為侑之一字。」〔註44〕又言「又讀為侑，侑即勸，有勸望要求之義。」〔註45〕張玉金將「屮」、「又」

　　　頁40～46，頁63～84。

〔註42〕《禮記正義》，頁584上。

〔註43〕劉源認為　祭非祭祀的全部過程，而是祭祀過程中的一樣重要活動，與之同時進行的活動有：寮、帝、伐、登、歲、卯等，如「貞：翌丁未，酓寮于丁十小宰，卯十牝牛？八月。」（《合》39）；「貞：王咸酓登，勿賓翌日，田？」（《合》9522）此外，殷人於祭祀前會卜問是否先進行酓這個活動，例如：「☑卜，宁貞：侑報□高先酓？」（《合》14928）「貞：先酓宜？」（《合》15291）詳見劉源：《商周祭祖禮研究》，頁110～114。

〔註44〕胡厚宣：《甲骨學商史論叢初集（外一種）上》，頁283～284。

〔註45〕胡厚宣：〈釋殷代求年於四方和四方風的祭祀〉，頁277。

讀爲「醢」，以「醢」從「右」聲，而「又」即「右」字。「醢」作動詞時，義爲剁成肉醬。〔註46〕讀爲「醢」之義，陳佩君《甲骨文又字句研究》審思「侑」和「醢」關係，認爲「又與醢有聲音上的聯繫，讀『又』爲『醢』有成立的條件。然祭祀用語『又』不作名詞，不能訓爲『肉醬』，『剁成肉醬』則難從卜辭得到直接證據。」〔註47〕反駁了詹氏和張氏釋侑爲醢的說法。其說可從。

劉源釋「又」、「㞢」表示「抽象進獻意思」，「抽象」是指祭祀過程中很難與具體活動對應，或僅表示給祖先進獻祭品之意願。〔註48〕劉源之說以爲侑祭表心理意願，而無具體行爲。筆者認爲「進獻」帶有具體行爲，亦可表示心態上的抽象進獻。

在具體行爲上，「侑」表勸侑、進獻食物，以文獻徵之，《詩‧楚茨》：「侑，勸也。」〔註49〕《周禮‧膳夫》：「以樂侑食」，注：「侑，猶勸也。」〔註50〕《禮記‧玉藻》：「凡侑食，不盡食。」疏：「此明勸食於尊者之法。」〔註51〕侑爲勸食，且爲「尊者之法」。雖非獻神，但「事神如事人」，侑祭帶有進獻義。以祭品獻神，基於「人神同理」，對神供給祭品，希望神靈得以享食，以佑我。

再者，侑祭，既有進獻之義，爲積極討好神靈的態度，在事神心態上表現了殷人渴望與神祇溝通的意義。此外，侑祭在施行數量上也相當頻繁〔註52〕，亦展現尊神之意。此是從心理狀態來言說，雖表示抽象心態，可是訴諸於祭祀，則有相應行爲。然具體祭法在卜辭中看不出來。

侑祭在殷商自然神信仰，有見：「侑于岳，三羌三小牢卯三牛？」「侑河，伐牢、宜大牢？」「侑于洹，九犬九豕？」「侑出日入日？」「侑于五山在葉隩？二月卜。」〔註53〕這些卜辭不見侑祭原因，或表示進獻、討好、祈求福侑之

〔註46〕張玉金：〈論殷代的禦祭〉，《中國文字》新廿九期（2003年），頁68。
〔註47〕陳佩君：《甲骨文又字句研究》，頁39。
〔註48〕劉源：《商周祭祖禮研究》，頁100～101。
〔註49〕《毛詩正義》，頁454。
〔註50〕《周禮注疏》，頁58。
〔註51〕《禮記正義》，頁550上。
〔註52〕根據陳佩君的「又祭」統計，其數目在第一期：1149、第一期附：204、第二期：206、第三期：263、第四期：395、第五期：14，總共出現2231次，是使用頻繁的祭祀儀式。見陳佩君《甲骨文「又」字句研究》，頁52。
〔註53〕辭例來源：《合》377、《合》32230、《合》24413、《懷》1569、《合》34168。

意。帶有侑祭目的的卜辭，在祭岳、祭河、祭方時出現：

（1）辛亥卜：岳其壱？侑岳？

辛亥卜：岳弗壱禾？弜侑岳？　　　　　　《合》34229

（2）侑于方，有大雨？　　　　　　　　　《合》30395

（3）甲戌卜：王其侑河，叀牛？王受佑？　《屯》2699

其目的爲祈求年成、商王受佑、占問天氣，亦是以追求福侑爲主。

由此可知，侑祭不僅顯示祭祀者對受祭者的進獻意識，屬於抽象心態敬神的意志，而其進獻義也表達人們熱烈跟鬼神交流的意願，反映了祭祀動機。此祭祀儀式和自然神的互融現象，乃侑祭獻食則有食氣，如同燎犧牲，讓祭品氣味上騰，供自然神享用。侑祭自然神的祭品，均爲動物犧牲，則可能是進獻動物以祭，則有食氣，加上祭者敬神之態度，導致殷人使用侑祭在大部分自然神祇之上。

（四）沉祭、埋祭

沉、埋二祭，爲祭河神的特殊儀式。沉祭土神僅有一條〔註54〕，埋祭方神亦僅有一條〔註55〕，不見其餘祭祀對象使用。此祭祀用在處理犧牲的方式。

沉，字形作「🀀」，象沉牛於水中之形，是薶沉之沉字。《周禮・大宗伯》：「以薶沉祭山川林澤。」〔註56〕《爾雅・釋天》：「祭川曰浮沉。」〔註57〕《儀禮・觀禮》：「祭川沉。」〔註58〕以沉爲祭川之法，將犧牲投入水中，獻祭河神。其例如：

（1）使人于河，沉三羊晉三牛？三月。　　《合》5522 正

（2）奉年于河，尞三小宰沉三牛？　　　　《合》10084

（3）尞于河宰三，沉三宰，宜一宰？　　　《合》14556

（4）其尞于河牢，沉妾？　　　　　　　　《合》32161

（5）其奉年于河沉，王受佑？大雨？吉。

弜沉，王受佑？大雨？　　　　　　　《屯》673

〔註54〕《合》779 正：貞：尞于土，三小宰，卯一牛，沉十牛？

〔註55〕《合》14313 正：貞：帝于東，埋🀀豕尞三宰卯黃牛？

〔註56〕《周禮注疏》，頁 272 上。

〔註57〕《爾雅注疏》，頁 99 下。

〔註58〕《儀禮注疏》，頁 331 上。

周國正認爲「沉」用例有廣狹兩種：廣義指沉牲，不限於牛；狹義專指沉牛。〔註59〕從沉所用犧牲有：羊、牛、牢、宰、妾來看，沉不僅使用牛牲，羊、人牲也在其中。辭例5言「河沉」，爲用沉牛之法祭河，是僅用「沉」表示犧牲用牛。使用沉祭，符合河的自然特性，祭品放入水中，直接跟河接觸，達到交流目的。

　　埋，字形作「」、「」、「」，羅振玉釋爲「薶」（埋），王襄、孫海波、屈萬里從之，象掘地而將犧牲放置於內以獻神。〔註60〕裘錫圭認爲就卜辭文義來說，釋埋合理，但從字形言則應隸作「坎」：

> ⼐是坎的初文。《說文・凵》：「凵，張口也，象形。」其讀音和坎同。楊樹達認爲「凵像坎陷之形，乃坎之初文。」比《說文》的解釋合理。……掘地爲坎或是掘地而埋物其中都可以叫做「坎」。……「凷」「凷」指埋牲於坎以祭鬼神。……個別「凷」字後面不接犧牲，應讀爲「坎犬」。〔註61〕

裘錫圭說法於字形可從，象坎中有牛、羊、犬之形，讀爲「坎牛」、「坎羊」、「坎犬」等。姚孝遂於《詁林》按語言：「凷字後有賓語或『牛』，或『牢』，或『宰』，是『凷』斷不能讀作『坎牛』。」〔註62〕藉卜辭來看：

　　（1）尞于河一宰，埋（）二宰？　　　　《合》14559

　　（2）☑埋（）于河二宰？四月。　　　　《合》14609

　　（3）辛巳卜貞：埋（）三犬，燎五犬五豕，卯三牛？一月。

　　　　　　　　　　　　　　　　　　　　　　　　　　《合》14197

辭例3「埋三犬」之埋字形作「」，若讀爲「坎犬三犬」，文義不通。筆者以爲，裘氏於字形說解合理釋「坎」，但於文義作「埋」才能通讀，故以埋釋之。

　　埋祭，《周禮・大宗伯》：「以薶沉祭山川林澤」〔註63〕《爾雅・釋天》：「祭地曰瘞埋」〔註64〕《儀禮・覲禮》：「祭地瘞」〔註65〕，以「瘞」「埋」祭山川

〔註59〕 周國正：〈卜辭兩種祭祀動詞的語法特徵及其有關句子的語法分析〉，《古文字學論集・初編》（香港：香港中文大學，1983年），頁295。
〔註60〕 《詁林》，第二冊，「埋」字條，頁1531。
〔註61〕 裘錫圭：〈釋坎〉，《古文字論集》，頁48。
〔註62〕 《詁林》，第二冊，「埋」字條，頁1531。
〔註63〕 《周禮注疏》，頁272上。
〔註64〕 《爾雅注疏》，頁99下。
〔註65〕 《儀禮注疏》，頁331上。

林澤和土地。瘞、埋，是將犧牲埋在土裡以祭祀。為何以此種方式祭地，祭品和土地直接接觸，是較直接的祭祀方式，祭品放置在土裡，使土神受享。殷代埋祭，周禮承襲，然而也有相異之處。殷代祭土之禮，不用瘞埋，於河神、方神有之；祭土之禮有沉，祭河亦用沉，實以「卜辭中沉、埋二字實有相通之處」。〔註66〕從祭河卜辭來看，沉、埋二祭，一是用沉於水，一是埋於土，兩者性質相似，皆是在祭祀的象徵性上，舉行和自然神類型相應的祭祀方式，藉此使人神交流無礙。

從火祭、酚祭、侑祭、沉祭、埋祭來看，可見祭祀活動與自然神性質的共融關係。火祭，藉焚燒所產生的烟氣升騰至高空，與神交流，其原始性展現自然崇拜的特質。酚祭則同火祭藉「氣」和神靈作用，「酒氣」降神，以此作為祭祀活動開端，可能是獻酒請神的活動。侑祭，具進獻義，於內有積極媚神討好之心態，於外則有供給獻物行為，雖不知所獻何物（可能是獻食、獻牲），體現了殷人力圖與自然神交流的動機，期望授予福庇。沉、埋二祭，專用於河神，其沉祭符合河神性質，將犧牲投入水中以祭，埋祭則掘坎置牲以祭，坎坑可能位於河邊，就近於河神。因此，火祭、侑祭、酚祭成為大部分自然神祇的祭祀方式，與其自然性相關。埋祭、沉祭則是對河神的特殊祭祀儀式，亦符合河神性質。

二、祭祀犧牲配合自然神神性

自然神的動物祭品裡，有三個較為特殊的現象：1.祭風多用狗牲，2.祭方用黃色祭牲，3.雨祭用黑羊白羊。

（一）祭風用犬

犬，殷人祭牲之一，卜辭有一犬、二犬、三犬、五犬、九犬、百犬等，是常見的祭牲之一。殷人選擇祭牲的種類和數量，目前不清楚備牲觀念與神性、神權、鬼神地位有無相應關係，然而，以後世禮制可見傳統的源流與繼承。《爾雅·釋天》言：「祭風曰磔。」郭璞注：「今俗當大道中磔狗，以止風。」〔註67〕言以磔殺狗牲來祭祀風神。祭風卜辭記有祭牲之例如：

（1）☑于帝史風，二犬？ 　　　　　　　　　《合》14225

（2）帝風，九犬？ 　　　　　　　　　　　　《合》21080

〔註66〕彭裕商：〈卜辭中的「土」、「河」、「岳」〉，頁392。

〔註67〕《爾雅注疏》，頁99下。

　　（3）甲戌貞：其寧風，三羊三犬三豕？　　　　《合》34137

　　（4）癸亥卜：于南寧風，豕一？　　　　　　　《合》34151

　　（5）☑☑風☑羊二犬五？　　　　　　　　　　《英》1585

以上五條卜辭是祭風帶有犧牲之辭，出現的祭牲有犬、羊、豕，次數多寡依序是犬、羊、豕，以犬爲主要。「磔狗」是割裂犬牲，卜辭祭風之祭牲，則不載用牲之法。辭例 2 帝祭風用九犬，則是祭風中用牲數最多的紀錄。另外，自然諸神中有寧風能力者，亦有以犬作爲祭牲，例如：

　　（6）☑帝巫一犬？　　　　　　　　　　　　　《合》21074

　　（7）翌乙亥，方帝，十犬？　　　　　　　　　《合》14298

　　（8）戊子卜：寧風北巫，犬？　　　　　　　　《合》34140

　　（9）庚戌卜：寧于四方，其五犬？　　　　　　《合》34144

　　（10）壬辰卜：其寧疾于四方，三羌又九犬？《屯》1059

辭例6謂：「帝祭巫神用一犬嗎？」辭例7謂：「帝祭方神用十犬嗎？」辭例8謂：「向北巫舉行寧風之祭，用犬嗎？」辭例 9 謂：「向四方舉行寧祭，將用五犬嗎？」辭例 10 言：「向四方寧疾，用三個羌人和九犬嗎？」巫神、方神具有寧風的能力，四方是風所來之處，所以「寧風」、「寧疾」之祭於此二神，祈求保佑。

　　祭風何以用犬，以古人對風神形象概念可見其端。何星亮認爲《山海經》的「山𤟤」是古代風神形象之一。《山海經‧北山經》：「有獸焉，其狀如犬而人面，善投，見人則笑，其名曰山𤟤，其行如風，見則天下大風。」〔註 68〕山𤟤出則有風，山𤟤之形像狗，用狗祭風的儀式，基於風神爲神犬的觀念，藉由「威脅性」巫術儀式，使風神憐憫自己的同類而止風。〔註 69〕是以殺狗祭風的習俗，源於風神形象的想像，遂以狗來祭風、寧風，誠如魏慈德所言：

　　　牲饗的種類和神靈的性格是有著特殊關係，它們之間或許是基於某

〔註 68〕《山海經箋疏》，卷 3，頁 6。山𤟤在《山海經‧北山經》圖贊裡形容爲：「行如史激，是惟氣精，出則風作。」見《山海經箋疏》，圖贊，頁 11。

〔註 69〕此外，亦有從五行相勝之說來解釋。賈公彥：「必磔狗以止風者，狗屬西方金，金制東方木之風，故用狗止風也。」又《風俗通義‧祀典》風伯下云：「戌之神爲風伯，故以丙戌日祀於西北，火勝金爲木相也。」將風與十二支的戌相應。魏慈德認爲其說當爲古人殺狗止風習俗說法的演變。詳見魏慈德：《中國古代風神崇拜》，頁 99～100。

種傳說的淵源，或是因為神靈形象圖騰的考慮，這些都是造成古人
用特定牲物來配祭固定神祇的原因。〔註70〕

神靈和犧牲之間具有關係，以配合神性。如同《禮記・郊特牲》中言祭祀天
要用一頭小牛，毛色要純正，身體不可有損傷，表示對天之尊敬，而在祭牲
性質展現出來。祭風用犬，在於風神形象像犬，藉由祭品和神形象連接的象
徵意義，而達到祭祀的目的。

（二）祭方用黃色祭牲

祭祀使用有色之祭牲，卜辭見有：黃牛、白牛、白牡、白羊、白豕等等。
其中，方神卜辭，提及黃牛、黃薦之祭牲，標明祭牲之顏色。例如：

（1）貞：尞東、西、南，卯黃牛？

尞于東、西，又伐卯豰黃牛？　　　　　《合》14315

（2）帝于東，坎囗犬尞三牢卯黃牛？　　　《合》14313

（3）甲申卜，𡧍貞：尞于東，三豕三羊囗犬卯黃牛

《合》14314

（4）尞東，黃薦？　　　　　　　　　　《合》5658 反

以上四條辭例，祭東方時，祭牲為黃牛為主。此外，記「黃牛」之卜辭，亦
見「乙卯，其黃牛，王受有佑」和殘辭「重黃牛」〔註71〕，不知其祭祀對象
為何，然以完整卜辭來看，選用黃牛作為祭牲皆祭四方神，據此推測，這些
殘辭可能是祭方神卜辭，然今無證據，暫且不論。

祭四方，何以特指黃牛，陳夢家認為是秦、漢以黃牛或小黃牛祭天地后
土的傳襲關係。〔註72〕朱禎提出：「黃牛之為牲是祭祀東、西、南、北四方神
祇，或者說黃牛是正方位祭禮的專用牛牲。」〔註73〕陳氏和朱氏之說，都以
「黃牛」祭牲為特殊現象，以祭后土、或正方位，都帶有特殊意涵。藉人類
學資料看，部落以「黃牛」作祭牲，有孟達傣族祭祀社神「勐神」〔註74〕，

〔註70〕魏慈德：《中國古代風神崇拜》，頁98。

〔註71〕辭例來源：《合》36350、《合》29507、《合》29509、《合》36993、《合》36994。

〔註72〕陳夢家：《綜述》，頁587。

〔註73〕朱禎：〈「殷人尚白」問題試證〉，收入《殷商文明論集》，頁239。

〔註74〕傣族祭祀社神和勐神，社神即寨神，是村寨的保護者。社神之上有勐神，類
似古代的部落首領，其層級較社神為高，一個勐神可以管理幾個村寨。勐神
即是神位較高的社神。見張公瑾：《傣族文化》（長春：吉林教育出版社，1986
年），頁132。

其對祭牲黃牛的要求：「祭勐神的黃牛要牯子牛，毛色純黃，脖子尚有道花紋，尾巴要有黃中透紅的金亮色。」〔註75〕亦是以黃牛祭社主。「黃」，古代祭祀象徵，「地謂之黃」，土地爲黃，以土之色配合祭品之色，「以黃琮禮地」即用黃色的玉琮祭地，配合黃土之意象。殷人祭方特指「黃」牛，加強了殷人「土」、「方」觀念的重疊，也見祭祀對象與祭品之顏色的祭祀傳統在殷卜辭中有跡可尋。

再者，「黃廌（🦌）」，廌爲古代神獸，又稱獬豸，其形象牛、象鹿、或像羊。辭例4言「燎東黃廌」，其正面之卜辭卜問「帝令雨」、「帝不其令雨」、「其延雨」，推測「燎東黃廌」可能是祈雨之義。東方可以向之祈雨，此黃廌和雨的關係，可能有重要之意義。另外，又見：「☒卜，☒重☒于西☐廌？」〔註76〕卜辭殘缺，有「西」「廌」，可能也和雨有關，惜卜辭中無法得知更多，暫且不論。

（三）雨祭用白羊黑羊

黑羊和白羊的祭牲使用，黑羊僅在求雨時選用，白羊有「丙子卜：尞白羊豕？父丁妣癸卯☒」〔註77〕僅此一例祭祀祖先，其餘均爲求雨、止雨之卜辭。例如：

（1）尞雨叀黑羊用，有大雨？
　　　叀白羊，有大雨？　　　　　　　　　　《合》30022

（2）弜用黑羊，亡雨？
　　　叀白羊用于之？有大雨？　　　　　　　《合》30552

（3）☒黑羊用☒大雨？　　　　　　　　　　　《合》30720

（4）叀白羊用？　　　　　　　　　　　　　　《合》30719

犧牲用白羊或黑羊來求雨，特別標明祭牲顏色，應是黑色白色的羊種在雨祭具有某種涵義，汪濤提出：

> 黑色往往跟雨水有關。《左傳・昭公十九年》記載「水正曰玄冥」，「玄」、「冥」都是晦暗不明的意思。……昭公四年：「黑牡秬黍，以享司寒。」杜預注：「黑牡，黑牲也；秬，黑黍也；司寒、玄冥，

〔註75〕瞿明安、鄭萍：《溝通人神——中國祭祀文化象徵》，頁121。
〔註76〕辭例來源：《合》10470反。
〔註77〕辭例來源：《屯》2670。

北方之神，故物皆用黑。」又，〈月令〉言「天子乃鮮（獻）羔開
冰，先荐寢廟。」孔穎達疏：「云黑牡黍者，以其祭水神，色尚黑。」
〔註78〕

藉由五行觀念來看，水屬北方，北方之色爲黑。黑色祭品祭水神，配合自然
性質。汪濤沒有論及「白色」和雨祭之關係，乃白色犧牲祭雨不符合後世五
行觀念，遂無法說解。

　　依卜辭，黑羊、白羊都可作祈雨祭牲，黑羊白羊之選用無一定準則，交
由占卜決定。從語法角度來看，「**重**」有強調、肯定的語氣，「**重黑羊**」、「**重白
羊**」是已經決定祭牲，而會不會下雨由龜卜後決定。辭例 2 之：「弜用黑羊亡
雨？**重**白羊用于之有大雨？」則說明了殷人祭祀用牲選擇，即用白羊祭祀則有
大雨，黑羊則無雨，似乎白羊比黑羊在雨祭地位更受重視。然就此論斷稍嫌
武斷，但仍可見出「黑羊」、「白羊」在雨祭的獨特性，帶有某種象徵意義。

　　在巫術的求雨之祭中，黑色跟水相關。如非洲瓦卜威人（WMBUGWE）
求雨時，巫師將黑色的羊及牛犢放到太陽下曝曬；瓦勾勾人（WAGOGO）巫
師在雨祭期間，要穿黑袍；馬塔必勒人（MATABELE）雨祭所用靈器要用黑
牛的血。〔註79〕以上敘述的人類學資料，都可說明「黑」和「雨」的聯繫。
然而，此有一個問題，即是白羊如何和祭雨結合起來。《禮記‧壇弓上》曰「殷
人尚白」〔註80〕，白色祭牲除白羊外，在卜辭有：白牛、白豕、白牲，其祭
祀對象多爲直系祖先和其配偶，在商代是隆重之祭典。〔註81〕以「白羊」求
雨，對象可能爲帝、雨神、河神等具有降雨權能的神祇，而雨在生活中的角
色重要，祭祀自然神有大半都在求雨，卜問是否有雨，以「白羊」，白色羊牲
作爲求雨牲品，爲尊崇之展現，或是特別渴望降雨之事，遂以白羊祭之。

　　從祭牲的特殊性來看，祭風用犬、祭方用黃牛、祭雨用黑羊白羊，都具
有一定的象徵意義。風神形象是犬，以巫術思考祭牲用犬，達到使風神憐憫
而止風的需求，其流傳至東漢，仍有磔狗寧風之習俗。祭方用黃牛，黃牛是
祭祀方神的特殊用牲，其配合土之色，以祭后土；或是正方位的特殊祭牲。
再者，祭雨用黑羊白羊，其中有五行觀念、巫術性質的意義、甚至有「殷人

〔註78〕 汪濤：〈關於殷代雨祭的幾個問題〉，《華夏文明與傳世藏書－中國國際漢學研
　　　　討會論文集》，頁 352～353。
〔註79〕 汪濤：〈關於殷代雨祭的幾個問題〉，頁 353。
〔註80〕 《禮記正義》，頁 114 下。
〔註81〕 朱楨：〈「殷人尚白」問題試證〉，頁 243。

尚白」的體現。然而，以上所列的特殊性，僅能提出現象，推測應具有象徵意義，乃自然神信仰的獨特文化，但無法更深入論及其內在意涵，是受限於卜辭材料。

第三節　殷商自然神的相關討論〔註82〕

總結殷商自然神的權能，可以得知諸神作用於人世之範圍，其在殷人心目中的宗教地位，或是諸神在自然神體系中的尊卑現象。此外，亦可看出諸神性格和殷人對諸神的態度。所謂「性格」，是指神靈善惡之顯現，善，意指人們可對其祈求，冀望福侑；惡，意指諸神對人們生活的破壞行為，是天災人禍的源頭，是人類對於自然界之異常現象的合理解釋。

一、諸神的權能範圍和其比較

諸神權能範圍包含：天象、年成、戰爭、城邑、商王禍福五大部分。範圍涵蓋殷王生活的大部分，其現象表示了自然神對於「生活」的關聯性。在諸神的權能範圍裡，擬討論諸神對於天象需求的施行、諸神福禍權能的比例，得出自然神祇在殷人生活中的角色和地位。

（一）施行對象的數量

前有所論，對於自然神的祭祀目的集中在「求雨」和「求年」，是考量農業需求的祭祀。殷商自然神祇中，可求雨者有八位：帝、帝臣、河、水、山、岳、土、方。求雨需求很大，推想華北平原農作需要雨水，所以幾乎把所有的自然神都納入求雨對象。此外，祭雲卜辭，「尞于帝云，犬？即今十三月雨？」「彭五云，有雨？」以雲能致雨，所以祭祀求雨。此外，求雨對象還有兒、𡥄、高祖夒、上甲、示壬、大乙、伊尹、伊奭等八位，其數量均比自然神祇少，非重要的求雨對象。兒、𡥄、高祖夒是自然性質較重的殷人遠祖，故殷人賦予求雨權能。

其次，求年者有六位：河、水、山、岳、土、方。向滴水祈年，滴水以商族名稱命名，殷人對於遠祖活動的地區懷有追溯之感，遂使滴水有求年權能。山，求年向二山和♀，推測殷人對境內這兩座山有格外之情感，應是對殷人生活資源有所益助的山脈。

〔註82〕本節的權能等相關討論，筆者製表於附錄一，是本節論述的整理依據。

在求雨、求年之外，破壞年成者有三位：帝、河、岳，與求年重複者有河和岳，兩者皆有求年和屮年的權能，或以殷人認為河、岳可以破壞年成，故可以對其祈求豐收。屮雨和屮雲是河、岳權能，其權能延伸至天體信仰之中。屮我者有帝臣、河、岳，傷害商王，河、岳權能對商王本身亦有作用，見其權能之大。

（二）權能福禍的比例

殷商自然神權能有三十七項，示福者有二十項，示禍者有十七項。殷人賦予的自然神權能，福禍比例大致相當，以示福者較多，表現出人們希望神祇的角色是佑助人們的心態。帝之權能，作用於戰事、城邑、商王的比重高，且多為禍害，如乎災、終茲邑、茲邑龍、咎我、降莫、異我等等，顯示帝在這三方面的角色至為重要。

再者，河在天象和年成權能方面，影響最大，且對河求年／禾的數量，比之岳和其他自然神為多，與「河」本身的自然性質（作為一條境內最大河流）和農事灌溉（農田需要水源）這兩個因素，使得河成為自然神中最主要的祈年對象。河除天象和年成權能，還同帝一樣具有左右戰事的能力，殷人會向河乞求征伐順利成功，會向河稟告某方來以求保佑，這是其餘自然神所不見，同時也突顯了「河」在殷人自然信仰的地位，致使「河」可以和「高祖」同版卜問，同版受祭。

土、方和巫，於人世不見作禍權能，權能範圍僅在天象和年成，且以止息農災為主（寧風雨、寧疾、寧𤉷等），為土地保護神，符合地母柔性之性質。而東母、西母，是空間和農業的保護神。

從施行對象的數量和福禍比例，可以得出自然神的主要功能和宗教地位：

（1）求雨為最主要祈求，求年其次。向河求年最多。

（2）河岳是唯二可以破壞天象的角色，且河有戰事權能，宗教地位很高。

（3）帝在年成、城邑和商王的權能以禍為多，且禍比福的權能多出三個。

（4）土、方、巫、東母、西母沒有作祟能力，為土地保護神，以攘疾為
主。

由此可知，自然神權能最主要的是求雨和求年，乃基於農業經濟的思考。河在自然神信仰中特別突出，若以帝為天上的「至上神」，則「河」當為地下的「至上神」。帝，於王禍、災城邑頗多，對商王而言，應該是一個令人畏懼的神靈。相較之下，土和方則是全然的保護功能，是以土地為人居住之處，

萬物有賴生成，故殷人賦予土、方的權能以攘除農禍爲主，亦是基於農業考量。

二、信仰對象和祭祀對象的範圍差異

殷人的宗教觀念，信仰對象和祭祀對象是兩個不同的範圍。帝信仰在卜辭中屢屢見到，然卜辭現仍無證據顯示殷人有祭帝之禮。帝能令風、令雨、令雷、令雪，命令天體諸氣象神，陳夢家「殷人上帝不是求雨祈年的對象」的說法，其實不確。卜問帝是否令雨的同時，其實就表示心裡對於求雨的渴望。於祈年，「帝受我年」之辭明確指出帝也是祈年的對象之一。從帝權能來看，禍於商王多有，殷人卻不祭祀，實爲特殊。殷人不以祭祀活動和帝溝通，而是僅透過占卜程序詢問帝的意志，推測殷人觀念中，不能用祭祀來影響帝的意志，祂在殷人的宗教觀念裡，是具有顯明人格特徵的神靈，其能「異」、能「令」、能「祑」，能「降」，皆爲主動意義，是帝能自主行動，授予福禍。帝不皆受祭祀，而以帝之五臣代帝受祭。五臣之確指或爲「風雨雲雪雷」五者氣象諸神，其和人世的關聯較爲密切。

天象諸神的崇拜，目前不見祭雷和祭虹的卜辭。殷人視虹出爲有異，卻沒有相應的攘災祭祀，只有與之對應的禁忌行爲，如不能用手指虹、不許外出挑水等等，把虹視爲災異徵兆。虹是信仰對象，能左右年成，卻不列入祭祀體系，殷代之後也未見祭祀虹霓的事項，虹不像其他氣象諸神（如雨、風）在天象具有顯著影響，所以較不受尊崇。祭雷卜辭，至今未見。雷之於生活影響甚大，雷電、雷雨所造成的傷亡和破壞力驚人，卻只見殷人卜問是否此雷會有憂，此雷是否會帶來降雨，沒有對雷禍的攘災活動，亦無對雷神的禮敬。藉民族學調查資料，祭祀雷神極盛行，如南方民族之祭雷，何星亮言：

> 雷神是湘西苗族至大尊神，稱祭雷爲「希送」。凡患劇病和天旱無雨，或久雨未晴，均祭之。大祭用牛，小祭用豬，均請巫師爲之。……黔東南苗族每逢年後第一聲春雷響起，青年男女邀約前去上山過迎雷節，祈求雷神給新的一年帶來風調雨順，蟲害滅絕，五穀豐登。〔註83〕

雷神在湘西苗族中的權能可以除大病，天旱時求雨，淫雨時止雨。黔東南苗族於春雷發動之時，前往迎雷，祈穀物豐收。殷代能令雷者爲帝，令雷卜辭

〔註83〕何星亮：《中國自然崇拜》，頁232。

中所祭月份為十三月、一月和二月：

 （1）貞：帝即今十三月令雷？   《合》14127

 （2）癸未卜，爭貞：生一月，帝其弘令雷？《合》14128

 （3）貞：即今二月雷？   《合》14129

春季代表作物是黍，黍之種植以殷曆一月和二月為多。〔註84〕由此推之，殷代打雷月份是冬春時節。此時的雷，不若夏季雷雨嚇人，而是春雷，春雷響則萬物萌發，對於乾旱季節的華北地區來說，雷是下雨前兆，於農事有助。從報酬心理來說，應有祭祀之禮，然不見於卜辭之中，現象特殊。

  在地祇信仰中，崇拜對象和祭祀對象相合，雖然神靈有禍於我，然更多的是希望神靈為我所用，保佑年成、消除異象之事，是以崇拜和祭祀對象互有聯繫，人跟地的關係較為密切，人居住在土地上，仰之生存，依賴感甚深，且有地域性的特質，對於境內的山、水、土皆納入祭祀的範圍，說明了殷人對於地祇類神靈較為重視和依賴的態度。

三、自然神信仰體系的關係

  帝、天神、地祇三者之間的關係，可從兩方面論述：一為合祭現象，二為帝廷。

（一）自然神祇的合祭現象

  自然神信仰中，水神類、山神類、地祇類之神祇常有合祭現象，如：「尞土方帝？」「方帝，三豕又犬，卯于土，窐？」「尞于土，桒于岳？」「尞土延巫帝？」「田率，尞土豕，兕豕，河豕，岳豕？」〔註85〕「舞河眔岳？」「侑方眔河？」「方帝迺酚岳？」等。〔註86〕合祭現象為：「土＋方」、「土＋岳」、「土＋巫」、「土＋河＋岳」、「河＋岳」、「方＋河」、「方＋岳」，此類神祇可以共同祭祀，因祂們具有共同權能，如：桒雨、受侑、求年等。另一方面，因為這類神靈位於地表，於人們生活較接近，依賴亦較大，故共同祭祀之。再者，祭祀有先後之順序，「尞土延巫帝」即尞祭土後接著繼續帝祭巫；「方

〔註84〕 魏慈德：《中國古代風神崇拜》，頁74～77。

〔註85〕 「率」有學者認為是取動物血腸以祭，在此當為範圍副詞，可譯為「都」、「全部」。

〔註86〕 辭例來源：《合》14305、《合》12855、《合》14399、《合》21075、《合》34185、《合》34295、《合》30396、《合》14470。

帝迺酚祭岳」即帝祭方然後酚祭岳。地祇神與天神也有合祭,「重岳先酚迺酚五云,有雨」,即先酚祭岳,才酚祭五雲,會有雨嗎?是跟求雨有關的卜問,亦是因其有相同權能,遂合祭之。

此合祭現象,看不出諸神有何地位高下之別,祭祀祂們會擁有想要的福祉,遂合祭諸神,但合祭情形並不多見。

(二)帝廷和諸神之統屬關係

帝廷的組織,以帝能命令風雨雲雷雪所組成的「氣象體系」。天體信仰,風雨雪是崇拜和受祭對象,已有人性化的成分在內。卜問出門會不會遇上大風,卜問此雨會不會至害,都是臆測氣象的貞問,是以風雨等皆有人格化傾向。然而,帝能令之,且明言「帝史風」、「帝雲」,使得氣象諸神的宗教地位在帝之下,能供上帝驅策,影響氣象狀態。帝能令風令雨,決定降雨不降雨,可是有止息雨、止息風能力者是土、方、巫,能破壞降雨者有河和岳;雲有帝雲之稱,能破壞雲的對象有河和岳。加上,風、雨、雲、雷恆自四方而來,如「自西來雨」、「自東來雨」、「各雲自北」、「大風自西」等等,因此就把四方當成神靈崇拜。從這層關係來看,天體信仰中的「氣象諸神」和「地祇神」之間,似乎和帝與氣候諸神的關係一樣,有宗教地位的高下之別,氣象諸神受控於地祇神(特別是河、岳、土、方)和帝。帝非全能,也非權力最大者,地祇神跟帝可以互相抗衡。另一方面,藉由「氣象諸神」的聯繫,這三類信仰是緊密結合的,都是為保佑農業的生存利益而產生,此種崇拜意識,非對自然現象、自然力的自然崇拜,而是已經脫離畏懼心態,希望自然神可以為我所用,吾人可以通過祭祀去滿足所需。

以卜辭記載的祭祀對象,將自然信仰區分成:帝信仰、天體信仰、地祇信仰,顯現出殷商的宗教信仰是一種多神並存的型態,陳來言:

> 殷人信仰中雖有帝和帝廷、臣正的觀念,以及祖先神靈賓於帝所的信仰,但社會祭祀的山川似乎和帝並無統屬關係。……推斷在帝的觀念之前,古代神靈信仰是認為存在著數目眾多、特性各異、不相統屬的神靈鬼怪。〔註87〕

藉這段話可以得知,在帝的觀念前,存在著各式各樣的神靈,從殷人自然信仰,我們可以看見包括無形象的帝、天體三辰及風雨雷等、自然界河瀆山岳,

---

〔註87〕陳來:《古代宗教與倫理:儒家思想的根源》,頁150。

都納入崇拜體系。可是，殷人崇拜並非諸物皆神，諸神皆祭，而是跟人世、生產相關的物事才有崇拜意識，也才具崇拜的意義。

第四節　小　結

　　祭祀自然神，在不滿足現狀中去求得更好的生活環境，以宗教意識的思維開展，藉「祭祀」為手段，達到目的。由祭以祈福、祭以禳災、祭以禮敬三個項目，歸納出殷人祀神之因，乃是驅吉避凶，著重在求雨、求年，且於功利性之外，亦有發自內心對神之崇敬，或予以報答的感謝之情。「祭以禮敬」中的賓祭，王親自至祭祀場所去，或可推知自然神有固定之祭所，除了卜辭記載有「河宗」、「岳宗」，應另有類似殷商之後禮祭天地的祭壇、明堂等，專門祭祀天地日月，才能使王親自主持祭祀儀式。

　　其祭祀特色，透過象徵意義，讓祭品與受祭者有所連結，達到人、祭品、神三位可以互相共融，使獻上之祭品能順利被自然神接收以及享用。祭祀儀式配合自然神神性，神，在尚未有具象化的形體前，均為抽象的存在，經由火祭、酚祭，透過「氣」與神祇交流，如同持香獻神，誘神來饗。此為殷商自然神祭祀的特色所在。至於侑祭，帶有進獻義，充分表達人敬神的積極意識，藉食物之食氣，在「禮始諸飲食」的觀念下，以食物獻神。另外，沉埋之祭為專門祭河的祭祀，亦是配合神性，將祭品置於河中或河邊土地，以獻河神。以上是就祭祀儀式談。就祭祀犧牲論，祭風用犬基於神靈形象的想像，乃祭牲和神祇有特殊關係。祭方用黃色祭牲，五行方位以「黃土」為正中，說明記牲以「黃牛」有正方位之意義，符合祭祀方神崇拜四方空間的義涵。雨祭用白羊黑羊，雖然卜辭所見不多，但犧牲特殊具象徵性。筆者的論點是「黑」在人類學中，跟雨水相關，五行中也以北方玄武尚黑祭水神，將「黑」與「雨」聯繫；「白」是因為「殷人尚白」之故，表達急切渴望求雨的心態，遂以高貴的白色祭牲舉行雨祭。

　　再者，第三節裡自然神信仰的相關討論，第一部分討論自然神在殷人的宗教地位和角色，得出自然神均可稱為「農業神」，是農業的保護神。第二部分解釋崇拜和祭祀範圍的差異，殷人不祭虹和雷的原因，在於雷、虹的天氣現象稍縱即逝，並不久長，且祂們不會造成巨大的災害，遂僅有崇拜意識而沒有祭祀行為。其他的自然神均納入祭祀體系，以地祇類神祇祭祀尤甚，體

現出人們對於土地、河流等較爲仰賴的程度。第三部分是討論殷人神靈世界的結構。帝、天體、地祇，三者的神靈關係，帝可控制天神、氣象神，地祇類中的河、岳亦能控制氣象，透過「氣象諸神」的聯繫，三者互有作用，雖有其宗教地位的高下，可是並無最高、最有權勢的神祇出現。殷商的自然神體系呈現著諸神共存的世界，是一種多神信仰的形態，統治著自然界和人世。

附論一：祭星卜辭的檢討

馮時在〈殷卜辭二十八宿之檢討〉〔註88〕一文，討論饒宗頤、溫少鋒、袁庭棟、沈建華提出的祭星之辭，其結論認爲殷人有祭龍星、天田星、心宿、南斗〔註89〕、虎星。筆者認爲有可商之處。檢討如下。

一、東宮蒼龍

饒宗頤提出二卜辭爲祭禱龍星的內容：

（1）庚辰卜，旅貞：🐚不既乍，其亦尋〔奏〕，

其祈宁于上甲？　　　　　　　　　　《合》40924

（2）〔辛〕巳卜，旅貞：🐚不既乍，其亦尋〔奏〕

☒叀丁亥酚？十一月。　　　　　　　《合》23694

饒宗頤釋「🐚」爲龍〔註90〕。其和龍之字型🐲、🐉有異，不該釋爲龍。曹錦炎、湯余惠釋作「蠃」，字像一具口蜷身之動物。卜辭用作方國名和卜疾之辭，讀爲蠃，意指病情加重。姚孝遂贊成讀爲「蠃」，然非病情加重之意，引卜辭「禦婦鼠子于妣己，允有蠃」，是攘除婦鼠子之疾，而使病情好轉。〔註91〕依字形看，金文從「蠃」之字作「🐾」（庚蠃卣）、「🐱」（子叔蠃內君盆）、「🐛」（伯衛父盉），與甲骨字形「🐚」略同，釋作蠃可從。而「蠃不既乍」爲卜辭恆語，可能是貞問疾病之辭，亦有可能和祭祀相關。故饒宗頤提出的二條卜辭，「🐚」不應釋作龍，則祭禱龍星的說法無法成立。

〔註88〕馮時：〈殷卜辭二十八宿之檢討〉，《古文字與古史新論》，頁149～185。

〔註89〕祭南斗之說，不可從。馮時以「🏠」爲斗字，應是祕之初文，是祀神之室。卜辭有「祖丁祕」、「父庚祕」、「父丁祕」，乃祖先廟主之處。是以不爲「斗」，故不討論之。

〔註90〕饒宗頤：〈殷卜辭所見星象與參商、龍虎、二十八宿諸問題〉，《甲骨文獻集成》第33冊，頁544。

〔註91〕曹錦炎、湯余惠和姚孝遂的說法見《詁林》，第二冊，「蠃」字條，頁1174。

二、天田星

　　天田星在古人視爲農祥，晨見於東方之時，便預示耕種的開始。沈建華提出三條相關於天田星的卜辭〔註92〕：

　　　　（1）皆霽上（天）田，喪盂，有大雨？　　　《合》30044

　　　　（2）□□卜，狄〔貞〕：□蓺天田☑災，弗悔？

　　　　　　　　　　　　　　　　　　　　　　　《合》31273

　　　　（3）叀新秉屯（春）用上（天）田，有正？　《屯》3004

沈氏提出其反映殷人以霽、蓺、新秉等祭法祭禱天田星，祈求風調雨順，爲「五穀成熟報其功」。此說法有二個問題待討論：

（一）「二田」「天田」的釋讀

　　辭例1之「二田」應釋爲「二田」。卜辭「上」字作「上」形，其底下一劃比上劃爲長，此「二」二劃等長，釋作二爲佳。喪字，釋喪，於卜辭有二義：一爲地望田地之名，常與「盂」並舉，如「叀喪田省，叀盂田省」；二爲喪亡之喪，如「其喪眾人」，謂征伐之事，喪失眾人。此卜辭應釋爲地名，謂以舞求雨於喪、盂二田，會有大雨嗎？非祭星之辭。

　　辭例2之「天田」，甲骨中「天」、「大」字型常相混，如「大邑商」作「天邑商」、「大戊」作「天戊」、「大乙」作「天乙」等。沈建華釋「天田」，或可釋爲「大田」。「大田」，張秉權以爲一種畋獵時的閱兵典禮。〔註93〕其說可從。《周禮・大宗伯》：「大田之禮，簡眾也。」鄭注：「古者因田習兵，閱其車徒之數。」〔註94〕乃前往征伐前的戰爭準備。此「天田」應該也是戰爭前的閱兵，卜問是否會有災悔。

　　此外，卜辭中之「上田」，應是一種農田，卜辭常見「上田」和「隰田」對舉，如「叀上田㝢延受年？。叀隰田㝢延受年？」〔註95〕隰田，「下濕曰隰」謂隰田是地勢低下土質較潮溼的土地。上田，是相較於隰田地勢較高的土地，「高平曰原」，可能就是「原隰」所言的原田。

〔註92〕以下三條卜辭是依沈建華的隸定。見沈建華：〈甲骨文中所見廿八宿星名初探〉，頁78。

〔註93〕張秉權：《殷虛文字・丙編》上輯（一），頁111。

〔註94〕《周禮注疏》，頁277上。

〔註95〕卜辭來源：《屯》715。㝢，可能是先祖名。釋義當爲：「㝢會繼續保佑上田有好收成嗎？㝢會繼續保佑隰田有好收成嗎？」

（二）新秉

「新秉」，沈建華釋為祭名，裘錫圭認為是「農作中處理禾秆的行為」〔註96〕，「新秉」謂收穫後不久，就加以處理的禾秆。收穫穀物摘取其穗，禾秆留在田裡，經過焚田過程後加上大雨，遂使得田地「以水火變之」當做肥料。裘氏的說法在辭例 3 解釋較為通順，謂：「將新的禾秆留置在二田，在春天用之，以當作土地的肥料，適當嗎？」

從釋義來說解沈建華舉出的三條卜辭：

（1）皆霝二田喪盂，有大雨？

　　在喪盂二田用舞求雨之祭，會有大雨嗎？

（2）□□卜，狄〔貞〕：□蓻大田☒災，弗悔？

　　在蓻時於大田省兵，不會有災悔嗎？

（3）叀新秉屯用上田，有正？

　　收穫後不久的禾秆在春天時用在上田，適當嗎？

因此，以上三條皆非祭祀星辰的卜辭。

三、西宮白虎

虎作西宮之象是觜參二宿的獨特形象，參宿為西宮中的授時主星，於是古人以虎象做為西宮星象的代表。

馮時提出「虎」作為星名的卜辭：

（1）丁丑卜：王叀豕羊用？帝虎？十月。

　　丁丑卜：王勿帝虎？十月。　　　　　《合》21387

（2）辛卯卜自自今辛卯至于乙未虎屮不？十月

　　〔辛卯卜自自今辛卯至于〕乙未虎不其屮？允不。

　　　　　　　　　　　　　　　　　　　《合》21387

（3）丁巳卜：自自丁至于辛西虎屮不？十一月。

　　丁巳卜：自自丁至于辛西虎不其屮？允不。

　　　　　　　　　　　　　　　　　　　《合》21387

馮時以為虎星享受禘祭，和其當作授時主星的地位相合。饒宗頤釋「屮」為「般」，為旋轉盤移之意，「虎不其屮」則表示星之移位。〔註97〕兩者說法皆有

〔註96〕裘錫圭：《古文字論集》，頁176。
〔註97〕饒宗頤：〈殷卜辭所見星象與參商、龍虎、二十八宿諸問題〉，頁545。

疑慮之處，討論如下。

虎在卜辭用法有三：獸名、人名、方國名。

辭例 1 的「虎」字，《類纂》字形皆作「🐅」。帝虎之虎作「🐅」（A 字形「王勿帝虎」）和「🐅」（B 字形「帝虎」）；虎屮之虎作「🐅」和「🐅」，A 字形相像，B 字形雖頭部有冠形，可是其尾部作短尾貌，與虎字形不一樣。虎形的尾巴作長尾上翹之形，身體成瘦長狀有花紋，如「🐅」（獲虎《合》10199 正）「🐅」（獲虎《合》10203）「🐅」（亡其虎《合》14149 正），與 B 字形不合。B 字形帝虎之虎是否能釋爲「虎」字，有待商榷，但從文例看，應釋作虎字。辭例 1 中的「帝虎」應解作「用帝的方式處理虎這個祭牲」，虎是祭牲，而非祭祀對象。

再者，虎屮之屮，姚孝遂認爲从夕从凡，作爲動詞，與師旅之事有關〔註98〕，其時間點在夕。與虎屮相關的卜辭有「自虎」「虎自」之辭，例如：

（4）丙寅卜：自虎不其屮，今夕？　　　　　　　　《合》21383

（5）辛未卜：自虎屮，今夕？　　　　　　　　　　《合》21388

（6）其比自虎，凶災？王永？　　　　　　　　　　《合》32938

自虎可能爲方國名或人名，辭例 4 卜問今夕自虎會不會「屮」，辭例 6 卜問將要聯合自虎，有沒有災，王會長遠嗎？則辭例 1 至 3 的「虎屮」釋爲虎國行軍旅之事。其對於殷王或有威脅，並且卜問時間均在夕，可能意指夜晚偷襲的行動，遂卜問虎是否會有軍事動作，其驗詞結果是沒有。

是由可知，「虎」作爲星名的說法，有待保留，仍釋爲方國名或人名爲佳，「屮」指軍事活動，其發生在夕。是卜問十月的「辛卯至于乙未」五天和十一月的「丁巳至于辛酉」五天，虎在夕時有軍事行動嗎？

四、心宿

馮時認爲甲骨文中對心宿的祭祀是相對明確，心作爲受祭者。從卜辭來看，甲骨文「心」字有二義：一爲抽象表意的心；二爲水名。其辭云：

（1）王心若，🐅其隹孽？　　　　　　　　　　　《合》5297

（2）壬午卜□貞：王心亡艱入☒　　　　　　　　《合》7182

（3）貞：王侑心，正？　　　　　　　　　　　　　《合》11424

〔註98〕《詁林》，第二冊，「屮」字條，頁 1123。

（4）貞：帝于心？

〔勿〕帝于〔心〕？ 《合》905 正

（5）貞：涉心☑歗 《合》14022 正

辭例 1、2 之心，爲抽象之心，「王心若」言「王心順善」之意；「王心亡艱」則謂「王心沒有困難」的意思。辭例 3、4、5 之心，可能是沁水。辭例 5「涉心」其文例同「涉滴」、「涉于河東」、「涉河」，則「心」可能是河流。辭例 3、4 言「侑心」、「帝于心」，則是祭河水之辭。馮時之說是祭心宿的證據不足，以水名釋之較佳。

　　從以上討論可知，殷卜辭是否有二十八星宿之名或祭祀之例，是存有疑慮的。從後世二十八星宿比附殷商之時同樣名稱的祭祀對象，論其爲祭星，稍嫌武斷。

附論二：殷人的求雨之祭

　　對自然神祇求雨，除了用寮、酚、奉等祭祀儀式，另有三種特殊的雨祭情況。一爲跳舞以求雨，二爲焚巫求雨，三爲乍土龍以求雨。這三種方式較爲特殊，沒有特定對象而舉行，即有可能是對於能降雨者神祇的祭祀。

一、跳舞以求雨

　　原始的巫術中，「跳舞」是進入某種狀態的儀式行爲，通過手足的動作表現某種情態，是一種神聖力的象徵。《尚書‧伊訓》言：「有恆舞於宮，酣歌於室，時謂巫風。」疏：「巫以歌舞事神，故歌舞爲巫覡之風俗也。」〔註99〕此說明了「巫」和「歌舞」的關係，透過舞蹈來傳達人們的渴望，並藉此取悅神祇。

　　殷人有以舞來求雨，例有：

（1）貞：舞，有雨？

貞：舞，亡其雨？ 《合》7689

（2）茲舞，有从雨？ 《合》12833

（3）貞：舞？允从雨。 《合》12980

〔註99〕《尚書正義》，頁 115 上。

舞字作「災」，象人雙手持羽以舞或持牛尾以舞。手持羽以舞，《公羊傳・隱公五年》：「初獻六羽。六羽者何？舞也。」〔註100〕持牛尾以舞，《呂氏春秋・古樂》所謂「昔葛天氏之樂，三人操牛尾投足以歌八闋。」〔註101〕這段文字點出「舞」和「樂」的關係，是初民活動的形象，而「舞」則象持牛尾跳舞之貌。

中國古代旱災時，往往會跳舞求雨，是求雨的宗教儀式。《周禮・司巫》：「若國大旱，則帥巫而舞雩。」〔註102〕《爾雅・釋訓》：「舞號，雩也。」郭璞注：「雩之祭，舞者吁嗟而請雨。」〔註103〕「舞雩」謂一邊跳舞一邊呼叫下雨。從人類學材料來看，佛雷澤《金枝》記載之事蹟亦有跳舞求雨的「模擬巫術」：

> 北美的奧馬哈印地安人，在穀物因缺雨而乾枯時，成員們便將一只大水桶盛滿水，圍著它跳四次舞，其中一人從桶裡啜水並將其噴向空中，使之四處瀰漫好像細霧或濛濛細雨。……，北美納奇茲印地安人如果需要雨，男巫師便舉行齋戒，然後跳舞，他們嘴裡含滿雨水，咬著一根管子，將水噴向天空。……，北澳大利亞的馬拉部落，祈雨師來到水池邊唱巫歌，用手捧上一些水，吸入口中再噴向四方。
> 〔註104〕

此模擬巫術是巫師將水噴向四方，象徵下雨的樣子，藉此感應神靈降雨。跳舞是求雨必備的儀式，舞蹈具暗示性動作，是人向鬼神傳達意願的媒介。舉行求雨之祭的人，通常是巫師，具通神降神之本領。在殷代，跳舞求雨之人，不必爲巫，有專門人員從事跳舞的工作：

（1）壬申卜：多冒舞，不其从雨？ 　　　　　　《合》14116

（2）癸卯卜，営，貞乎多〔瞽舞〕☑
　　　王固曰：其有雨。甲辰☑丙午亦雨，多☑

　　　　　　　　　　　　　　　　　　　　　　《合》16013

（3）王其乎万霾？ 　　　　　　　　　　　　《合》31032

〔註100〕《春秋公羊傳注疏》，頁35上。
〔註101〕陳奇猷校釋：《呂氏春秋校釋》上，頁284。
〔註102〕《周禮注疏》，頁399上。
〔註103〕《爾雅注疏》，頁59下。
〔註104〕佛雷澤：《金枝》，頁96。

（4）乎林舞，有雨？

　　乎圍舞？　　　　　　　　　　　　　　　　《合》20971

（5）戍乎霖，有大〔雨〕？　　　　　　　　　　《合》30028

（6）貞：我舞，雨？　　　　　　　　　　　　　《合》14210

（7）王舞？允雨。　　　　　　　　　　　　　　《合》20979

辭例 3、5 之「霖」（𩅞）從雨從舞，賴昭吟以爲「霖」不同於「舞」，是當時用來祈雨的專門儀式。〔註105〕從「舞」和「雨」的關係來看，「霖」成爲表示祈雨舞的宗教儀式是有可能的，甚至也代表了祈雨舞在武丁晚期具有制度化的現象。跳舞之人有「多冒」、「多瞽」〔註106〕、「万」、「林」、「戍」、「圍」等，是專職祈雨活動的人員，乃舞師之名。〔註107〕「王乎万霖」謂「王叫万舉行祈雨舞」。此外，有謂「我舞」、「王舞」，「我」在卜辭表群體，「我舞」謂「我們跳舞」可能包含商王在內，以「王舞」證之，商王亦可進行祈雨舞的儀式。而「舞」需配之以樂，甲文有「奏舞」之辭，「今日奏舞，有從雨？」「辛卯奏舞，雨？癸巳奏舞，雨？甲午奏舞，雨？」〔註108〕「奏舞」，謂舞時配有音樂，或有聚集而舞之意，其規模較「舞」爲大。奏，除表示演奏樂器配之歌舞以求雨，亦當作祭祀動詞，如「奏河」、「奏岳」，即用奏祭祭祀河、岳。而第二條卜辭卜問從「辛卯」至「甲午」四日舉行奏舞，會有雨嗎？可見對於降雨的迫切需求。

　　此外，祈雨之祭有歌樂，卜辭見：

（8）隹商奏有正，有大雨？

　　隹各奏有正，有大雨

　　隹嘉奏，有大雨？　　　　　　　　　　　　《合》30032

「商」、「各」、「嘉」或爲商代歌曲之名，皆爲祈雨之樂。再者，跳舞之時，亦有配戴之裝飾、面具，甚至是特殊的舞蹈形式：

〔註105〕賴昭吟：〈説卜辭中的「万」〉，《研究與動態》15 期（2007 年），頁 107～108。

〔註106〕從裘錫圭釋爲「多瞽」，瞽是盲人樂師。見裘錫圭：〈關於殷墟卜辭的「瞽」〉，《2004 年安陽殷商文明國際學術研討會論文集》，頁 1～5。

〔註107〕「林舞」，宋鎮豪認爲是祭祀舞名。「林舞」之舞字又作「𣂪」宋氏引日本貝冢茂樹言象一舞者足踩雙干，指高翹舞。見宋鎮豪：〈殷墟甲骨文中的樂器與音樂歌舞〉，收入李宗焜主編：《古文字與古代史》第 2 輯（臺北：中央研究院歷史語言研究所，2009 年），頁 55～56。筆者以爲「林」作爲舞師之名較佳，同「万」作爲舞師之名。

〔註108〕辭例來源：《合》12818、《合》12819。

（9）今日乙霝，亡雨？

其霝👹，有大雨？　　　　　　　　　　《合》30031

（10）己丑卜：舞羊，今夕从雨？于庚雨。　《合》20975

（11）丙戌卜，舞🝆舞🝅，雨？不雨？　　　《合》20974

辭例 9「舞👹」之「👹」從止，似爲頭戴雙角面具的跣足舞，也可能是一種手持雙角形舞具的跣足舞。〔註109〕「舞羊」、「舞🝆」、「舞🝅」三種舞名，宋鎮豪提出「舞🝆」屬旋轉舞，「舞🝅」不詳，「舞羊」似指妝扮成羊或戴羊面具的祭舞。〔註110〕可見求雨的舞蹈形式特殊。

二、焚巫以求雨

　　除有跳舞奏樂的祈雨舞之外，殷代亦有「焚巫求雨」的習俗。傳說商代開國之君商湯在天之大旱時準備自焚求雨，《呂氏春秋・順民》云：

> 昔者湯克夏而正天下，天大旱，五年不收，湯乃以身禱於桑林，曰：「余一人有罪，無及萬夫。萬夫有罪，在余一人。無以一人之不敏，使上帝鬼神傷民之命。」於是翦其髮，酈其手，以身爲犧牲，用祈福於上帝，民乃甚說，雨乃大至。〔註111〕

《淮南子・主術》載：

> 湯之時，七年旱，以身禱於桑林之際，而四海之雲湊，千里之雨至。〔註112〕

「翦其髮，酈其手，以身爲犧」言王在行使祈雨巫術之時，先潔淨自身，再焚身以祭天，使天憐而降雨。殷代「焚巫求雨」見於：

（1）貞：燓，有雨？

勿燓，亡其雨？　　　　　　　　　　　《合》12842

（2）其燓永女，有雨？大吉。　　　　　　《合》30169

（3）叀燓妚，有雨？　　　　　　　　　　《合》1130

（4）甲申，貞：燓嫶，雨？　　　　　　　《合》32299

〔註109〕「跣足舞」可能是光腳跳舞的樣貌。《新五代史・王彥章傳》：「彥章爲人驍勇有力，能跣足履棘行百步。」跣足即是光腳之義。

〔註110〕宋鎮豪：〈殷墟甲骨文中的樂器與音樂歌舞〉，頁 56。

〔註111〕陳奇猷校釋：《呂氏春秋校釋》上，頁 479。

〔註112〕《淮南子》，卷9，頁4。

爇（🔥），像投人於火，為用人祭雨的宗教儀式。裘錫圭隸定作爇，為黃在火上，為「焚巫尪」的「焚」字異體。黃，象人仰面向天，腹部膨大，是《禮記・檀公下》「吾欲暴尪而奚若」的「尪」的本字。〔註113〕「黃」和「尪」音近相通，尪者的形象為身短、凸胸，而「🧍」正是尪者殘廢人的樣貌。《左傳》記：「夏，大旱，公欲焚巫尪。」〔註114〕即是用巫尪作人牲。卜辭中，作為人牲者有「永女」、「妍」、「嬌」等〔註115〕，而人牲之性質，于省吾認為是女奴，陳夢家以為是女巫，胡厚宣則提出可能是女奴，也可能是女巫，而以女巫為多。從古代祭雨傳統來看，女巫之說較為合理，王暉認為利用女巫求雨是一種「陰合陽術」，旱是陽，陰雨是陰，以女為犧牲，便能以陰滅陽。〔註116〕再者，殷代也以男巫作犧牲，裘錫圭釋「爇」之字，極有可能是焚男巫以祭。許進雄推測焚巫方式達到求雨目地的原因，其言：

> 焚巫求雨的方式，可能是基於希望上帝不忍心其代理人的巫受火焚
> 的苦楚，從而降雨以解除巫的困阨的天真想法。〔註117〕

此種「要挾性的巫術儀式」可以感動天神，給予降雨之需。焚巫，不一定真的焚燒巫尪，而是一種象徵性的祭祀儀式。

再者，爇舉行的地點，有在田獵之區，有在祭祀場所，有在某地者，如：「于喪爇」、「其爇高」、「爇𣂩京」、「爇凡」、「爇夒東」、「于河爇」、「于舟爇」、「于汅爇」等等。〔註118〕爇之地點，「喪」、「高」、「凡」是殷王田獵的區域，求雨是基於農耕的準備工作。而「𣂩京」是一處高起土丘，用以當作祭祀場所。艾蘭提出殷人求雨有祭四方，則殷人可能有造雩壇的記錄。〔註119〕而稱為「京」的祭祀地點，可能就是舉行求雨之祭的雩壇。壇，是一個高起的地方，於高地舉行焚巫求雨的儀式。另外，爇亦有在河、舟、汅等地舉行，推測可能是發生旱情之地，是以在農地、祭壇、旱災之地舉行爇祭來求雨。

〔註113〕裘錫圭：《古文字論集》，頁218～219。
〔註114〕《春秋左傳正義》，頁241下。
〔註115〕其餘有見：「爇聞」（《合》1136）；「爇杏女」（《合》30172）；「爇𢎺」（《合》32290）；「爇宓」（《合》32290）。
〔註116〕王暉：《商周文化比較研究》（北京：人民出版社，2000年），頁121。
〔註117〕許進雄：《中國古代社會：文化與人類學的透視》，頁610。
〔註118〕辭例來源：《安明》1832、《合》30791、《合》1138、《合》32289、《合》30790、《合》34483、《屯》827、《屯》2616、《合》32291。
〔註119〕艾蘭：〈殷代雨祭的幾個問題〉，頁348。

三、乍土龍求雨

舞雩和焚巫兩種求雨的儀式之外，卜辭另有見「乍龍」求雨的記載：

（1）隹薦龍，亡有大雨？　　　　　　　　《合》28422

（2）其乍龍於凡田，有雨？　　　　　　　《合》29990

以上二辭是以作「龍」來致雨。龍能致雨的想像，許進雄言：

> 龍能飛翔和致雨，可能和棲息於長江兩岸的揚子鱷的生活習性有
> 關。龍的特徵，臉部粗糙不平，嘴窄扁而長，且有利齒。在中國地
> 區，除鱷魚外，是它種動物所無的異徵。……揚子鱷在雷雨之前出
> 現，有秋天隱匿，春天復醒的冬眠習慣。古人見揚子鱷與雷與同時
> 出現，雨下自空中，因此想像它能飛翔。〔註120〕

許進雄認為「龍」是揚子鱷形象的化身，是威力無邊的神物。古人透過「龍」
和「雨」同時出現的現象，認為龍能致雨，故有「土龍求雨」的習俗，是物
者的自然冥感。《山海經·大荒東經》言：「旱而為應龍之狀，乃得大雨。」
〔註121〕《淮南子·墜形》云：「土龍致雨。」注：「湯遭旱，作土龍以象龍，
雲從龍，故致雨也。」〔註122〕皆以龍是求雨的對象。「乍龍」，裘錫圭以為是
遇旱災而作土龍以求雨。〔註123〕從上述所引文獻來看，裘氏之說可信。殷代
卜辭中，「龍」非祭祀對象，而僅是求雨的手段。從出土銅器來看，在殷墟西
北崗 HPK1005 號大墓出土青銅器中之「四龍盉」，可能是殷人專門在雨祭使
用的器皿。〔註124〕因此，殷代求雨之祭有固定的祭祀禮器，可見求雨之事在
殷人祭祀活動裡，至關重要。

〔註120〕許進雄：《中國古代社會：文化與人類學的透視》，頁 608～609。

〔註121〕《山海經箋疏》，卷 14，頁 6。

〔註122〕《淮南子》，卷 4，頁 6。

〔註123〕裘錫圭：《古文字學論集》，頁 224。

〔註124〕李濟認為「四龍盉」是崇拜儀式中「圖騰柱」一類的禮器。見李濟：〈殷墟出
土青銅禮器之總檢討〉，收入《李濟考古學論文選集》（北京：文物出版社，
1990 年），頁 761。

第五章　殷商自然神信仰之衰落和原因

　　第三章和第四章分別論述殷商自然神祇在殷人生活中的重要性。然而，自然神信仰的興盛在農業經濟形態下非常發達，在目前所出土的卜辭中，自然神祇信仰卻歷經時代的變遷而有衰微的現象。本章即討論發生的原因，論述爲何會呈現這個現象。

　　本章第一節藉分期概念呈現殷商自然神信仰的分佈，論述自然神信仰的興盛和衰微的時代變遷，透過占卜的數量統計結果，藉表格表達之。第二節探究衰落原因。

第一節　殷商自然神信仰的興盛與衰落

　　表格分期分爲八組，按照時代先後排列，以呈現興衰之跡。表格一爲帝信仰，殷人之帝不接受祭祀，是以卜問帝的卜辭作爲統計樣本。表格二爲天神信仰的祭祀數量〔註1〕，表格三爲地祇神信仰的祭祀數量。〔註2〕

〔註1〕關於雨祭，筆者不放置於祭祀雨神之內。由於求雨的對象眾多，進行雨祭求雨可能是對帝、對雨神，或對有能力降雨的神祈祈求降雨，如河、岳，故分析不易，無法確定祭祀對象，遂不論，僅以直接祭雨神之例作數量統計。此外，祭星卜辭包含「火」和「閃」，合之計算。

〔註2〕甲骨卜辭中所記的卜辭數量，不一定爲「祭祀數量」，只是占卜數量。雖然非爲祭祀數量，但是透祭祀卜辭卜問數量的統計，也能看出對神祇之態度，故以此數量作爲自然神信仰興衰的根據。

【表格一：帝信仰的分組數量表】

分組 對象	非王	自組	賓組	歷組	出組	何組	無名組	黃組	總記
帝	4	3	130	2	0	0	3	0	142
百分比	3%	2%	92%	1%	0%	0%	2%	0%	100%

　　關於帝的卜辭共有 142 條，有 92％集中在賓組，其餘它組零星散置，出組、何組、黃組未見一條帝卜辭。

【表格二：天神信仰和祭祀的分期數量表】

分期 對象	非王	自組	賓組	歷組	出組	何組	無名組	黃組	合記	百分比
日	0	0	3	13	4	0	3	0	23	29%
月	0	0	2	0	0	0	0	0	2	2.5%
星	1	0	0	0	0	1	5	0	7	9%
風	0	1	9	6	0	0	2	0	18	23%
雨	0	0	0	5	0	0	0	0	5	6%
雲	0	1	6	6	0	0	0	0	13	16%
雪	0	0	0	0	0	0	2	0	2	2.5%
帝臣	0	0	2	5	0	0	3	0	10	12%
合計	1	2	22	35	4	1	15	0	80	
百分比	1%	2%	27%	44%	5%	1%	19%	0%		100%

　　天神信仰的祭祀卜辭共有 80 條，以祭日卜辭最多，有 23 條，佔 29％。以全體祭祀卜問來看，其祭祀集中在賓組和歷組，總佔 71％，出組和何組祭祀甚少，至無名組又略為提升，然黃組不見祭祀天神。

【表格三：地祇神信仰和祭祀的分期數量表】

分期 對象	非王	自組	賓組	歷組	出組	何組	無名組	黃組	合記	百分比
山	0	2	2	8	0	0	13	0	25	3%
岳	0	1	112	94	0	0	23	0	230	28%
水	0	2	5	3	1	1	2	0	14	1.6%
河	3	3	197	105	3	20	30	0	361	44%

土	0	6	28	24	0	1	0	0	59	7%
方	0	4	60	21	0	0	8	0	93	11%
巫	0	4	3	14	0	0	0	0	21	2.6%
東母 西母	0	0	15	0	0	0	0	0	15	1.8%
合計	3	22	422	269	4	22	76	0	818	
百分比	0.4%	2.7%	51%	33%	0.5%	2.7%	9.3%	0%		100%

　　地祇類信仰是祭祀數量最多的一類，共有 818 條。祭祀對象以河和岳為主，佔祭祀總數的 72%。祭祀時期也集中在賓組和歷組，有 84%，是祭祀占卜的高鋒期。

　　以上三個表格可以看出，殷人對自然神信仰和祭祀集中在賓組和歷組。賓組時代上限為武丁中、晚期，下限至祖甲之初。歷組時代上限為武丁晚期，下至祖庚。可見自然神信仰盛行範圍大約為「武丁中期—祖甲之初」，亦即董作賓五期分期之第一期至第二期前半。祖甲之後的卜辭，亦即出組、何組、無名組、黃組，自然神祭祀數量迅速減少，尤以黃組終不見。

　　論其興盛原因，是此時期對於自然界依賴較重，依靠農業生存的殷人，重視氣象變化，對其神化，遂仰賴之。再進一步，則賦予自然神不屬於其自然屬性的能力，例如戰爭、商王福咎等。此外，此時殷人事事倚賴鬼神，無事不卜，卜問之事包羅萬象，有氣象、年成、戰爭、城邑、人事商王禍福等事，均會尋求神祇意見，貞問吉凶，預示未來，作為行事準則。同時，此時商王武丁，本身亦依靠神權力量，進行王事或祭祀。君王兼巫師一職，可以是祭祀主持人，亦可行巫術之事，如雨祭時親自舞雩，占卜時對卜兆進行分析而得出占辭，遂有「王固曰」之語，藉此展現君王握有神權，以行「神道設教」，借用諸神權威，協助君王。然此祀神高峰時期，在武丁、祖庚之後有顯著改變。「殷人尊神，率民以事神，先鬼而後禮」〔註3〕的說法，僅於武丁時期體現，而跟殷商後期祖甲祭祀卜辭的現象有所不同。

　　自然神信仰的興盛和衰微，興盛原因跟社會生活與殷王態度有關聯。而式微原因，也包含了宗教性思考的現象轉變和社會發展的進化，並且殷王的個人意志和行事作為，更是影響國家祭祀信仰的消長。下一節即就自然神信仰為何退出殷人的祭祀體系之中，作一說解。

〔註3〕《禮記正義》，頁 915 下。

第二節　殷商自然神信仰衰落的原因

　　從第一節的三個表格可以看出自然神信仰在出組之後，數量迅速減少，究其原因，可從三方面論之：一是宗教現象的「天神退位」，二是殷人崇祖意識的強化，三是人智意識的增強。

一、天神退位的思考

　　殷人的帝雖非至上神，但作爲掌管氣象的「最高神祇」，其重要性對在農業經濟爲主的殷商社會，不可言喻。帝是殷人想像中的神祇，不是一實體存在，卻深深影響殷人生活。就目前卜辭材料來看，帝不受祭祀，其距殷人世界甚遠，存在場所位於天上，故可稱爲「上帝」。而殷人對於帝之態度，僅對其提出問題，不祭祀帝，此現象表明殷人之帝是種超然世外的存在，遂不用祭品以享神。帝信仰卜辭，集中在賓組武丁時期，其後鮮少出現。至於天神信仰，亦集中在賓組和歷組，其後天神受祭的現象甚少。從帝和天神的分期數量來看，居於天上的帝、天體諸神、氣象諸神，在歷組卜辭之後，呈現衰退的信仰現象。

　　天神信仰爲何衰退，伊利亞德藉各民族的天神崇拜現象，得出「天和天神」有從祭祀中消失的傾向，其舉例如下：

> 印度土著民族對於至上神的信仰是一種模糊的記憶而不是一個積極的力量，這個至上神的蹤跡幾乎全無文字記載，但是同天空和氣象的聯繫仍然保留下來。……馬六甲半島上的塞芒人（Semang）的一位至上神卡里（Kari）沒有創造地球和人類，因其太遠離人，以至於無法滿足人類數不盡的宗教的、經濟的以及生命的需求。……法屬剛果的樊人（Fang），恩札米（Nzame）天地的創造者和主人，在該部落的宗教生活中曾經扮演十分重要的角色，如今退出任何崇拜形式。〔註4〕

從後世文獻來看，「帝」和「天神」信仰在中國宗教傳統並無消失的現象，但是藉卜辭材料來看，帝和天神在信仰體系中的衰落，排除出土資料之不全，或可以有另一種思考。以帝來說，其象徵天空或上天神聖性的載體，與人世有密切關係，直接左右禍福，但帝距離人世遙遠，其雖可致降入世，但帝之

〔註4〕〔羅馬尼亞〕米洽爾‧伊利亞德著，晏可佳，姚蓓琴譯：《神聖的存在：比較宗教的範型》（桂林：廣西師範大學出版社，2008年），頁39～45。

抽象性亦造成其遙遠性，所以形成帝不受祭，並且帝也慢慢淡出殷人的信仰體系。再者，天神信仰，先就卜辭數量上而言，有 80 條的祭祀卜問記載，約為帝的二分之一，可見祭祀天神在殷人宗教活動並非重心所在，且亦集中在賓組、歷組卜辭，其現象也可說明天神距人類社會遙遠，雖然日月風雨是日常生活所必需，但風雨之到來和止息，非祭祀風神雨神就能達成目的，而是賦予離生活較近的地祇神祇，有控制風雨的能力，並且祭祀地祇較天神頻繁且隆重。此現象說明殷人對遙不可及的帝和天神，其地位和權能漸漸被近於人世、與生活有切身關係的地祇神所取代。天神退位，致使地祇神的地域性保護作用，在自然神信仰裡頭成為主流。伊利亞德言：

> 至上神和天神的歷史中有從祭祀中消失的傾向，在任何地方他們都
> 不起領導作用，而是變得遙不可及並為其他宗教力量──如祖先崇
> 拜、精靈和自然神靈，豐產神、大母神等──崇拜所替代。〔註5〕

殷人的自然神信仰體系，河岳信仰是自然神之大宗，對河的情感特殊，在於河水於農業、於生活均有密切作用；岳是殷都境內最高山脈，高山之雲霧繚繞，是降水氣之前兆，此外高山物產豐富，生活資源取之於此，故殷人加諸祈年祈禾需求在河岳二神祇，為二者離人世較為接近，近於人的生命和人身邊的自然事物其神聖價值愈大，愈能滿足人類之於宗教、經濟、生命的需求，故備受重視。而天神的超越性和消極性（對於天神的漠視），轉移到更加活潑、主動和容易接近的形式。人類對於圖騰、敬奉死者靈魂的信仰，產生一種和天神信仰完全不同的宗教態度。這種對近於身邊物事的崇拜，影響了遙遠天神的神聖性，遂使得自然神靈，如土、河、岳的價值提高，使得殷人對其祈求亦甚。

　　天神之退位，並不代表天神信仰之消失，僅是一種退位現象，表示其重要性在共時過程裡漸漸被更切身於人間的神祇所替代，如河神和岳神，或是祖先。就歷時演變來看，帝、天神信仰之記錄，在出組卜辭之後很少出現，在地祇神祭祀方面，也呈現相同情況。可見，貼近於人世的地祇神，也不再是祈福祭祀的重點，天神失去權威之後，代之的地祇神也退位了。此表示殷人在祖甲之後，有一波祭祀觀念轉變的過程，導致祭祀對象有明顯差異。這個差異，即下一段要提出的「崇祖意識的強化」。

〔註 5〕〔羅馬尼亞〕米洽爾‧伊利亞德著，晏可佳，姚蓓琴譯：《神聖的存在：比較宗教的範型》，頁 40。

二、崇祖意識的強化

自然神信仰的衰微，天神離我們較遠，故漸漸退位，河、岳貼近於人世，卻也慢慢淡出祭祀體系。藉伊利亞德的論點「天神為祖先崇拜所取代」，在殷商自然神信仰中，不僅天神被地祇神取代、地祇神一類也被祖先崇拜所取代。〔註6〕祖先崇拜在武丁時期其祭祀對象多元，先公、先王、先妣、兄輩、臣屬均納入祭祀範圍〔註7〕，加上自然神信仰，是以武丁時期是「崇神崇祖意識的混合期」〔註8〕，為一種多神意識（Polytheism）。然而，此種多神意識，在祖甲之後，有了明顯改變，導致自然神信仰衰微，使得祖先祭祀愈加強化。此種改變可從兩方面來看：一是殷人對鬼神觀念的變化，二是周祭祀典的出現。

（一）鬼神觀念的轉變

鬼神於人世作用可好可壞，殷人認為人鬼可以使殷王生病，作祟於王、可以破壞年成、降雨；同時祂們也能祈求降雨、祈禱年成，甚且利用祭祀來禳災除禍。武丁時期的賓組和歷組卜辭，有不少祈求、攘拔的記錄，如祈求豐年（祈年、祈禾），祈求生育（祈生）；攘拔則藉祭祀，如禦祭、告祭等。劉源指出：「目前殷墟卜辭材料顯示商王頻繁的舉行祈請、拔禳之祭的時代大概是武丁、祖庚、祖甲時期。」〔註9〕其說可信。此時期頻繁祭祀以求福避禍，應與當時的人鬼觀念有所相關。日本學者伊藤道治研究祖靈變遷，注意到第一期卜辭有如下的卜問記錄：一、疾病是否因父乙引起，二、請求先王、先妣防止疾病〔註10〕，三、祖先眚王的記載。得出結論為：

〔註6〕趙林提出，商人創造高祖與社及山川神靈的模糊性、轉化性及同組同級性，將上帝崇拜和祖先崇拜連結起來。參趙林：〈商代宗教信仰的對象及其崇拜體系〉，《國立政治大學學報》72 期上（1996 年），頁 17。前輩學者多有將「河」、「岳」、「土」當成祖先神，如陳夢家認為此當是「自然神向人神的過渡。」卜辭有見「高祖」和「河」同時受祭，河之地位等同於殷人高祖，可能即是此種連結關係。然而，河岳本身仍視為自然屬性為佳，故在天神退位之後，祖先取而代之，自然神之河岳土不見轉化為真正意義上的「祖先神」，所以其信仰趨向也是衰落的。

〔註7〕夒、季、冥、王亥、王桓、上甲等。

〔註8〕金經一：《甲文所見殷人崇祖意識形態之研究》，頁 207。

〔註9〕劉源：《商周祭祖禮研究》（北京：商務印書館，2004 年），頁 125。

〔註10〕伊藤道治將「禦」理解為預防，是在疾病災禍發生之前，採取祭祀以防範。筆者以為「禦」理解作拔禳為佳，是解除已經發生的疾病禍害的祭祀。如「疾齒，禦於父乙」是殷王牙齒痛（已經發生），對父乙禦祭嗎（父乙是造成齒痛

先王對王在血緣上起作用，而且先王一方面接受祭祀，另一方面具
有這種作祟於王的能力，與其說為祖靈觀念，不如看作對於活人來
說，是令生者恐懼的死者觀念或死靈觀念的意識。〔註11〕

筆者認同伊藤道治的說法，武丁時期的死者觀念是畏懼成分較大，雖同時也
對其訴諸祈求〔註12〕，可是恐懼心態仍存在。殷人存有「先人作禍」觀念，
在疾病和作夢可見其端。以夢為例，如：

（1）貞：王夢，隹囚？
　　　貞：王夢，不隹囚？　　　　　　　　　　　《合》272 正

（2）庚子卜，㱿貞：王夢白牛，隹囚？　　　　　《合》17393 正

（3）王夢兄丁，隹囚？

（4）己丑卜，殻貞：王夢，隹祖乙？
　　　貞：王夢，不隹祖乙？　　　　　　　　　　《合》776 正

（5）貞：婦好夢，不隹父乙？　　　　　　　　　《合》201 正

「夢」，在原始思維中，是人的靈魂外游入於作夢者的身體之內，產生作夢
現象，而靈魂外游受鬼神指使，故夢可以是作夢者吉凶禍福的預兆。殷人的
夢文化是一種「凶夢文化」〔註13〕，作夢即有凶義。辭例 2 之「白牛」，殷
人崇尚白色，以白為貴，夢見白牛而卜問有憂，是起因於不管夢象為何，均
卜問有憂無憂，乃作夢這件事本身就是不好的情事。辭例 4 問王作夢，是祖
乙作祟嗎？辭例 5 問婦好夢，不是父乙作祟嗎？此二卜辭在貞問讓人作夢者
為誰，因夢使人不安，故卜問哪位先祖作祟，又如：「貞：王有夢，其有囚？
貞：王有夢，亡囚？。祖丁祟王？祖辛祟王？」〔註14〕顯示了殷人的「夢」、
「祖先作祟」、「有禍」是互有聯繫的。而卜辭記錄殷之夢文化，集中在武丁

　　之因，所以舉行禦祭拔除嗎）。
〔註11〕〔日〕伊藤道治：《中國古代王朝的形成》，頁 10～13。
〔註12〕藉卜辭來看，河、夔、王亥、上甲均可「卷雨」，同時這四者亦能祈雨；岳、
　　　　河、夔均可「卷年」同樣也可「㞷年」，可見作祟與降福是互有關係。
〔註13〕王維堤以為殷人的夢心理，偏重於避凶。作了一個吉凶未卜的夢，大抵疑慮
　　　　重重。殷王經常占夢，雖然是一種迷信，在當時確有一種處處小心謹慎，以
　　　　免神譴的意識在起作用。見王維堤：《神游華胥——中國夢文化》，頁 36。「夢」
　　　　是鬼魂的啟示作用，作夢本身是人的靈魂和鬼魂相交的過程，殷人畏鬼，故
　　　　「夢」趨向凶義。
〔註14〕辭例來源：《合》17409 正。

時期〔註15〕，亦是另一證據，說明武丁時期對於死者靈魂的恐懼，故導致作夢爲凶義。

　　此外，恐懼死靈，分析武丁時期的祭祀卜辭亦可見。張宇衛《甲骨文武丁時期王卜辭和非王卜辭之祭祀研究》提出「禦」祭是王卜辭和六家族〔註16〕卜辭並見的祭祀動詞，「禦」祭的拔攘作用在家族間受到重視，有其內在的宗教取向。〔註17〕禦祭施行因素，亦是以不祥之事爲人鬼引起，懼其作祟、致疾，故以禦祭攘除之，以消除不利於人的現象。再者，對於自然神也進行禦祭，如「禦於河」、「禦於土」〔註18〕，禦祭的原因，以禦祭作用應是拔除河、土所帶來的不祥。另外，禦祭施行的時代頻率，根據張玉金統計，自組、賓組、歷組、子組、午組的禦祭次數共有 640 次，佔 96.8%；出組、何組、無名組禦祭次數 19 次，佔 3.2%；黃組則一次也沒出現。〔註19〕此比例亦見武丁時對鬼神之畏懼。

　　因爲畏懼死靈，導致頻繁祭祀鬼神。亦懼怕自然神的神性，如刮風、下雨、大水等，對先祖舉行「禦祭」，對自然神舉行「寧祭」，皆是不祥之事的攘除，出於對未知的不安，故要尋求一個解答來解決不明之事。然此現象（死靈觀念），祖甲之後有明顯轉變。作祟、咎王等降禍卜問減少，攘除之祭甚少，謂鬼神不再是讓人害怕的事物，加上「天神退位」的影響，「祖先崇拜」順勢而起，代之而起的是對先王先妣有規律舉行祭祀，甚至有限定直系先祖之祭，表示祖靈更親近於人的性質，血緣性連接較強，於是形成有規律祭祀先祖之卜辭。

（二）周祭卜辭和特祭卜辭的出現

　　祖甲時代，格式化祭祀卜辭形式出現，稱之爲「周祭卜辭」，以祭祀先祖、先妣爲主。周祭卜辭以黃組數量最多、最有系統，其次屬於出組保存最好。周祭卜辭主要以「翌、祭、壹、劦、彡」五種祀典對祖先輪番和周而復始的

〔註15〕　《類纂》所收「夢卜辭」，以賓組爲多。見《類纂》，頁 1185～1188。

〔註16〕　六家族：子組、午組、圓體類、劣體類、婦女類，花東。

〔註17〕　張宇衛引麥克・阿蓋爾在其《宗教心理學導論》一書言：「人們發現，內在宗教取向能夠緩衝因不能控制的生活事件——如死亡和嚴重的疾病——而造成的壓力（也就是說，消除了其影響），否則這些壓力會產生焦慮和沮喪。」見張宇衛：《甲骨文武丁時期王卜辭和非王卜辭之祭祀研究》，頁 149。

〔註18〕　辭例來源：《合》14525、《合》32012。

〔註19〕　張玉金：〈論殷代的禦祭〉，頁 71。

祭祀，並有一個事先擬定的祀譜，規律且定日逐次祭祀先王先妣，一個王世連著一個王世，連綿不絕的祭祀，形成一套完整的祭祀周期。其祀典順序為「翌→祭壹劦→彡」，翌祀首先被舉行，接著是「祭壹劦」三祀，最後是彡祀，依此周而復始，以一定規律來進行周祭。

　　周祭卜辭的三種類型，呈現出周祭的卜問次序和祭祀程序。據常玉芝的分類有三：祭上甲及多后的合祭卜辭、附祭先王五祀的卜旬卜辭、王賓卜辭。舉例如下：

　　　　（1）癸未王卜貞：彫彡日自上甲至於多后，衣，亡壱自畎？
　　　　　　　在四月。佳王二祀。　　　　　　　　　　《合》37836
　　　　（2）癸巳王卜貞：旬亡畎？王占曰：吉。在六月。
　　　　　　　甲午彡羌甲，佳王三祀。

　　　　　　　　　　　　　　　　　《合》37838＋《合》35756

　　　　（3）戊辰卜貞：王賓大戊祭，亡尤？　　　《合》35599

辭例 1 的「佳王二祀」，指時王二年，祀即年。在四月癸未日占卜，王親自卜問以彫祭彡祭祭祀上甲及其後的先王是否順利。此稱為「合祭卜辭」。由於一種祀典對先王先妣祭祀一輪需要十旬的時間，是以「合祭」卜辭問的是某個祀典旬季的祭祀。辭例 2 卜問旬無禍，是在上一旬末日癸日卜問下一旬祭祀是否順利，並附上此旬的第一日甲日所祭甲名先王的祭祀。辭例 3 稱為「王賓卜辭」，乃此類有「王賓」之辭。「亡尤」之尤，解作「過失」，非指災禍[註20]，辭例 3 是在卜問祭大戊沒有過失吧。王賓卜辭是當日要祭祀先王先妣時的卜問。由此可知，藉黃組周祭卜辭可知周祭有一定順序和一套祭祀卜問的程序，先在一旬之末卜問下一旬合祭是否無憂，再貞問下一旬祭祀之吉凶，最後於祭祀當天卜問是否無過失、無怨咎。然而，祭先妣則僅有王賓卜辭，如：「辛巳卜，貞：王賓大甲奭妣辛，翌日，亡尤？」「壬寅卜，行貞：王賓大庚奭妣壬，劦，亡尤？」[註21] 不似祭先王之嚴謹和慎重。

　　再者，先王先妣的周祭祭祀次序，據常玉芝整理，製表如下[註22]：

[註20]　「亡尤」之尤，《尚書·洪範》「御思心于有尤」，注「尤，過也。」沈建華認為「無尤」是有無過失，怨咎的意思，在某種情況下並非指災禍，跟多用於田獵卜辭的「亡災」有所不同。見沈建華：〈論亡𡆥、亡壱、亡尤、亡災、亡戋、亡𡆥的辭義異同〉，《中國語文研究》第 5 期（1983 年），頁 23～27。

[註21]　辭例來源：《合》36208、《合》23341。

[註22]　此表的旬序是表明先王先妣受祭的次序，而不是實際舉行祭祀的旬數。見常

旬序	受祭王妣
第一旬	上甲、報乙、報丙、報丁、示壬、示癸
第二旬	大乙、大丁、示壬奭妣庚
第三旬	大甲、外丙、大庚、示癸奭妣甲、大乙奭妣丙、大丁奭妣戊、大甲奭妣辛、大庚奭妣壬
第四旬	小甲、大戊、雍己、大戊奭妣壬
第五旬	中丁、外壬、中丁奭妣己、中丁奭妣癸
第六旬	戔甲、祖乙、祖辛、祖乙奭妣己、祖乙奭妣庚
第七旬	羌甲、祖丁、南庚、祖辛奭妣甲、祖丁奭妣己、祖丁奭妣庚
第八旬	陽甲、盤庚、小辛
第九旬	小乙、武丁、祖己、祖庚、小乙奭妣庚、武丁奭妣辛、武丁奭妣癸
第十旬	祖甲、康丁、武丁奭妣戊、祖甲奭妣戊、康丁奭妣辛

周祭將先王先妣祭祀一輪，不分遠祖近祖，直系旁系，一律都在祀典之內，其祭祀順序爲遠祖至近祖，體現遍祀祖先神的現象，且祭日同廟號。從周祭卜辭，可以看出：1.祭祀對象不包括先公和自然神，祂們被排除在周祭的祭祀體系。2.祭祀祖先已有相當規模，是有意識地且固定以五種祀典舉行祭祖儀式。

除以周祭卜辭遍祀祖先，黃組卜辭另有特殊祭祀，是殷人對近世直系祖先的特祭，常玉芝稱爲「祊祭卜辭」〔註23〕。舉例如下：

（1）丙戌卜貞：文武丁祊其牢？ 　　　　　　　《合》36156

（2）甲申卜貞：武乙宗祊其牢？茲用。 　　　　《合》36081

（3）丙戌卜貞：文武丁宗祊其牢？ 　　　　　　《合》36154

（4）癸丑卜貞：祖甲祊其牢？茲用。 　　　　　《合》35858

（5）丙午卜貞：康祖丁祊其牢？茲用。 　　　　《合》35966

（6）壬申〔卜〕〔貞〕：母癸祊叀羊？茲用。《合》36322

（7）甲辰卜貞：武祖乙必其牢？ 　　　　　　　《合》36084

（8）丙午卜貞：文武丁必祊其牢？ 　　　　　　《合》36115

玉芝：《商代周祭制度（增定本）》（北京：線裝書局，2009 年），頁 87。

〔註23〕常玉芝：〈說文武帝──兼略述商末祭祀制度的變化〉，《古文字研究》第 4 集（1980 年），頁 216～217。

「祊」和「宗」廣義言均指宗廟，《左傳》有「宗祊」一詞（註24），表宗廟、家廟，乃祭祀祖先的場所。必，指閟宮，亦指宗廟。見其祊祭在宗廟舉行。祊祭卜辭的祭祀對象僅有武丁、祖甲、康丁、武乙、文武丁五位直系先王，和武乙之配母癸。旁系先王祖己、祖庚不受此類祭祀，除武乙之配妣癸外，其餘直系先王的配偶也不受此祭。另外，「宗祊」和「必祊」形式的祊祭卜辭，僅用於武乙和文武丁二王，為時王之直系二先王，限定範圍更小，更為特殊。

祊祭卜辭比之周祭卜辭，更能顯示出殷商後期對於祖先祭祀，更有血緣上的緊密聯繫，不再遍祭諸祖，而以五位直系先王為祭祀對象，使用專門祭祀儀式，不與周祭五祀混同。周祭和祊祭的祭祀心態，不再是占卜以論吉凶，或是害怕人鬼作祟於我，祭祀以避禍求福，追求短暫地攘除一時之災，而是有意識進行祭祖活動，功利性大為減少，具有慎終追遠的心態存在。從這兩種祭祖卜辭，可見祖甲之後，崇祖意識之高漲，對祭祖形式的規律化、固定化和簡單化，在這種意識之下，自然神信仰被屏棄在祭祀之外。從血統和非血統劃分，則祖先（血統神）在殷代後期受到重視，自然神（非血統神）在後期受到冷落，是以血緣聯繫加強了人和祖先之共融，其牽絆造成崇祖意識的增強，對祖先周密而隆重的周祭，排除非血緣性的崇拜，造成了殷商自然神信仰的衰退。

三、人智意識的增強

殷商自然神信仰衰退的第三個原因為「人智意識的增強」。祭祀乃國家大事，自然神信仰受到崇祖意識的影響而沒落，宗教信仰類型的消長絕非一般人能左右其勢，此非君王之力絕不能為，而君王之為人和作為，影響其政事之發展。祖甲之後，自然神信仰的滑落，君王「人智意識」增強所造成的現象亦是一因。所謂的人智意識，即以理性態度待另一世界的神靈，而非純然迷信。在此，以祖甲、武乙、帝辛三位君王，討論君王人智增強後，致使自然神信仰的消失，並探究人神關係。

祖甲，武丁之子，嚴一萍論祖甲上位後，即推行新政改革祀典，其言：「取消武丁、祖庚時代之多種祀典，簡化為翌、祭、㝈、肜、彡五種有組織的祀典，遍祭自上甲以下先祖，連續循環行之。」（註25）周祭卜辭即為祖甲改制的具體成果。祖甲為何要改制武丁時期的祭祀形態，其在位三十三年，造成

〔註24〕《春秋左傳注疏》，頁609下。
〔註25〕嚴一萍：《殷商史記》上冊，頁180。

－173－

信仰形態的重大轉變，試以祖甲的為人說起。

關於祖甲的記載，《尚書·無逸》云：

> 其在祖甲，不義惟王，舊為小人。作其即位，爰知小人之依。能保
> 惠於庶民，不敢侮鰥寡。肆祖甲之享國，三十有三年。〔註26〕

《尚書今古文注疏》引馬融言：

> 祖甲有兄祖庚，而祖甲賢，武丁欲立之。祖甲以王廢長立少不義，
> 逃亡民間。故曰「不義為王，久為小人」也。武丁死，祖庚立。祖
> 庚死，祖甲立。〔註27〕

馬融的說法，鄭玄承之。〔註28〕文獻觀之，祖甲是一位遵守禮制之人，父欲立己為王，自以為不義而逃於民間，久作小人而深知民間疾苦，可以嘉惠於庶民。其兄祖庚亡，代之為君，故能勇於改革，革新其父武丁禮制，認為當時禮制繁瑣，自然神和祖先神皆是祭祀對象，遍祭群神以求庇佑之事為不妥，遂改良祭祀態度和祭祀對象，遠於人的高祖先公不再受祭，自然神祇也不列入祀典，僅存先王、先妣之祭祀制度，祭祀活動化繁為簡，專以五祀為主。此外，自然神自祖甲後鮮少受祭，除了祖甲改制專以祭祖，似也表示祖甲對於「神」之神威有所懷疑，認為神非能控制人間生活，自然現象發生有其規律，故以較為理性態度待之，此為祖甲改制的內在意識。此思維展現了人智之發展，不再受限於神鬼，雖然仍保留祭祀祖先，但已經非武丁時期「尚鬼尊神」，而以一種慎終追遠的禮敬態度。

祖甲之後，另一位勇於革新，甚至懷疑神權的君王是武乙。《史記·殷本紀》記載：

> 帝武乙無道，為偶人，謂之天神，與之搏，令人為行。天神不勝，
> 乃僇辱之。為革囊盛血，仰而射之，命曰射天。〔註29〕

帝乙以偶人為天神，命人幫偶人行動，與之搏鬥，然天神敗於帝乙，故帝乙戮殺污辱天神，以箭射之。「射天」，於人類學資料有見，佛雷澤《金枝》記東南非的津巴人尊崇其國王，國王才是世上的神，如果天不按他的意思下雨，

〔註26〕《尚書正義》，頁 241 上。

〔註27〕〔清〕孫星衍：《尚書今古文注疏》（臺北：文津出版社，1987 年），頁 438～439。

〔註28〕鄭注：祖甲，武丁子帝甲也。有兄祖庚，賢，武丁欲廢兄立弟，祖甲以為不義，逃於人間，故云久為小人。見《尚書正義》，頁 241 下。

〔註29〕《史記》上，頁 64。

或天氣悶熱，他便以箭射天，懲治天違反他的意志。〔註30〕觀帝乙射天的意
涵：一是此行動表示帝乙抵抗神權，挑戰神威，帝乙認爲神並沒有比我強壯，
比我厲害，故公然抗拒神權；二是帝乙以射天之舉逼迫天神就範，表示王權
大過於神權。依卜辭來看，帝乙時代的主要卜辭爲無名組卜辭，對自然神之
祭祀爲9%，比例低。武乙射天舉動，顯示武乙本身疑惑於神威，始思考神威
是否如此無所不能，反映在卜辭上，則是對於自然神的漠視，甚至連祖先崇
拜都處於低潮時期〔註31〕，此和祖甲改革以尊祖之禮制大不相同，武乙不尊
祖，亦不尊神，導致武乙時期神權低落。史家稱「帝武乙無道」，「帝武乙慢
神而震死」採取批判態度，然從另一角度來看，武乙的行爲除在政治上以鞏
固王權不受制於神權，在個人心態則和祖甲一樣，是人智思維和理性意識發
展，造成自然信仰和祖先信仰的衰微。

武乙之後，帝辛同樣勇於挑戰神權，《墨子·非命上》言：

於〈太誓〉曰：紂夷處，不肯事上帝鬼神，禍厥先神禔不祀，乃曰
吾民有命，無廖排漏，天亦棄縱之而弗葆。〔註32〕

從此可看出商紂不敬鬼神，其一爲不信仰上帝鬼神，其二是不遵守以前
祀典以祭祀祖先。此記載就卜辭材料對照，有可商之處。「不肯事上帝鬼神」
之說，於自然神信仰之式微有徵，帝辛卜辭時代爲黃組，黃組的自然神祭祀
一例不見，當時自然神信仰於卜辭記錄消失，故此言爲確。「禍厥先神禔不
祀」，不遵守祀典祭祖，實爲不確。證據有二：其一爲帝辛時期所屬「四祀邲
其卣」銘文，與黃組五祀卜辭文例相同。銘文爲：「乙巳，王曰：尊文武帝乙
宜，在召大廳，邁乙翌日，丙午，丁未。乙酉，王在，邲其賜貝。在四月。
佳王四祀。翌日。」「在某月」和「佳王某祀」是周祭卜辭之特色，是亦以周
祭方式祭祖。其二爲周原甲骨中記載商紂祭祀父親帝乙之卜辭：「癸子（巳）
彝文武帝乙宗，貞：王其昭祭成唐（湯）■，禦奴二女，其彝血羘三、豚三、
叀有正？」〔註33〕「彝在某先王宗」文例，見於：「甲戌卜：乙亥王其彝於祖

〔註30〕〔英〕佛雷澤：《金枝》，頁148。
〔註31〕王蘊智言無名組卜辭的占卜內容包括祭祀、田獵、征戰、卜旬等，而以田獵
卜辭的比例爲高。見王蘊智：《殷商甲骨文研究》（北京：科學出版社，2010
年），頁331。
〔註32〕〔周〕墨翟：《墨子》（臺北：臺灣中華書局《四庫備要》本，1965年），卷9，
頁4。
〔註33〕朱歧祥：《周原甲骨研究》（臺北：臺灣學生書局，1997年），頁4。

乙宗？」「彝在中丁宗？在三月。」〔註34〕文獻載帝辛不遵守祭祖祀典，於卜辭則不見，反而有承襲關係。

《墨子》所言商紂「不肯事上帝鬼神」和「天棄弗葆」之言，對於討論自然神信仰的式微有所聯繫。帝辛慢於鬼神，不事上帝，亦和其為人有關，《史記‧殷本記》言：

> 帝紂資辨捷，聞見甚敏；材力過人，手格猛獸；知足以距諫，言足以飾非。矜人臣以能，高天下以聲，以為皆出己之下。〔註35〕

帝辛自我意識的增強，在於個人才幹甚高的自負，「知足以距諫，言足以飾非」，其智謀可以拒絕歸勸，其言語可以粉飾過失，認為僅憑一己之力即可，所以不須依靠鬼神護佑。在此君王人智的發展下，自然神信仰的式微可以想見。

以上藉由祖甲、武乙、帝辛三王論述其為人和人智發展導致不祭自然神。此外，從神靈崇拜的心態來看，敬畏感是崇拜的基礎，自然神信仰起因於對自然現象的變化、自然環境的變異所不明而產生的崇拜意識，認為萬物皆有神靈掌之，可是，當人智逐漸開發，透過長期觀察自然界的天氣現象，必定對風雨陰晴的規律有所了解，此勢必造成自然界神祕可怕的形象逐漸削弱下去，對自然力之畏怖亦隨之消解，遂引起殷商自然神信仰的衰落。

第三節　小　結

本節討論殷商自然神信仰的興盛與衰落，其興盛之期在賓組和歷組，時代為武丁到祖庚時期，此時期對鬼神畏懼較為濃厚，故多卜問自然神祇，求其保佑。因素在於，此時人智水平尚未達到後期的高度，遂對另一個世界的神靈存有敬畏感與神秘感，故多卜問和祭祀。加上基於農業的需要，冀望自然神保佑年成。然而，這個現象，在祖甲時代發生明顯改變，造成自然信仰的衰落。其原因有三：一為天神退位的思考，因為天神距離人世較遠，故由近於人的祖先崇拜所代替，使得自然神祇被排除在外。二為崇祖意識的增強，天神退位而來的崇祖意識高漲，加上鬼神觀念從死靈到祖靈，從懼怕到禮敬，鬼神不再是讓人受禍受災的源頭，反而是貼近於人，並且與人有血緣之緊密

〔註34〕辭例來源：《合》32360、《合》38223。
〔註35〕《史記》上，頁64下。

聯繫，在此意識下，形成了周祭卜辭和祊祭卜辭用來專門祭祀先祖的祭祀形式，透過周而復始的遍祭，一定的規律程序來禮敬祖先，是有意識祭祖，不是功利至上，追求短暫福分的禳災祈福，而具有慎終追遠的意味，是血統神排擠了非血統神。三為人智意識的發展，透過祖甲、武乙、帝辛三王的人智意識，以理性態度對待神祇，不再以事神為考量，反而反省人神關係是否都處於人在神之下，勇於反駁神權，理智抬頭的結果，使得迷信成分較重的自然神信仰淡出祭祀體系。此外，人智的開發，長期的自然觀察，勢必讓殷人從中知道自然現象有其規律，而不再畏於神秘力量。雖然殷人的自然神信仰不僅僅是崇拜自然力，也從中得到自然現象、氣象的知識，可是仍不免有一種「崇神」的態度，使得人的智性在神威之下。但是，經過長期了解，明白自然界自有一套規律，風雨陰晴均有定律，其神秘感減低，遂使自然神信仰不在受重視，退出了祭祀體系。

　　自然神祇退出祭祀體系，後期鮮少在卜辭中出現，筆者認為並不表示就此消失，只是不再那麼受到敬重。或許可以反駁殷人在所謂「自然神衰落」的時期，其實對於自然神祇仍保持崇神的態度，只是沒有刻寫於龜甲獸骨，或是尚未出土，就殷人宗教意識來說，龜甲是人和神溝通的媒介，若不記於甲骨來預測神鬼意志，詢問鬼神吉凶，那麼這個時期是如何跟自然神祇溝通呢？因此，筆者的推論是可信的，賓組和歷組是殷商自然神信仰的高峰期，其後迅速衰亡而至不見。

第六章　殷商自然神信仰的反思

　　本章以三個方向論述殷商自然神信仰的反思與再認識。透過殷商卜辭的宗教文獻資料，用現代眼光重新思考當時的宗教現象所勾勒出的宗教、生活、時代之意義。第一節討論宗教的意義，藉由人和神的融合與衝突，表述「神」在宗教人生活中的改變。從早期的信神至後期的疑神，呈現出人類開始思考與大自然的關係，自然之於我的存在意義。第二節探討生活的意義。若以信仰為生活之依歸，然信仰帶給生活有什麼改變。本節就「實用」角度思考，信仰給與人類得以應用天文氣象之秩序於農業。第三節就時代言殷周兩代自然神信仰的差異，以帝、天的性質轉化和神靈權威之社會化，得殷、周二代的宗教信仰的不同面向，進而呈現出殷代自然神信仰的特殊性。

第一節　宗教意義

　　宗教存在的意義為何？宗教意味著「人和神的聯結」，宗教是一種信仰人外力量的表現，其所展示出人類對於另外一個世界的想像，那裡存在著異於人外世界的神祇，祂們可以左右人世生活的條件，可以預知未來會發生的情事，而給予人們啟示。殷商時期，殷人透過龜甲占卜，從灼燒龜腹甲的裂紋卜兆進行分析，得出吉凶之示現，並且透過不斷的問卜神祇，藉由正反對貞形式，希望神靈有所回應而作為行事依據。人外世界的不可知、神秘性和超自然性，掌控著自然界的萬物，在「萬物有靈」的思維下，大自然一切事物都有自主的靈魂，和人一樣有喜怒，呈現在自然界上則會有乾旱洪澇之事。

　　自然神信仰之於殷商時期人們的宗教意義，筆者從兩個觀點來看，一是

人和神之間的聯結與相處的過程；二是在人類的宗教生活中，宗教對於自己存在價值所作的一番思考和解釋。

一、人神之間的融合和衝突

「神」是人創造出來的，是存在於人的內心之中，是高於人類境界的一種存在。從「神」的釋義來看，《說文》：「神，天神，引出萬物者也。」神的字源源自於「申」（ℹ），像閃電之形，意謂著閃電的出現是神的顯現，進而導引出萬物的生發。

人如何和自己創造出的神祇相處，在信仰神祇存在的同時，也對應出一套相應的事神儀式，透過儀式來跟祂們進行溝通與交流，可以說，「儀式」為一種控制神的手段，而其目的在於滿足人類的需要。殷商時期的帝信仰，上帝是特殊存在，清高而遙遠，雖非神靈世界中的至上神，卻是在自然神體系中的最高神祇。殷人對於上帝，只有服從而不違逆，只有詢問而不控制，人和帝之間，存在著尊卑關係，帝為上，人在下，人類順從於自身創造出的神祇來指導行事與作為，冀望藉由神祇的啟示而得到最佳、最適當的結果。

不過，人和帝的相處模式，在其餘自然神中，則沒有如此絕對。人和天神、地祇，是可以互相往來交流。筆者整理出三十八種祭祀儀式作用於自然神祇身上，經由火祭、酚祭、沉埋祭等，與其溝通，藉此傳達人們的願望，並期待著祂們實現願望。在這種相處模式下，乃是一種「人神之間的融合」過程，彼此互惠互助，神祇雖然有極大能力破壞年成、天象，但另一方面卻也是年成、天象的護佑者。人們提供祭品祭牲以獻神，求福佑。人和神在一定程度上有所相通，所謂「神性即人性」，拿著禮物奉獻給神祇，表達心意，如同人和人之間的相處。此種情態下，人和神是共融體，共同生活在兩個不同的空間，彼此依靠而存在。

之後，隨著人智意識的增強，一國之君對於「神」的態度轉變，導致盛極一時的自然神信仰趨近衰微，取而代之的是發達且有固定化的祖先祭祀。此時的自然神，已非信仰的焦點，「祖甲改制」、「武乙射天」、「帝辛不事鬼神」的舉動，是勇於挑戰神威，跳脫於神權控制而進行自身的反省。人類力量不再受制於自然神祇，而是有能力和技術和大自然現象和平相處，並且解決問題，此時應當為「人神衝突」的過程。然而，殷商的人神衝突，不是真的去侮慢神權，或是違背「天命」，在衝突的過程中，其實反而導致了人之於生活

環境的再創造，神威也有不靈驗的時候，這刺激人類要如何面對大自然的考驗。

　　殷商自然神的信仰，大部分的權能在自然事物上，尤以天象和農業是關注的焦點。自然神是主宰著自然現象，並且關係到農業發展。殷人認為人類生活掌控於神祇手中，遂拜神祀神，或許荒謬，不過當人類智慧開始思索與發展，藉殷墟考古遺跡來看，殷人對於防洪、疏流、農業、灌溉的技術，已相當進步。位於洹河南岸的小屯宮殿區西側，有一條南北走向的大壕溝，北起於洹水岸邊，南至花園莊村西南，轉東進洹水。大壕溝修建於殷墟文化二期（武丁晚期、祖庚、祖甲時期），其作用有三：防禦兼保衛宮殿；作為排水設施，減少雨水沖蝕的危害；最後是提供土源，用以興建建築。〔註1〕大壕溝的建設，讓處於夏秋忽有暴雨的華北平原的殷都，提供了疏洪作用，免於水災之苦。此外，灌溉農田的水利建設，在小屯宮殿區的乙組基址下有水溝網絡，共有長短不一的水溝31條，據李濟認為「這一地下溝網是殷商灌溉渠發展的遺跡」〔註2〕，如此而言，殷人在農業區已形成溝渠來灌溉田地，利於農業生產。就此來看，自然神祇的能力不再比以前崇高，人類在與自然相處的過程，已經學會用技術克服自然界的挑戰。

　　卜辭記綠著兩百餘年的殷人自然神信仰，從一開始不厭其煩的占卜貞問，積極地使用許多儀式敬事神祇，無不希望神祇為我所用，帶給人類更好的生活條件。這個時期人神兩者互取所需，彼此共融。此後，殷人關注重點置於先祖，且人君開始有意識地質疑神權時，自然神祇的能力和地位開始動搖，導致人們用另一種方式跟自然界相處，不再以「神」的眼光看，而多存有質疑態度。

二、自身存在的解釋

　　中國宗教跟西方宗教不同點在於西方宗教裡的唯一神是世界的主宰，人因為神的存在而存在。基督教認為，上帝用祂的形象造人，上帝是造物主創造萬物。在中國，上帝、神祇、人鬼似都沒有被賦予這種權能。

　　可是，在神話傳說中，有商人祖先契的感生神話，說明了商族人的起源。《詩·玄鳥》言：「天命玄鳥，降而生商。」毛傳：「春分玄鳥降，湯之先祖，

〔註1〕楊寶成：《殷墟文化研究》（臺北：臺灣古籍出版社，2004年），頁8～9。
〔註2〕李濟著，賈士蘅譯：《安陽》（臺北：國立編譯館，1995年），頁252～253。

有娀氏女簡狄配高辛氏帝，帝率與之祈於郊禖而生契。」〔註3〕意謂著玄鳥出現之時，是祈求生子的時機，故簡狄因而生契。又《史記・殷本記》載：「見玄鳥墮其卵，簡狄取吞之，因孕生契。」〔註4〕此種卵生的感生神話，增加了商族先祖起源的神聖性，且關於氏族的傳說，亦表述了當時「感天而生，知有母而不知有父」，以母姓為主的社會關係。而殷卜辭世系中的始祖「亥」(圖)
(圖)，其字形附加鳥形，乃鳥圖騰之表現，「有人曰王亥，兩手操鳥」〔註5〕，是人和動物結合的圖騰樣式，證明了玄鳥生商神話傳說的可靠性。就圖騰崇拜的定義，圖騰物是保護世族群體不受外族侵害，而選擇圖騰物的標準在於羨慕動物的能力，遂幻想人和動物可以結合，圖騰則成為保護神。王亥是殷先公上甲微之父親，始祖之所自出，是商族人的起源，可是在王亥的神性權能，有「眚雲」、「眚雨」、「眚王」的能力，並非純粹保護神，故不屬於圖騰崇拜的意義。至此，殷人如何觀看自身之存在呢？

我們創造了自然神祇，是為了什麼？首先，可從對大自然的敬畏來看，自然現象有好有壞，壞的時候與人類對立，好的時候與人類共存。人類生活離不開自然，舉凡太陽、星辰、月亮、山川、土地，皆是生存所必須，對於自然的信仰，很大原因是基於「依賴感」，人類是依賴於自然界而生存。若不和自然打好關係，人們生活可能會處於危險，飽受自然之災害。一方面，自然神祇的產生是人們未明自然現象的合理解釋，另一方面，也因為人們給予解釋，遂使自然界人格化，致使人們可以以宗教儀式事之，不會因面對自然界的異常現象而不知所措，造成心理上的惶恐與不安。自然神祇的存在，是為了人們心靈的需要而建立。當我們面對著廣大的天空，滿天的星斗，連綿的山脈、洪大的川水，不自覺的崇仰之心油然而生，而對其有超自然的想像。當我們對神祇示好，神祇也同樣回饋，自身的存在是依附於人所創造的神靈，福佑都來自於自然神祇的給予，而人們利用祭祀報答之、禮敬之。

再者，自然神信仰裡，「河」和「岳」是貞卜和祭祀最多的神祇。兩者作為境內最大的河流和最高的山峰，神性高，對人世的影響也愈大。學者有認為「河」、「岳」是殷人之高祖，故備受重視。就自然崇拜的產生言，大河和大山在宗教意識中，勢必成為神聖象徵而受到崇拜，不必然要為殷人的祖先。

〔註3〕《詩經》，頁793下。
〔註4〕《史記》上，頁60上。
〔註5〕《山海經箋疏》，卷14，頁4。

河和岳，雖非高祖，可是卻能和祖先共同接受祭祀，且其權能集中在農業方面，對於農業經濟發達的商王朝有著重要的作用，農業收成攸關民生經濟，河神岳神在這方面可說是農業的主宰神，更可說是維繫殷人生存的重要角色。因此，將河岳二神提高至高祖地位，雖無高祖之名分，無血緣之聯繫，可是對殷人來說，祂們是重要的存在，使得人們可以安穩居住於這塊土地上，達到安全需求的心理滿足。另外，祭祀殷都境內的滴水，也是殷人對舊居地懷念的表現，命名取之於殷人的發源地，祭祀一條小河流，表達對故地的不忘本源，此信仰帶有對自身存在的解釋意義，也是人之所自出的開始，是依賴「水」之於生活資源的效用。

在殷商的自然神信仰裡，雖然得不出「神創造人」、「神創造萬物」的說法，可是人們取之於自然，用之於自然，提供人類不虞匱乏的資源，養生萬物，就這個角度來說，自身的存在仰賴於生存環境的自然界，其具有地域性和獨特性，是在同一地生活者共同的信仰，故有特別的感情。同時，也解釋了先民對於自然之看法。自然界像是另一個父母，供給需要，而我們的存在來自於大自然的餵養。誠如馬凌諾斯基說：「人與其生存所必須依靠的自然勢力，其間親若家人。」〔註6〕

第二節 生活意義

殷商時期的自然神信仰帶有濃厚的「生活」意義，是依蘊著社會環境而生。宗教，會以不同的方式對人類生存作出反應，配合文化、經濟、環境等等因素而有不同的宗教出現。殷商時期，承襲著新石器時代的宗教、歷史文化，加上環境因素，導致有了自然崇拜的現象，雖然在數量上遠遠不及祖先的祭祀，但在生活過程裡，自然信仰的文化致使殷人對自然現象的觀察，匯聚而成的自然知識，諸如天文、氣象，且進一步認識到氣候與農業的關係，形成以農業需求為主要的自然神信仰體系。

一、觀察天象的意義

在崇拜日月星的同時，殷人也在觀察日月星的運行軌跡。在日神崇拜上，「出日」、「入日」的祭祀是禮敬太陽的升落。太陽的起落，和生活作息息息

〔註6〕〔波蘭〕馬凌諾斯基著，朱岑樓譯：《巫術、科學與宗教》（臺北：協志工業叢書出版，1989年），頁28。

相關，日出而作，日落而息，在日出日落之時祭拜太陽，感謝日神帶給人們充滿陽光的一日，帶給人們得以生活的優良條件。藉由觀察日象，以日的運行一周為「一日」，成為記日的單位。同時，也藉觀察月之圓缺，以月象之變化得出從新月、上弦月、滿月、下弦月，又至新月的規律周期，依此則定為「一月」。如此，使人們不再茫然地「不知年月」，而能製作曆法以定農時。

此外，觀察日月一日的運行變化，也使殷人可對之進行時間的劃分。殷人時稱，多以太陽和月亮的位置來制定，如「旦」、「朝」、「中日」、「昃」、「暮」、「夙」。旦和朝，同為日出時間的時稱，朝是日已經出於草中而月亮尚未落下，旦則是指日出之時。根據日從草出而定時稱；中日則是日在正中之時，同今日中午時分；昃為日在西側而影斜，字形作「𣅀」，表明已過中午，當今下午二三時；暮時，謂日落於草中，白天將盡；而夙時，夙字作「𠃟」象人執事於月下，表示清早時分。

再者，日月星也是制定方位的天象。卜辭記載「立中」一事，為殷人以圭表測日影度時間的工具。「圭」為一平坦的地面，「表」為測量日影長度的桿柱，稱為「中」。「中」之字形作「𝄢」、「𝄢」，象竿子上有旗斿之形，桿子上的旗斿即用來測量影長度以正朝夕。「為規，識日出之景與日入之景。晝參諸日中之景，夜考之極星，以正朝夕。」〔註7〕在白天時，利用圭表標識日出日入的影長，然後將兩端柱影的終點連起，則是東西二方；至夜晚，則觀察星星的位置，判別方位。「三代以上，人人皆知天文」〔註8〕，在遠古時期，出於對天體之崇拜意識，長期對天象有所體悟和觀測，方能有辨別方位、制定時稱的空間和時間觀念。

在觀察天象之時，殷人也發現了日蝕月蝕的天文現象，並在卜辭中作了記載，可說是最早的天文觀測記錄。而「日戠」、「月戠」的日月變色，「新星」的出現，皆顯示出殷人察看天象的成果，雖然因為不明天文異常的原因，而當作是吉凶的預兆，雖存有神秘的迷信成分，然在有文字的歷史時代，此是一個進步表現，呈現出殷人對天文知識的理解程度。

另外，天體信仰中有一類是氣象諸神的崇拜，以風、雨、雲、雪、雷、虹為對象。觀察氣象時，雖以萬物有靈的眼光看待，可是長期累積下來的氣象觀察，殷人也在實用層面上，擁有了具體的氣象知識。在降雨的認識上，

〔註7〕《周禮注疏》，頁642。
〔註8〕〔清〕顧炎武：《原抄本日知錄》（臺北：明倫出版社，1970年），頁855。

區分了雨勢的緩急，長短，將降雨劃分為大雨、小雨、多雨、延雨、烈雨、暫雨。在降雨的預測上，也得出打雷、烏雲則會下雨，故卜問此雲是否會使降雨，或打雷是否是降雨前兆等等。在風的認識上，亦有大風、驟風，而且風之專名的出現，表示對四時冷暖的不同季風有所瞭解，是判斷四時的標準，也是季節意識的萌芽。

以上，就天文方面整理出在崇拜意識之外的生活意義，三辰的崇拜和觀測，一方面滿足殷人的心理需求，期望天象正常，助於人類生活，另方面顯示出長期觀測下的天文成果，帶給殷人對生活環境更深刻的知識，利於應用在生活當中。而觀察大氣的現象，在卜辭中雖然呈現出崇拜心態，但在科學上卻是認識殷人生活環境、氣象形態的資料。

二、自然環境和農業的依存關係

藉自然的觀察而擁有氣象觀測的能力，氣象狀態影響著農業收成的好壞。殷商處於華北沖積扇平原區，土地肥沃，適合農作。然而夏秋之時時有暴雨，冬春之時乾旱少雨，氣候變化劇烈，導致了莊稼收成的不穩定。由於人類無力改變自然環境，僅能順從自然之考驗時，於是在心理層面求助於人外力量，向祂們祈求降雨止雨和保佑年成，希望能有好的生產，以維持商朝的國計民生。

殷人的自然神信仰，多半圍繞著和農業相關的卜問。殷人感知農業有賴於大自然的恩惠，取之於土地的資源而崇拜土地；取之於降雨而崇拜雨神、山神、水神，對於周遭環境無一不是崇拜對象，祂們是賴以維生的場所，基於生活需要而形成的崇拜意識。前所論及，殷人透過天文觀察而出現曆法，配合氣象形態，能使本來一切依靠自然力的農業生產，僅能受制於「自然」而隨意耕種的方式，有了很大的改變，讓殷人能配合時節而耕種與收穫，有著指導農時的作用。

綜上所論，崇拜自然現象、自然力，並非無知，在實踐過程裡，實包含對天文、氣象、農業的專業認識，且與自然和平共處，各取所需。若一味認為「崇拜」是迷信與落後，是一種安慰己身的不切實際的幻想，是一種控制或愚民的手段，則會喪失許多在崇拜之外，因為宗教崇拜意識而探索、歸納、把握自然界的過程，是一段人和自然長期互動下的自然經驗。此種經驗，將自然和人緊緊地融合在一起，與自然共存，成為了一個有機的整體，兩者互依互存。

第三節　時代意義

　　中國文化裡，殷商的自然神信仰扮演著什麼樣的時代意義？之於殷人有什麼作用？起過什麼影響？殷商之後的周代，與殷商時期的自然信仰有什麼同異之處？

　　筆者欲以兩個方向論述殷商自然神信仰的時代意義。第一，根據「殷人尊神，率民以事神，先鬼而後禮」〔註9〕的看法提出重新思考的討論。第二是表述殷代和周代祭祀自然神的差異，同自然神信仰在時代中的作用和改變。

一、殷人尊神的再探討

　　一般來說，多數人描述殷商的宗教態度，即是一個「尚鬼」的時代。出土卜辭顯示了殷商的宗教文化。卜辭中包含了貞人、問卜事項、祭祀儀式、貞卜心態，皆可從甲骨卜辭中見到多元樣貌。貞人主掌貞卜之事，據統計從武丁到帝辛有一百二十位貞人左右，其中武丁時期約有七十位，是貞人數量最多的時代。〔註10〕同時，武丁時期也是祭祀儀式最繁複、祭祀對象最多的時代。至後期，祖甲改制，周祭制度的形成，祖先祭祀形成最重要的崇拜對象，幾乎每一日每一旬都有固定的祖先祭祀對象，將歷來直系旁系先祖輪番致祭，表達敬仰之意。此種文化現象被後人稱爲「尚鬼」，「先鬼而後禮」，祭祀鬼神之風氣普遍，將鬼神虛無之事置於前，將君臣朝廷的國家大事於後，藉由鬼神之名率眾而行。然而，從殷商的自然神信仰來看，事實果眞是如此嗎？

　　宗教信仰是一種心靈上的慰藉，也是人類處理未知事物的說解。信仰鬼神存在或許是有迷信因素，但筆者認爲，信仰其存在是對未知世界的尊重，並且得到心理上的安慰。依靠自然環境生存的時代，「風調雨順，國泰民安」是每一位統治者的願望。在無法改變自然狀態之下，水利、農業技術也沒那麼發達，在「靠天吃飯」的時後，對於提供生活資源的穹蒼、大地、河流產生了神聖感，此當爲一種自然而然發生的宗教意識，其心態是敬畏和崇拜合一，是將人和自然結合在一起。因此，對鬼神有信仰進而祭祀獻神，乃有「報本」之意義，而非一味誠惶誠恐的屈服在鬼神之下。

〔註 9〕《禮記正義》，頁 915 下。
〔註10〕統計數字源自陳煒湛「各期卜辭貞人表」。見陳煒湛：《甲骨文簡論》，頁 168
　　　〜169。

殷商的宗教活動包括了占卜和祭祀。占卜之用意雖是預測鬼神意志，根據「王固曰」占辭，證明判斷吉凶禍福仍掌握在人王手上，鬼神的意志只是一種啓示，而非擁有決定性質。神祇有控制自然界的能力，但殷人可以對祂們行使祭祀的活動以爲人們所用。「殷人尊神」，不是事事屈服於鬼神之下，也非依靠鬼神行事，只是以鬼神作支撐和背書，其人爲意志才是重點所在。而「先鬼而後禮」一說，「內宗廟外朝廷」以宗教活動先於政治活動。就殷墟卜辭看，武丁後之君王已有反抗神權的思想興起，對鬼神態度也有明顯的改變。神祇方面，神之權威下降，殷人日益減少對自然神祇的卜問，對其也不再像武丁時期如此依賴。大自然不再是茫然不可捉摸的世界。在人鬼方面，鬼不再是讓人畏懼、會降禍於人世的死靈，而是轉變爲親近於人的祖先靈魂，與人有更爲親密的關係，祭祀是愼終追遠，而非畏懼。此就宗教性言之。就政治體系言，祭祀祖先在宗族爲主的時代，有血緣性聯繫，保障了繼承權和政治實力，這個因素讓「祭祖」擁有了不同的意義，不限於爲了報本、親近、溯祖，此「尊神」、「尙鬼」延伸至政治性目的。雖說「先鬼後禮」是宗教部分取代政治，形成政教合一的局面，可是這個「鬼」非一般怪力亂神的迷信，而是以祭祀祖先人鬼溯本歸源的祭祀心態，應用於政治權力上。

基本上，筆者認同「殷人尊神」的說法，認爲鬼神是尊貴的，受到敬重的。可是在信仰心態上，反對迷信、虛幻、不切實際的說法來理解殷人的宗教文化。至今社會，信鬼神之事亦多，盲目的迷信、求神問卜的人們亦多，仰賴人外力量而不求諸於己身，沉陷於鬼神世界的現代人所在多有。殷商時期，鬼神世界和人間世界的互惠作用，基於生活的實際需要，在現實社會中尋求生存的精神目標，並且導致人們對自然環境擁有深刻的認識和體會。創造出上帝、天神、氣象神、地祇神等，出於對自然力的崇拜，是爲了認識外在世界，人和自然不是對立，人從自然獲取所需得到能量，神化的自然界庇佑人們。尊神，以「天人合一」的觀點是人之所以立的因素，故起尊敬、愛慕之情。

二、殷代與周代自然神信仰的差異

兩代自然神信仰的差異，以《周禮》、《禮記》、《左傳》等之記錄，作爲周代材料。差異可從三個方面論述：第一是帝、天的轉化。殷代之帝轉爲周代之天，是其至上神，天擁有天命，會依人事而降禍福。第二是自然神祇的屬性問題。殷人的自然神，自然屬性很強，多爲掌管自然事物。周代的自然

神，社會屬性增加，對社會人事的支配作用明顯地具體化。

（一）帝、天的轉化

　　殷代之帝，對殷人而言是一個無法控制、無法捉摸、更無法猜測的神祇，雖可透過占卜推知帝之意志，可是帝對人世的作用沒有一定的理性標準。上帝降災、降禍、賜福、令雨，皆隨機行事，乃上帝一己之作為，上對下的絕對直線關係。在周代，殷代的帝轉化成周代之天，周代的帝與天是指稱同一個神靈，是二位一體〔註11〕，如「昊天上帝」、「皇天上帝」，可是在神性神格上，則和殷代之帝完全不同。周代之天，同樣擁有意志和情欲，可對人間產生作用，然而，「天」給與人間的禍福乃是根據人德性之好壞，君王可承天命行事。《尚書·泰誓》中言商紂溺於婦人，弗敬上帝，殘害百姓，是以「皇天震怒」而「天命誅之」。〔註12〕謂商紂之德性不佳，使百姓受苦，導致上天震怒，天遂有意滅之。因此，周武王則「恭行天之罰」，以小邦周之姿滅了天邑商，以秉承天命的姿態順理成章取代了殷之政權，建立周朝。此時的「天」，已不是一個行事無常的神祇，人可以通過「德性」的主觀努力，得到天之保佑。如《尚書·召誥》言：「惟不敬厥德，乃早墜厥命。⋯⋯。知今我初服，宅新邑，肆惟王其疾敬德。王其德之用，祈天永命。」〔註13〕此為召公在成王遷都洛邑時的陳戒之辭。提出夏桀和商紂的兩朝末代君王沒有盡忠職守的顧好政事，沒有處處替人民著想的心思，所以失天命而亡國。勸戒成王要從中記取教訓，將社會政事處理妥當，以德性正確之態度治民，天命才能長久。

　　將天賦予道德意成為道德天，此與殷代的帝有極大的不同。殷代是以宗教信仰支配著人事生活，人的所作所為不會左右神祇之於人世的禍福〔註14〕，是為「人格天」，帝有自己的意志。但在周代，天和人事相關，有德者天賞之，

〔註11〕朱鳳瀚認為周代的「天」和「帝」對於周朝的影響是相同的，天、帝可以主宰王朝興亡，如「惟皇上帝，百神保余小子」（《宗周鐘》）、「天翼臨子，法保先王」（《大盂鼎》）；天、帝可以選立君主，如「天生民而立之君，使司牧之」（《左傳》）、「丕顯文武，克慎明德。⋯⋯。惟時上帝集厥命於文王」（《尚書·周書·文侯之命》）；上帝可以降佑或降災於人世，如「明召上帝，乞用康年」、「天將喪亂，飢饉荐臻」。可見天、帝之概念相似。朱鳳瀚：〈商周時期的天神崇拜〉，頁 200～207。

〔註12〕《尚書正義》，頁 153。

〔註13〕《尚書正義》，頁 222 下。

〔註14〕若去除掉祭祀是人用來事神的方式，可能會影響神祇對殷人的作用。可是就人本身來看，行為舉止的好壞無關乎神的作為。

無德者天滅之，唯有敬德、明德，才能受到天、帝之保佑，而這個「天」則有「天道」意義，是爲「形上天」。勞思光說：「『形上天』之『天』表實體，天有理序或規律，而無意願性，故對應著天道觀念。」〔註15〕天道與人世相應，天之理序如同人之作爲，天的主觀意願降低，「天意」不再，同時人格化的程度亦較低。朱鳳瀚依此現象解釋道：

> 天在人格化程度不如上帝而接近自然，天有並非周人保護神的一面，其意志難以揣測，似乎反映了周人對支配世界的客觀規律的探求（按這一神性而言，頗似商人之上帝）；作爲天所主宰之命運的「天命」與道德觀結合是周人爲尋找客觀規律所作的一種努力嘗試，使其宗教色彩較之上帝已明顯淡化。〔註16〕

周人對天、帝的信仰，不再是被動的承受神靈的主觀意志，而是反求己身，認爲人事上的一舉一動都可以影響天的作爲和決定。天的福禍權能取決於人的行事，天道的理則對應著人的德性。就宗教而言，殷代濃厚的神權思想到了周代逐漸淡化，而轉向了哲學思維的發展。〔註17〕

（二）自然神的屬性改變

殷代自然神的權能集中在天象、農成方面，符合自然屬性的特徵。在周代，自然神除了更多地擁有社會方面的能力。以下就星、社、山、河等四個自然神在周代信仰的屬性作一說明。

殷代祭星，以祭大火星爲要，又祭有鶉火，爲自發的星辰崇拜，在於二星有計時和農時之意義，與星子的自然屬性符合。可是，在戰國中期，由於

〔註15〕勞思光：《新編中國哲學史（一）》，頁82。
〔註16〕朱鳳瀚：〈商周時期的天神崇拜〉，頁208。
〔註17〕王祥麟認爲：「從殷人上帝性格與職權的轉換，到周人從人格性的上帝轉換成道德的天，正顯示了人的思想觀念，依循著秩序性的規律朝向理性的思維律動著，而人的理性思維方式也正反映著人與自然界和其他人的關係。故而，周人『天』的觀念的出現，正意味著中國文化由宗教領域邁向了形上學的哲學領域。」見王祥麟：《中國古代崇祖敬天研究》（臺北：臺灣學生書局，1992年），頁125～126。另外，從宗教思維轉向形上之道德，同費爾巴哈所說：「人在宗教和神學中拿來當作自己不同而同自己對抗的那個東西，其實也只是人自己的本質；爲的是，人雖然過去不自覺地永遠受自己本質支配所決定，將來卻能自覺地把這個自己的本質轉變爲道德、政治的法則、根據、目的和標準。」此言對於周代宗教神權思維淡化轉向哲學發展是很好的說解。見〔德〕費爾巴哈著，林伊文譯：《宗教本質演講錄》（臺北：臺灣商務印書館，1968年），頁25。

天人感應的思想，使得「占星術」盛行，天文與人事附會，星辰附有主宰人間賞罰、恭祿、生死的神性。《禮記‧祭法》言王為群姓立「七祀」〔註18〕，七種小神來司察人間過失，其中的「司命」，掌管每一個人的命運。「以櫨燎祀司中、司命。」〔註19〕司命、司中乃是文昌宮之第四、第五顆星，前者主宰功名賞進，後者主司過詰咎，這些星神，掌握著人事命運，遠離了自然屬性而具社會意義。

　　殷代祭土（社），源自其具有生活資源，提供人所居之地，遂在自己的土地上立神祭之。殷代的土神，包含社稷功能，是保佑土地和五穀的農業神。至後代，「社稷」成為國家之代稱〔註20〕，祭社成為國之大事。「建國之神位，右社稷，而左宗廟」以祭祀宗廟和社稷為建國之本，希望五穀豐收民不於匱乏。《禮記‧月令》「擇元日，命民社。」鄭注：「社，后土也，使民祀焉，神其農業也。」〔註21〕《周禮‧大宗伯》：「社之日，蒞卜來歲之稼。」〔註22〕皆指出祭社的原因在於莊稼年成。由於以農立國的關係，加上社稷表示國家，社稷的能力延伸到超出自然特性，成為可以保佑戰爭的神靈，具社會屬性。周代立有「軍社」，「若大師，則帥有司而立軍社」〔註23〕，將社主立於軍中，以求護佑，且「即軍歸，獻於社」〔註24〕，軍隊出征回來後可向社神獻孚，報答其護衛戰事之成功。此外，「天子將出，宜於社」〔註25〕，天子將有巡守、征伐行動，先宜祭社神。可見戰爭的出征、歸來、獻祭等行為均在社舉行。其原因可能認為社稷為國家的土地神，保護人民，帶有生命維持的意義，遂在農業之神的屬性上，附加戰事保衛的能力。

　　山川之祭，在殷代的山河祭祀中，祭山有祈雨目的，也有保障一地道路安全的作用。至於河，殷人自然神祇中祭祀活動最多的一位，祂的權能也較

〔註18〕 《禮記‧祭法》：「王為群姓立七祀：曰司命，曰中霤，曰國門，曰國行，曰泰厲，曰戶，曰灶。」此七種小神是為民所立，乃四時常祀。見《禮記正義》，頁801下～802上。
〔註19〕 《周禮注疏》，頁270。
〔註20〕 《禮記‧壇弓下》「執干戈以衛社稷」；《孟子‧盡心下》「民為貴，社稷次之，君為輕」《淮南子‧人間》「重耳反國，起師而伐曹，遂滅之。身死人手，社稷為墟」。
〔註21〕 《禮記正義》，頁299上。
〔註22〕 《周禮注疏》，頁298下。
〔註23〕 《周禮注疏》，頁293上。
〔註24〕 《周禮注疏》，頁389上。
〔註25〕 《禮記正義》，頁235上。

爲廣泛，除了天象、年成的基本能力外，亦有勾求戰事成功之辭，具脫離自然屬性的社會性質。文獻中，君王祭祀山川則是權力展現的方式，向天下昭告王權，表示對國家的統治。《尚書‧舜典》言舜得政受命之時，「肆類於上帝，禋於六宗，望於山川，遍於群神」〔註26〕，行使祭禮於自然神祇，告己之受禪，宣告得政之正當性。在卜辭中不見此類記載，或許是限於卜辭材料，多爲實用目的之祭祀和卜問。然而山川同社稷一樣，均爲國家代稱。在一塊土地上，人們受山川保護，得到屏障，誠如《國語‧魯語下》言「山川之靈，足以紀綱天下者，其守爲神。」〔註27〕在統治者心中，山川是一地的自然防護，保護區內人民之安危，能興雲風雨而利天下。在這個思考下，祭祀山川不再僅僅是求雨祈年的自然需求，進而轉向了成爲助佑戰爭的神靈。如秦、晉交戰時，秦伯「以璧祈戰於河」〔註28〕，以璧祭之，希望河神保佑；晉侯伐齊時，「以朱絲係玉二瑴」〔註29〕，沉祭獻河，祭品爲雙玉，冀望河神庇佑。

總之，自然神的社會化，在殷代自然神中其現象不顯明，仍多半仍處於影響自然現象之狀態。至周代，由於天人感應思想的興起、政治權勢宣示的作用、戰爭軍事的保衛，讓星、社、山、川等四位自然神具有掌管人事，保家衛國的權能，乃基於「政治」因素，讓自然神崇拜過度到了權力的象徵意義，使其宗教性日益淡薄。朱天順有言：

> 自然崇拜的特點是直接崇拜自然本身，奉雨爲雨神，奉風爲風神，
> 才是純粹的自然崇拜。……。自然神的社會屬性，絕大部分是屬於
> 「人爲宗教」時期人們附加的。〔註30〕

殷代的自然信仰，是較爲純粹的「自然宗教」，和所謂的「精神宗教」（人爲宗教），是因社會需要而附加。殷、周兩代自然神信仰現象，截然不同。殷代以鬼神爲依歸，爲人們精神之依靠，兩者形成互惠的網絡。並依此觀察萬物生成，獲取自然知識，應用於生活之中。反觀，周代以自然神信仰的祭祀爲政治服務，且淡化了以宗教思維思考世界的運行，回歸到人的本身，認爲人天、人神可以利用「道德」作爲連結，而非以「祭祀」來互惠。

〔註26〕　《尚書正義》，頁35下～36上。
〔註27〕　《國語》，頁151。
〔註28〕　《春秋左傳正義》，頁331下。
〔註29〕　《春秋左傳正義》，頁577上。
〔註30〕　朱天順：《中國古代宗教初探》，頁29。

第四節　小　結

　　透過宗教意義、生活意義和時代意義三面向，省思殷商時期的自然神信仰，在殷商時期，人和自然神之間是緊密聯繫，人與神的兩個世界經由宗教儀式和心理需要而互助互惠。人、自然、自然神祇是有機的整體而非對立。神世界的創造滿足了人類的生理安全需求，使得在面對無力反抗的自然事態有一個心靈上之安慰，而這種需求形成了人類對於宗教之依賴，且在人們創造出的自然神中作了一番自身生存之解釋，待之親若家人，如同再造父母一般，使自然神可和祖先之祖源先祖共祭。這個層面上看，殷商時期的人們，對於自然界是保有敬畏之情，且以自然界之環境優劣為生存之前提，兩者彼此依靠，這種原始思維，造成人和自然神保有一種平衡之關係，乃「人神共融」之過程。另外，在宗教意義上之思考，在人智發展對於自然神的能力有所懷疑，促進了人們對於自然災害應變之處理，從遺址中之溝渠、壕溝等水利設施，得知人類在與自然相處中的技術應用。這個轉變可以知道殷商晚期兩百餘年的歷史，人和自然神之間有了相當顯著的變化，對待自然不再以神之眼光而以純粹自然界視之。可是，雖然不再以「神」的方面思考，但是對於自然界仍保有尊敬、敬愛的情感，因為人之生存離不開自然。

　　在生活意義上，自然界提供生存之所必需的物事。在崇拜天神、地祇神中，殷人藉此長期觀察天象之規律、天文之異常，而有了氣象、天文等知識。這些知識在農業生活中起很大的作用，在長期觀察自然周遭之規律中，有了適時的農作時間，也有了對四時冷暖之體會，這是在崇拜現象之外，延伸出的自然知識，是自然界給予殷人的生活經驗。

　　在時代意義上，「殷人尚鬼」之說雖有一定程度的正確性，可是非一味迷信。面對神祕力量而創造「神祇」，是人類的心靈慰藉，是一種安身立命的信仰所在。雖然君王握有神權，可藉以保障王權，可是在殷商的自然神信仰中，生活意義佔據絕大部分。雖在後期自然信仰意識趨於薄弱，政治血緣性的因素抬頭，但是在殷商信仰體系內，自然神信仰表現出人和自然共處的過程，是人類認識外在世界的眼光與態度。此外，殷商自然神信仰仍保有較為原始性質的崇拜文化，自然神雖有社會屬性，可是仍以自然屬性為主，不似周代自然神信仰是社會、國家保護神之角色，且祭祀神祇有政治權力宣示的作用，與殷代的生活意義大不相同。且殷代神祇具有自己的意志，人格化深刻，在周代則轉變成帶有天道哲學意智的形上思維，也顯示出殷代宗教信仰具有與人同性的特質存在。

第七章 結 論

　　殷墟卜辭中呈現出殷商晚期的自然神信仰的本質為何？信仰神道世界的力量，作為控制這個世界一舉一動的自然神祇，在殷人的心理層面起了什麼作用，如何祭祀儀式禮神、詢問占卜神祇何事、神祇和人們的關係為何？透過本論文的論述，卜辭中的殷商自然神信仰是帶有「實用」且「生活」的宗教意識，具有功利互惠的意味，並且亦有一種報本反始的溯源意義。神祇非全然掌控人世，一方面人類藉由保護神的保護，滿足安全需求，一方面也在信仰神祇的過程中，獲得自然界的科學知識，進而應用於生活之中。

　　本論文的結論，分成六個面向歸結，以期繪出殷商自然神信仰的文化面貌和特徵。

一、歷史與環境造就了殷商自然神信仰的觀念形成

　　宗教是一種社會文化體系，跟環境、人們、生活形態的類型有所關聯，不同的社會會產生不同的宗教信仰以及文化。本論文藉由三個面向來看殷商自然神信仰的產生因素。文化現象，是一種承襲和傳遞的顯示，商代承接新舊石器時代的文化內容，根據出土遺物和遺址，證明先人已有宗教思維和宗教儀式的宗教概念。信仰人外力量的「超人力量」，將神祕未知的自然現象當作有神靈掌握生滅，以期獲得心理上的安慰和提供現實世界自然界常態與非常態的解答。「崇拜」帶有兩種情緒，一是敬仰，一是恐懼，兩者交織誕生了神靈世界的存在。而神靈存在並不是在初期就有，起初那些神祕性僅是一種抽象力量，而在思維較為發達後，這些神祕力量形成被視為「靈魂」的作用。在萬物有靈的思維中，推而廣之，自然界都具有生命和靈魂，可以自主控制，

遂因此而產生崇拜觀念。此外，自然神信仰之產生，也有著歷史因素，在河南大汶口、鄭州大河村的彩陶紋飾、江蘇連雲港將軍崖的岩畫，都是自然崇拜的現象。先人崇拜太陽、月亮、星辰、自然百物等等，將其繪於器物之上，具有「巫術」意義，認爲這樣做就能表達對於自然天體的崇敬之意。同時，自然崇拜多與農業生活相關，在農業經濟爲主的殷商生活形態裡，自然神信仰的形成和重視，成爲了必然的宗教文化現象。

二、神祇的崇拜意識和祭祀目的來自於自然界對農業和生活有實際之影響

殷商晚期的自然神信仰之對象，有「帝」、「天體」、「地祇」三大類。帝之崇拜意識的產生，是由於地上人王延伸至天上上帝的概念。而帝的形象不明，花蒂和燎柴祭天的說法，筆者均不贊同，「帝」由於是一個抽象存在，沒有具體形象，故以「綑綁的人偶形」當作崇拜之對象，如同今日的神像一般。其餘自然神，則有具體形象可崇拜。此類神祇的崇拜意識除了以萬物有靈的觀念、或有高大雄偉的神聖聖顯的崇拜心態外，更帶有與「生活」、「農業」、「季節」、「雨」密切關係的聯繫。大火星的移動位置，表示了農時和季節的變化，而人們依此行事。再者，山、岳、河、川、土、方等神祇，多和「降雨」有關，降雨的多寡，影響農業收成甚劇，遂崇拜和祭祀，多圍繞者下雨與否的卜問。此外，自然神祇亦有攘除自然災害的能力，是保護人類自然環境的守護神，在此心態下，對神祇的恐懼心態漸趨消失，轉向爲護佑殷人安危的地域保佑神。河、岳、山、土等四者的角色，在殷人的神靈世界裡頭，賜福比降禍多，且權能集中在天象和年成兩方面，說明了自然神祇跟農業的緊密關係，而這就是自然神祇在殷人宗教生活中的主要角色，「降雨」、「攘天災」、「祈求收成」，以農業考量爲主的崇拜意識，具有非常實用且實際的崇拜意義。

再者，在殷商的天體信仰中，天文現象的異常，被認爲會影響人類之生活。日蝕、月蝕、日月變色的現象，是天文之異象，在不明白形成之原因前，被視爲災異之跡。雖有「天人感應」的神祕思維，但並非人和天有什麼關係，純粹是宗教性的思考爲主軸，認爲天之異常會給人世不好的情事。在殷代，日月蝕不一定爲災，也可能是福，如卜辭有：「明有食，𢾫若？明有食，隹若？」爲福禍之前兆，可是仍以災義爲主，如月食時發生，均爲貞問是否有囚、有祟。

就自然神信仰的崇拜意識言，其祭祀的目的有三：祈福、禳災、禮敬。均是為了追求更好的生活，避免遭受威脅生存的事情，將神祇當作一地的地區保護神一般，諸如「寧雨」、「秦年」、「禦年」、「寧歆」等，均是保障農業生活無虞的祭祀目的。至於禮敬，如「賓祭」是王親自祭祀之意，行之於日、月、風、岳、河，其中「岳、河」是殷人最重視的自然神祇，王親自舉行祭祀，有禮敬事神，以示尊重之意。

可知，殷商自然神的信仰是圍繞著「生活」與「農業」為主的宗教信仰。人們創造神祇來解釋這個世界的變化，並且將災禍推咎於神祇所降之禍，由於知道災禍的來源，故能利用祭祀手段來阻止或消除災禍，讓人們心裡有個依靠，而不再手足無措地面對大自然的考驗，而能求助於神祇的幫助。而自然神在殷人心目中，並非遙不可及，而是「親若家人般」，例如河岳的祭祀地點，有「河宗」、「岳宗」，且祭祀日期有固定時間，均表示河岳祭祀如同祖先祭祀一般，有其常規，是時時刻刻都存在於殷人的生活之中。

三、殷人對自然神的祭祀具有原始性和象徵性，符合自然神之屬性

祭祀自然神之特色，在於祭祀儀式和自然神性有共融的象徵意義。儀式和神祇兩者需有共同的東西，才能藉由祭祀而和神交流。祭祀自然神儀式裡，以「氣」為主要，有煙氣、酒氣可引神下世以享用，配合自然神祇處於四面八方的自然界中，故以「氣」來交流。並且有「侑祭」的食氣，加上人之進獻祭品事神，以人的抽象祭祀心態和具體的食物兩者來祭祀自然神，充分展現出人神互相交流的意願。而沉、埋二祭，多用於自然神祇中的河神，乃是祭河以沉埋，讓河神直接享用祭品，帶有象徵性質。此種祭祀儀式，具有原始祭祀的意味，用最能直接和自然神溝通的方式祭之。

此外，在祭祀犧牲方面，自然神的祭牲也顯示出自然神祇的屬性，例如祭風用犬，基於風神形像類犬的想像；祭土用黃色祭牲，基於黃色有正方位的作用，是後世五行裡「中土」概念的源起；雨祭用白羊黑羊，黑羊可能是基於五行概念，以黑色祭水神，而白羊是因「殷人尚白」的文化現象所造成，故使用高貴的白羊祭牲作為雨祭牲品，可知對於「雨」的需求是非常頻繁且重要的。此外，藉觀察祭牲之顏色，或可知「顏色」和「五行」的觀念在殷商時期已有萌芽的趨向。五方而配相應顏色之祭牲，以期能「感應」自然神而滿足人類之需要。

四、殷商自然神信仰衰落之因素有三：天神退位、祖先祭祀強化和人智發展

從一系列論述可知，自然神在農業生活中佔據了很大的宗教地位，是讓自然界符合規律運行的自然力量。然而，從現今出土的殷墟卜辭來看，自然神的信仰有趨近沒落的傾向。根據卜辭統計，武丁中期至祖甲之初的自然神卜辭的數量，佔了全體近九成，到了祖甲之後，自然神之祭祀與卜問甚少。排除殷人可能不記錄自然神的貞問，或是尚未出土的資料，就目前材料看，勢必對此現象作一番解釋。筆者提出三個原因：一是天神退位的思考，是因為在自然神信仰之後期，人們認為天神距人世遙遠，對生活似無太大影響，而鄰近於人世的河、山、土等才是重要的祭祀對象，遂對於天體的祭祀減少。可是，人們雖意識到自然神可親若家人，然在注重「血緣性」的宗族聯繫下，祖先祭祀受到重視，「非血緣性」的神祇被屏除在祭祀體系，這是造成衰落的第一個因素。

第二個因素承接著「天神退位」的思考而來，祖先和後人有血緣性的連接，關係較為親密，加上對人鬼的想像，從死靈觀念轉變成祖靈觀念，先祖作禍的想法趨淡，使得祖靈更有保護人世之作用。因此，在宗族重視血緣性下，規律性、固定化的祖先祭祀出現，周祭卜辭和特祭卜辭就是祭祀先祖的特殊之祭，是在殷商自然神信仰沒落之後，所漸漸形成的祭祖文化。

第三個因素是宗教文化中，君王可左右祭祀態度的王權現象。祖甲、武乙、帝辛三王對宗教祭祀之態度有所轉變。祖甲改制，強化祖先祭祀，簡化繁瑣的禮制和祭祀活動，使得祭祀心態不再是恐懼，而帶有慎終追遠的意思。武乙射天，是一次對自然神祇的反抗，在人能勝天的理性思維下，神祇的地位和能力受到挑戰，讓君王思考是否要依附於神權而行事。帝辛不事上帝鬼神，亦與君王之人格有關，帝辛自負甚高，認為憑藉一己之力不需仰賴鬼神之佑助，遂形成自然神信仰衰微原因中的的政治因素。

人智意識的發展，其實在長期觀察自然界中人們已經可以知道自然界的規律變化，環境的變異與災難已經不是如此讓人恐懼，而是能利用人類的技術來面對自然界的考驗，如此使得自然界神祕可怕的形象退去，對自然現象的畏懼也隨之轉弱了。而這個轉變，在早期根植於殷人心中的自然神是否就此消失，筆者以為不然。不卜問、不占卜，並不表示對其無所祈求，可能是在人們心中，自然神的宗教「實用」性質已漸漸趨淡，而是以更多「生活」的自然眼光看待自然界萬物。將自然回歸於自然，以自然視之。

五、殷商自然神信仰的反思一：崇拜之外的自然性知識展現

殷墟卜辭中除了能看到對鬼神之崇拜外，在自然崇拜的卜辭記錄裡，也顯示出殷人對自然現象的觀察，包含了天文知識和氣象知識。「不知年月」的原始時代已經過去，雖然仍對自然力存有敬畏之情，可是藉由長期天象之觀察，已經可以知道天文、氣象的狀況和規律，並依此制定日期和曆法作為生活的依據。氣象方面，殷人已可辨別風和雨的情況，故有大風、小風、驟風、大雨、小雨、從雨等等風、雨的狀態區分，且能知道風雨從哪個方位來，而卜問風雨來自何處。此外，對於四時冷暖的季風形態有一定之認識，遂對風有其專名來表示冷暖之季風感受。

另外，「不知東西」的蒙昧時期也已不在。透過崇拜太陽的日升日落，觀察動物跟著太陽起落的生活模式，遂辨別出東西南北四方的空間概念，而時間概念則是依據日月的方位轉換而制定時間。「時空」的形成都是因為天體，而殷人在初期由於宗教因素祭祀太陽、月亮，到了最後成為具有生活實際作用的知識應用，實為崇拜之外，另一種觀看殷人生活的角度。

殷商時期的宗教與科學並非全然對立。宗教視域裡頭的崇拜現象，是促進科學知識進步的途徑之一。自然崇拜使得人們主動地去觀察大自然，得出某些規律性，從大自然中學習知識，且應用於人類身上。對於自然界，既有神性，也有自然性的眼光，對於殷人來說，「自然界」是雙重的，是個宗教對象，亦是個生活對象。

六、殷商自然神信仰的反思二：殷人尊神尚鬼不是完全依照鬼神意志，鬼神只是具啓示作用，是一種心靈上的慰藉與信仰

前人對於殷代宗教信仰的評價，多以「迷信」、「尚鬼」、「不重人事」等負面說辭來形容殷商時代的宗教面貌。然而，就宗教資料的處理而得出「殷人迷信」的結論，實在有失公平。鬼神信仰雖在殷人心中是行事的準則，是生活的模式，是內心的慰藉情感，但鬼神不是決定萬事萬物者，決策仍掌握在君王手中。鬼神的存在只是一種解釋事物的方式，其吉凶兆紋的顯現也只是一種啓示，讓人們可以在手足無措的情況下，獲取生理、心理之滿足。而控制鬼神的方式即是祭祀，以祭祀為手段，將鬼神為我所用。人們雖然一方面由鬼神獲得啓示，另一面卻又透過祭祀誘神，鬼神的自主可以被人為力量改變。

　　殷人迷信嗎？或許是吧！殷墟卜辭的出土證明傳世文獻的描述具有真實性。然而，宗教信仰的發生都是基於實際上之需要，是精神文明的展現。創造了帝、自然神祇等來解釋自然世界之運行，人世災難的原因，企圖解決生活上的難題。問題全都丟給「神」去解釋，會讓事情簡單得多，於是，生活上神祇的存在不可或缺。殷代神權是無所依歸的自由意志，並不像周代發展了「天道」的概念，天有常規之運行，有循環不已、生生不息的象徵意義，故在人事上要秉持著天道而行，如此才能獲得福分，得天之佑護。可是，生活情事並非一成不變，也不一定如人所願，「天有不測風雲，人有旦夕禍福」，也許像殷代這樣帶有人格化喜怒哀樂的神祇，才是最能解釋意外、解釋疾病與死亡、解釋農業之歉收與豐收等，雖沒有「德」的觀念作為「天人感應」的因素，可是殷人和神祇兩者具同樣性格而能感應，並藉祭祀連接，乃是一種殷商宗教信仰的特色。雖鮮少有「哲學」思維的道德意義，可是卻充滿著殷人對生活的期望、對自然的觀察、對人類生存等等的解釋意義。

　　綜而言之，殷代自然神信仰的面貌，先從歷史文化上的傳承，環境的塑造而開展，以萬物有靈的眼光裡具崇拜意識，其意義運作於生活，且帶有濃厚的實用性質。對待自然神的祭祀符合神祇特性，用較為直觀的祭祀方式待之，冀望獲取保護和佑助。自然界是有兩個面向，一是宗教性的，二是自然性的，兩者並不衝突，和人成為有機一體，兩者互相作用。再者，從歷史、時代發展來看，殷代自然界從「神性」演變到「自然性」，也說明了人類智慧和思維的轉變過程。是以，經由殷人的自然神信仰，得出殷人對自然界的想法與態度，以尊敬、平等、感念等意識，與自然界共處，達到人類、自然、神界的共融，雖後期神人有所衝突，可是並非真的侮慢鬼神，人的理性思維抬頭改變了鬼神世界的面貌，也使我們可以看出人本意識在殷末已有萌芽的傾向。

附　錄

附錄一：殷商自然神諸神權能表

分類	對象 權能	帝	帝臣	河	水	山	岳	土	方	巫	施行神祇數量
天象權能	1.令雨	O		O							2 位
	2.令風雷	O									1 位
	3.寧雨							O	O		2 位
	4.寧風							O	O	O	3 位
	5.求雨	O	O	O	O	O	O	O	O		8 位
	6.肇雨			O							1 位
	7.告天災			O				O			2 位
	8.㞢雨			O			O				2 位
	9.㞢云			O			O				2 位
年成權能	1.求年/禾			O	O	O	O	O	O		6 位
	2.受年	O		O							2 位
	3.禦年			O				O 禦土			2 位
	4.寧馘			O 寧於 滴					O		2 位
	5.寧疾								O		1 位
	6.寧秋		O								1 位
	7.告秋			O							1 位
	8.降馘	O									1 位
	9.年	O		O			O				3 位
	10.令伇	O									1 位

				O						1 位
戰事權能	1.告某方			O						1 位
	2.乎災	O								1 位
	3.伐某方	O								1 位
	4.匄某方			O						1 位
城邑權能	1.終茲邑	O								1 位
	2.茲邑龍	O								1 位
	3.敦茲邑			O						1 位
商王福禍權能	1.咎王	O								1 位
	2.祟我			O						1 位
	3.虫我		O	O			O			3 位
	4.孽我	O								1 位
	5.虫王			O						1 位
	6.降堇	O								1 位
	7.異我	O								1 位
	8.佐王	O								1 位
	9.肇王疾	O								1 位
	10.畀我	O								1 位
	11.受我佑	O								1 位

賜福權能有二十項：令雨、令風雷、寧雨、寧風、求雨、肇雨、告天災、求年、受年、禦年、寧馘、寧疾、寧秋、告秋、告某方、伐某方受佑、匄某方、佐王、畀我、受我佑。

降禍權能有十七項：虫雨、虫云、降馘、虫年、令伙、乎災、終茲邑、茲邑龍、敦茲邑、咎我、祟我、虫我、孽我、虫王、降堇、異我、肇王疾。

福禍權能比例表：

	帝	帝臣	河	水	山	岳	土	方	巫
福	8	2	10	3	2	2	6	6	1
禍	11	3	6	1	0	4	0	0	0

附錄二：殷商自然神祭祀儀式表

標　號	祭祀動詞	字　形	祭祀對象
1	賓	𤰔、𤰔	日、月、風、岳、河
2	戰	𤰔	日
3	碞（禱）	𤰔	日
4	𤩹	𤰔	日、河
5	酚	𤰔	日、星（閼）、雲、雪、岳、河、土、西、西母
6	侑	𤰔、𤰔	日、水（洹、滴、瀧）、岳、河、土、西、方、小山、東母、西母
7	賊	𤰔	日、東、西、南、北
8	卯	𤰔	日、土、岳、東、西、南、北、方
9	告	𤰔	河
10	燎	𤰔	星（大火星）
11	歲	𤰔	日
12	奉	𤰔	星（大火星）、山、土、岳、水、河、方
13	帝	𤰔	風、岳、河、瀧、東、西、南、北、方、巫、西母

14	尞（燎）	（符号）	星（大火星、閦）、風、雨、云、雪、岳、山、河、東、西、南、北、土、洹、灉、東母
15	寧	（符号）	風、雨、岳、滴
16	舞	（符号）、（符号）	岳、河
17	奏	（符号）、（符号）	岳、河、山
18	取	（符号）	二山、岳、河
19	叙	（符号）	二山、岳、（符号）、小山
20	祄	（符号）	岳、河
21	燊	（符号）	小山
22	匚（報）	（符号）	河
23	勹	（符号）	河
24	舌	（符号）	河
25	杞	（符号）	河、岳
26	埋	（符号）	河、土
27	钌（禦）	（符号）	河、土
28	將	（符号）	河
29	言	（符号）	河
30	伇	（符号）	山
31	宜	（符号）	土、岳、河、洹
32	沉	（符号）	河、土
33	乇	（符号）	土
34	曺	（符号）	岳
35	盤	（符号）	（符号）、二山
36	即	（符号）	岳、河
37	旁	（符号）	岳
38	伐	（符号）	東、西

附錄三：殷商自然神信仰分期材料來源表 [註1]

【帝信仰分期材料來源表】

對　象	材料來源	數　量
帝	非王：22073、22075、22246、21946	4
	自組：21073、21080、21081	3
	賓組： 94 正、672 正、900 正、902 反、1402 正*3、5658 正、6270 正、6271、6272、6273、6473 正、6474、6497、6498、6542、6543、6549、6664 正、6734、6735、6736、6737、6746、6928、7075 正、7407 甲正、7407 乙正、7440 正、7855＋12878 反、9731 正、9733 正、10166、10124 正、10139、10164、10165 正、10167、10168、10171 正、10172、10173 正、10174 正、10976 正、11921 正、12852、13006、14118、14127 正*2、14128 正、14129*2 正、14130 正、14132 正、14134、14135 正、14136、14138、14140 正、14141、14142、14145 反、14146、14147 正、14148、14149 正、14150、14151、14153 甲正、14153 乙正*7、14153 乙反、14154、14156＋合補 1312＋乙 8002、14157、14159、14161 正、14171、14172、14173 正、14175、14176、14178、14179、14181、14182、14184、14185、14187、14188、14190、14191、14198 正、14199 正、14200 正、14201*2、14203、14204、14206 正*2、14207 正、14208 正、14209 正*2、14210 正*2、14211 正、14212、14216、14220、14222 乙正、14222 丙正、14243、14295、14671、40392 正、英 723（＝40006）、英 1136（＝39912）、英 1139、英 1141（＝40395）、英 1133 正（＝39912）、懷 85	130
	歷組：屯 723、34146	2
	無名：30386、30388、30387	3
		共 142

[註 1] 統計數量的標準，一片甲骨中若有若干條相同卜問以一條記之，正反對貞亦以一條記之。甲骨的來源有《甲骨文合集》、《甲骨文合集補編》、《小屯南地甲骨》、《懷特氏等甲骨收藏文集》、《英國所藏甲骨集。以《甲骨文合集》爲資料大宗，爲清眉目，《合集》資料不冠《合》，而其他三者皆有標明出處。

【天神信仰分期材料來源表】

對　象	材料來源	數　量
日	賓組：6572、13327、13328	3
	歷組： 32119、32181、33006、34163*2＋34274、合補 10644、屯 890*3、屯 1116、屯 2615*2、懷 1569	13
	出組：22539、23614、25247、40959	4
	無名組：30467、屯 2232、屯 4534	3
		共 23
月	賓組：1540、15175 正	2
		共 2
星 （火、閃）	非王：21110	1
	何組：30319	1
	無名組：30158、27160、英 2366*3（＝41411）	5
		共 7
風	𠂤組：21080	1
	賓組： 1248 反、13372、14226、14225、14295*4、懷 249	9
	歷組： 34137、34150、合補 10605、屯 2161、屯 2772*2	6
	無名組：30260、30393	2
		共 18
雨	歷組：30187、33137、41107、屯 932、屯 2772	5
		共 5
雲	𠂤組：21083	1
	賓組：1051、13399、13400、13401、13402、14227	6
	歷組：33273*2、40866、屯 651、屯 770、屯 1062	6
		共 13
雪	無名組：英 2366*2（＝41411）	2
		共 2
帝臣	賓組：217、14255	2
	歷組：34148、34149、34157、34482、屯 930	5
	無名組：30298、30391*2、	3
		共 10

【地祇信仰分析材料來源表】

對　象	材料來源	數　量
山	自組：20975、20980 反	2
	賓組：96、12860	2
	歷組： 21078、33233 正、33747*2 正、34166、34167、34168 正、34205	8
	無名組： 30173、30453、30454、30456、30457、30413、30463*2、 30393*2、30329、30455、30173	13
		共 25
岳	自組：21109	1
	賓組： 377、385、1824 正、2373*3、4112、5522 正、6097、8843、 9177 正、9560*2、9658 正、9937、10070、10071、10072、10075 正、10076、10077 正、10078 正、10079、10080、10084、10139、 10308、10594、10940、10965、12852*2、12856、13624 正、 13887 正、14207 正、14380、14399 正、14409、14410、14411*2、 14412*3、14413、14414、14415、14416、14417、14418、14420、 14421、14422、14424、14425、14431 正、14433 正、14434、 14435、14436、14437、14438 正、14439、14440、14441、14442、 14443 正、14450 正、14451、14452 正、14453、14474 正、14457、 14458、14459、14460*2、14461 反、14462、14463、14464、 14465、14466、14467、14468 正、14469 反、14470 正、14471 正、14472、14475、14478*2、14539、14658、40098、40417、 40418*2、40419、40416、40420、40426 反、3478、合補 4098、 合補 4101、英 1144、英 1145、英 1146 正、英 1147、英 1151、 英 1152	112
	歷組： 20398*2、32028、32301、32833、33273*2、33274、33281、 33282、33289、33290、33291*2、33292、33293*2、33294、 33295、33296、33297、33298、33299、33300、33331、33332、 34185、34191、34192、34193、34194、34196、34197、34198*3、 34199、34200、34201、34202、34203、34204、34206、34207*2、 34208、34209*2、34210、34211、34213、34214、34215、34126、 34217、34218、34219、34221、34222、34223、34224、34225、 34227、34229、34267、34268、34291（＝屯 324）、34295、41537、 屯 418、屯 651、屯 689、屯 750、屯 914、屯 1038、屯 1118、 屯 1444、屯 1509、屯 2105、屯 2124、屯 2282*2、屯 2305、 屯 2322、屯 2516、屯 2626、屯 2830、屯 2906、屯 3083、屯 3567、屯 3571、屯 4397*2、屯 4513＋屯 4518	94

	無名組： 27465、28255、28256、28257、28258、28281、29655、30298、 30329、30410、30411、30412、30413、30414、30415*2、30417、 30418、30422、30675、屯 622、屯 4032、屯 4412		23
			共 230
水	自組：20612、21099		2
	賓組：10151 正、14361、14362、14363、英 2287		5
	歷組：34165、34465、屯 930		3
	出組：24413		1
	何組：28182		1
	無名組：28180、28243		2
			共 14
河	非王：21947、22346、21951		3
	自組：20278、21112、21114		3
	賓組： 177、326、418 正、658、660、672*4、683、686、805、811 反、892 反、945 正、793、1027 正、1052 正、1076 甲反、1182、 1186、1273、1403、1506 正、1601、1677 正、1713、1773 反、 2381、3458 正、4055 正、4057、5522 正、5658 正、4141*2、 6133、6152、6203、6204 正、6331、6616 正、8724、9627、 9713、9966*2、10007 反、10076、10080、10082、10083、10084、 10085 正、10086、10087、10088、10090、10091、10092、10093、 10094 正、10095、10606 正、12546、12572、12853、12863、 12948、13443 正、14207、14370、14380、14478、14509、14510、 14511、14512、14513、14515、14517、14521、14522、14524、 14525、14527 反、14526 正、14528 正、14530、14531、14533、 14534、14536 正、14537、14538、14540、14541、14542*2、 14543、14544、14545 乙、14549 正、14550、14551、14552、 14553、14554、14555 正、14556、14557、14558 正、14559*2、 14560、14561、14562、14563、14564、14565、14566*2、14567、 14568、14569、14570、14575、14576 乙正、14572 正、14573 反、14574、14577 正、14579、14580、14581、14582、14583、 14584、14585 正、14586 正、14587 正、14588、14589、14590、 14591、14592、14593、14594、14595、14596、14597、14598 反、14601、14603、14606 正、14609、14610、14611、14612、 14613、14621、14622、14757 正、14851、39565、39587、39649、 40111、40112、40401、40403、40410、40411 反、40419、合 補 4 正、合補 2525 正、合補 4079、合補 4087 正、合補 4089 正、合補 4092 正、合補 4097、英 546 正、英 789、英 790、 英 791 正、英 974、英 1156*2、英 1157、英 816、英 1158*2、 英 1159、英 1160 正、英 1180、英 2181、懷 8		197

		歷組： 30409、32001 正、32028*3、32161、32230、32308、32432、33052、33270、33272、33271、33273、33274、33275、33278、33277、33278、33279、33280、33281、33282*2、33283*2、33284*2、33285、33286、33287、33288、33292、33302、33698、33699、33880、34144、34185、34200、34207*3、34221、34225、34235、34236、34237、34238、34239、34240 、34241、34242、34244、34245、34246*5、34247、34248、34249、34250、34251*2、34252、34257、34258、34268、34294、34295、34320、合補 10638、屯 93、屯 342（=34291）、屯 578、屯 732、屯 890、屯 914、屯 916、屯 943*2、屯 1035、屯 1074、屯 1116、屯 1118、屯 1119、屯 1120、屯 1153、屯 2678、屯 2272*2、屯 3041、屯 3567、屯 3680、屯 3841、屯 3898、屯 3940、屯 4397*3、屯 4570、英 2475、英 2448、懷 1572	105
		出組：22594、23675、24967	3
		何組： 26907 正、27174、27877、28262、29532、30401、30428、30436、30439*3、30685、32001 正、32663、合補 10356、屯 626、屯 4422、英 2288、屯 3779、屯 4065	20
		無名組： 28244、28254、28258、28259、28260、28261、28263、28267、30396、30412、30415、30429、30430、30431、30432、30433、30434、30435、30440、30658、30688、31005、41657、41658、合補 9578、屯 244、屯 181、屯 673、屯 2699、懷 1420	30
			共 361
	土	自組：21075、21090、21103*2、21104、21105	6
		賓組： 456 正、779 正、780、1140 正、1506 正、2733、7539、7861、8485、10344 正、11018 正、12855、14305、14306、14392、14393 反、14394、14395 正、14396、14397、14398、14399 正、14403、39503、合補 3478、合補 4119、合補 4120、英 1168	28
		歷組： 21078*2、32012*2、32118、32119、32120（＝屯 961）、32301*2、32538、34088、34120、34183、34185、34186、34187、34188、34190、屯 726、屯 1448、屯 2247、屯 2287、屯 3664、屯 4400	24
		何組：30406	1
			共 59

方	自組：21084、21085、21087、21089	4
	賓組： 418 正、456 反、478 正、1140 正、1581 正、2334、4058、5658 反、11018 正、12855、14199 反、14295*4、14298、14299、14300、14301、14302、14303*2、14304、14307、14308、14310、14313 正、14314、14315*2、14316、14317、14318*2、14319 正、14321、14323、14328 正、14329 正、14330、14332、14334、14370 丙、14395 正*3、14470、14672、14673、15591、15600、16214、40550、合補 3478、合補 4119、英 86 反、英 339、英 1180、英 1227、英 1350 正	60
	歷組： 32112、32161、34144、34145*2、34149、34153*2、34154*2、34156、34159、34715、34991、屯 493、屯 1059、屯 3661、屯 3841、懷 1565、懷 1574*2	21
	無名組： 28244、28638、30171、30173*2、30260、30394、30395	8
		共 93
巫	自組：21074、21075、21076、21115	4
	賓組：5662、40114、40399	3
	歷組： 21078*2、32012、33077、33159、33291、34047、34074、34138、34140、34155、34157、34158、34160	14
		共 21
東母 西母	賓組： 14335、14336、14337 正、14338、14339、14340、14341、14342、14343、14344、14345、14761、合補 4110、合補 4111、合補 4112	15
		共 15

附錄四：岳和河耤年耤禾卜辭
數量統計來源表

對　象	事　項	材料來源	數　量
岳	耤年	賓組： 385、9658、10070、10071、10072、10075 正、10076、10077 正、10079、10080 正、10081、10084、10139、40098、40426 反、	15
	耤禾	歷組： 32028、33274、33281、33282、33289、33290、33291、33292、33293、33296、33295、33298、33299、33300、34194、34195、屯 689、屯 750、屯 1509、屯 2105、屯 2124、屯 2322、屯 2561、屯 2626、屯 3083、屯 3567、屯 3571	27
河	耤年	賓組： 10080、10082、10083、10084、10085 正、10087、10091、10092、10093、10094 正、10095、40107、40108、40109、合補 2525 正、合補 4087 正、英 789、英 790、英 791 正	19
	耤禾	歷組： 32001 正、32028*3、33270、33271、33272、33274、33275、33276、33277、33278、33279、33280、33281、33282*2、33283、33284、33286、33287、33288、屯 93、屯 578、屯 916、屯 943、屯 2667、屯 3041、	28

附錄五：東、西、南、北祭祀數量統計來源表

對　象	材料來源	數　量
東	5658 反、14314、14315 正*2、14316、14317、14317、14319 正、15600、14199、14395、14313 正、英 1227、14296	14
西	14295、1581 正、14315*2、14329 正、14330、英 339、英 1350、12614、14328 正*2、英 86 反	12
南	14323、14395 正、15591、14295	4
北	14332、4395 正、14334	3

參考書目

壹、古籍（按經史子集和時代排列）

一、經部

1. 〔漢〕毛公傳，〔漢〕鄭玄箋，〔唐〕孔穎達正義：《毛詩正義》，臺北：藝文印書館《十三經注疏》本，1955年。

2. 〔漢〕孔安國傳，〔唐〕孔穎達正義：《尚書正義》，臺北：藝文印書館《十三經注疏》本，1955年。

3. 〔漢〕何休注，〔唐〕徐彥疏：《春秋公羊傳注疏》，臺北：藝文印書館《十三經注疏》本，1955年。

4. 〔漢〕許慎撰，〔清〕段玉裁注：《說文解字注》，臺北：黎明文化，1996年。

5. 〔漢〕鄭玄注，〔唐〕孔穎達正義：《禮記正義》，臺北：藝文印書館《十三經注疏》本，1955年。

6. 〔漢〕鄭玄注，〔唐〕賈公彥疏：《周禮注疏》，臺北：藝文印書館《十三經注疏》本，1955年。

7. 〔漢〕鄭玄注，〔唐〕賈公彥疏：《儀禮注疏》，臺北：藝文印書館《十三經注疏》本，1955年。

8. 〔魏〕王弼，〔晉〕韓康伯注，〔唐〕孔穎達正義：《周易正義》，臺北：藝文印書館《十三經注疏》本，1955年。

9. 〔晉〕杜預注，〔唐〕孔穎達正義：《春秋左傳正義》，臺北：藝文印書館《十三經注疏》本，1955年。

10. 〔晉〕范甯集解，〔唐〕楊士勛疏：《春秋穀梁傳注疏》，臺北：藝文印書館《十三經注疏》本，1955 年。

11. 〔晉〕郭璞注，〔宋〕邢昺疏：《爾雅注疏》，臺北：藝文印書館《十三經注疏》本，1955 年。

12. 〔唐〕唐玄宗御注，〔宋〕邢昺疏：《孝經注疏》臺北：藝文印書館《十三經注疏》本，1955 年。

13. 〔漢〕韓嬰撰，許維遹校釋：《韓詩外傳集釋》，北京：中華書局，2005 年。

14. 〔漢〕劉熙：《釋名》，上海：商務印書館，1936 年。

15. 〔明〕胡廣：《禮記大全》，臺北：臺灣商務印書館《景印文淵閣四庫全書》本，1986 年。

16. 〔清〕金鶚：《求古錄禮說》，濟南：山東友誼書社，1992 年。

17. 〔清〕孫星衍：《尚書今古文注疏》，臺北：文津出版社，1987 年。

二、史部

1. 〔漢〕司馬遷撰，〔宋〕裴駰集解，〔唐〕司馬貞索隱，〔唐〕張守節正義：《史記》，臺北：藝文印書館，2005 年。

2. 〔漢〕司馬遷著，瀧川龜太郎注：《史記會注考證》，臺北：萬卷樓圖書股份有限公司，1993 年。

3. 〔三國吳〕韋昭注：《國語》，臺北：藝文印書館，1974 年。

4. 〔晉〕郭璞注，〔清〕郝懿行箋疏：《山海經箋疏》，臺北：臺灣中華書局《四部備要》本，1965 年。

5. 〔唐〕房玄齡：《晉書》（附考證），臺北：臺灣中華書局《四部備要》本，1965 年。

6. 〔元〕脫脫等：《宋史》（附考證），臺北：臺灣中華書局《四部備要》本，1965 年。

7. 〔清〕雷學淇：《竹書紀年義證》，臺北：藝文印書館，1959 年。

8. 〔清〕朱又曾輯，王國維校補：《古本竹書紀年輯校》，瀋陽：遼寧教育出版社，1997 年。

9. 〔清〕朱又曾校釋：《逸周書集訓校釋》，臺北：藝文印書館，1980 年。

三、子部

1. 〔周〕墨翟：《墨子》，臺北：臺灣中華書局《四庫備要》本，1965 年。

2. 〔秦〕呂不韋撰，陳奇猷校釋：《呂氏春秋校釋》，臺北：華正書局，1985 年。

3. 〔漢〕劉安著，〔漢〕高誘注：《淮南子》，臺北：臺灣中華書局《四部

備要》本，1965 年。

4. 〔漢〕班固撰，〔清〕陳立疏證：《白虎通義》，臺北：臺灣商務印書館，1968 年。

5. 〔漢〕王充撰，黃暉校釋：《論衡校釋》，臺北：臺灣商務印書館，1968 年。

6. 〔魏〕王肅注：《孔子家語》，臺北：臺灣中華書局《四部備要》本，1965 年。

7. 〔唐〕李淳風：《觀象玩占》，合肥：黃山書社，2008 年。

8. 〔清〕郭慶藩：《莊子集釋》，臺北：華正書局，1982 年。

9. 〔清〕顧炎武：《原抄本日知錄》，臺北：明倫出版社，1970 年。

四、集部

1. 〔宋〕李昉等：《太平廣記》，臺北：臺灣商務印書館《景印文淵閣四庫全書》本，1986 年。

貳、今人學術專著（按作者筆劃排列）

一、甲骨文工具書（甲骨文圖版和字典）

1. 于省吾主編：《甲骨文字詁林》，北京：中華書局，1996 年。

2. 中國社會科學院考古研究所編著：《小屯南地甲骨》，北京：中華書局，1983 年。

3. 白于藍：《殷墟甲骨刻辭摹釋總集校定》，福州：福建人民出版社，2004 年。

4. 李孝定：《甲骨文字集釋》，臺北：中央研究院歷史語言研究所，1991 年。

5. 李圃主編：《古文字詁林》，上海：上海教育出版社，1999 年。

6. 李學勤、齊文心、艾蘭：《英國所藏甲骨集》，北京：中華書局，1992 年。

7. 李濟總編輯：《殷虛文字乙編》，臺北：中央研究院歷史語言研究所，1953 年。

8. 沈建華、曹錦炎：《甲骨文校釋總集》，上海：上海辭書，2006 年。

9. 沈建華、曹錦炎：《甲骨文字形表》，上海：上海辭書出版社，2008 年。

10. 姚孝遂、蕭丁：《小屯南地甲骨考釋》，北京：中華書局，1985 年。

11. 姚孝遂主編：《殷墟甲骨刻辭摹釋總集》，北京：中華書局，1988 年。

12. 姚孝遂主編：《殷墟甲骨刻辭類纂》，北京：中華書局，1989 年。

13. 胡厚宣主編：《甲骨文合集材料來源表》，北京：中國社會科學出版社，1999 年。

14. 胡厚宣主編：《甲骨文合集釋文》，北京：中國社會科學出版社，1999 年。

15. 孫海波：《甲骨文編》，北京：中華書局，2005 年。

16. 徐中舒：《甲骨文字典》，成都：四川辭書出版社，1988 年。

17. 張秉權：《殷虛文字‧丙編》，臺北：中央研究院歷史語言研究所，1957 年。

18. 許進雄：《懷特氏等收藏甲骨文集》，多倫多，皇家安大略博物館，1979 年。

19. 郭沫若主編：《甲骨文合集》，北京：中華書局，1978～1982 年。

20. 彭邦炯、謝濟、馬季凡編：《甲骨文合集補編》，北京：語文出版社，1999 年。

21. 楊郁彥：《甲骨文合集分組分類總表》，臺北：藝文印書館，2005 年。

22. 劉釗、洪颺、張新俊：《新甲骨文編》，福州：福建人民出版社，2009 年。

二、學術專著

1. 于省吾：《甲骨文字釋林》，臺北：大通書局，1980 年。

2. 于錦綉，楊淑榮主編：《中國各民族原始宗教資料集成‧考古卷》，北京：中國社會科學出版社，1996 年。

3. 中國社會科學院考古研究所：《殷墟的發現與研究》，北京：科學出版社，1994 年。

4. 王平、〔德〕顧彬：《甲骨文與殷商人祭》，鄭州：大象出版社，2007 年。

5. 王玉哲：《中華遠古史》，上海：上海人民出版社，2003 年。

6. 王宇信、楊升南主編：《甲骨學一百年》，北京：社會科學文獻出版社，1999 年。

7. 王宇信：《甲骨學通論》，北京：中國社會科學出版社，1989 年。

8. 王海龍、何勇：《文化人類學歷史引導》，上海：學林出版社，1992 年。

9. 王國維：《觀堂集林附別集》，北京：中華書局，1991 年。

10. 王祥齡：《中國古代崇祖敬天思想》，臺北：臺灣學生書局，1992 年。

11. 王維堤：《神游華胥—中國夢文化》，上海，上海古籍出版社，1993 年。

12. 王曉朝：《宗教學基礎十五講》，北京：北京大學出版社，2003 年。

13. 王蘊智：《殷商甲骨文研究》，北京：科學出版社，2010 年。

14. 朱天順：《中國古代宗教初探》，臺北，谷風出版社，1986 年。

15. 朱存明：《靈感思維和原始文化》，上海：學林出版社，1995 年。

16. 朱歧祥：《甲骨文研究—中國古文字與文化論稿》，臺北：里仁書局，1998 年。

17.朱歧祥：《周原甲骨研究》，臺北，臺灣學生書局，1997 年。

18.朱歧祥：《甲骨文通釋稿》，文史哲出版，1989 年。

19.朱芳圃：《殷周文字釋叢》，臺北：臺灣學生書局，1972 年。

20.朱彥民：《商族的起源、發展與遷徙》，北京：商務印書館，2007 年。

21.朱炳海：《天氣諺語》，北京：農業出版社，1987 年。

22.江林昌：《夏商周文明新探》，杭州：浙江人民出版社，2001 年。

23.牟鍾鑒，張踐：《中國宗教通史》，北京：中國社會科學出版社，2007 年。

24.何新：《諸神的起源 第一卷：華夏上古日神與母神崇拜》，北京：中國民主法制出版社，2008 年。

25.何星亮：《中國自然崇拜》，南京：江蘇人民出版社，2007 年。

26.吳俊德：《殷墟第四期祭祀卜辭研究》，臺北：國立臺灣大學文學院，2005 年。

27.呂大吉：《宗教學通論新編》，北京：中國社會科學出版社，1998 年。

28.呂大吉主編：《宗教學綱要》，北京：高等教育出版社，2003 年。

29.宋兆麟：《巫與民間信仰》，北京：中國華僑出版社，1990 年。

30.宋鎮豪、劉源：《甲骨學殷商史研究》，福州：福建人民出版社，2006 年。

31.宋鎮豪：《中國風俗通史 夏商卷》，上海：上海文藝出版社，2001 年。

32.宋鎮豪：《夏商社會生活史》，北京：中國社會科學出版社，1994 年。

33.李亦園：《宗教與神話》，桂林：廣西師範大學出版社，2004 年。

34.李旼姈：《甲骨文例研究》，臺北：古籍出版社，2003 年。

35.李學勤、彭裕商：《殷墟甲骨分期研究》，上海：上海古籍出版社，1996 年。

36.李學勤主編：《中國古代文明與國家形成研究》，臺北：知書房出版社，2004 年。

37.李濟著，貫士衡譯：《安陽》，臺北：國立編譯館，1995 年。

38.孟世凱：《商史與商代文明》，上海：上海科學技術文獻出版社，2007 年。

39.林惠祥：《文化人類學》，臺北：臺灣商務印書館，1966 年。

40.竺可楨：《竺可楨全集》，上海：上海科學教育出版，2004 年。

41.金澤：《宗教人類學導論》，北京：宗教文化出版社，2001 年。

42.姚孝遂：《姚孝遂古文字論集》，北京：中華書局，2010 年。

43.洪岳彬：《殷墟青銅禮器研究》，北京：中國社會科學出版社，2006 年。

44.胡厚宣、胡振宇：《殷商史》，上海：上海人民出社版，2003 年。

45.胡厚宣：《甲骨學商史論叢初集（外一種）》，石家庄：河北教育出版社，

2002 年。

46.孫海波：《甲骨文錄》，出版地不詳：河南通志館，1937 年。

47.孫淼：《夏商史稿》，北京：文物出版社，1987 年。

48.孫詒讓：《契文舉例》，濟南：齊魯書社，1993 年。

49.張公瑾：《傣族文化》，長春，吉林教育出版社，1986 年。

50.常玉芝：《商代周祭制度（增定本）》，北京：線裝書局，2009 年。

51.張玉金：《甲骨文語法學》，上海：學林出版社，2001 年。

52.張光直：《中國青銅時代》，臺北：聯經出版公司，1994 年。

53.張志剛：《宗教學是什麼》，北京：北京大學出版社，2002 年。

54.張秉權：《甲骨文與甲骨學》，臺北：國立編譯館，1988 年。

55.張渭蓮：《商文明的形成》，北京：文物出版社，2008 年。

56.張榮明：《殷周政治與宗教》，臺北：五南圖書出版，1997 年。

57.莊威鳳主編：《中國古代天象紀錄的研究和運用》，北京：社會科學出版社，2009 年。

58.許進雄：《中國古代社會－文字與人類學的透視》，北京：中國人民大學出版社，2008 年。

59.陳來：《古代宗教與倫理》，北京：生活‧讀書‧新知三聯書店，1996 年。

60.陳劍：《甲骨金文考釋論集》，北京：線裝書局，2007 年。

61.郭旭東主編：《殷商文明論集》，北京：中國社會科學出版社，2008 年。

62.郭沫若：《十批判書》，出版地不詳：羣益出版社，1946 年。

63.郭沫若：《郭沫若全集‧考古篇》：北京：科學出版社，2002 年。

64.郭沫若：《郭沫若全集‧歷史篇》第一卷，北京：科學出版社，2002 年。

65.陰法魯，許樹安主編：《中國古代文化史》，北京：北京大學出版社，1991 年。

66.郭淑雲：《原始活態文化——薩滿教透視》，上海：上海人民出版社，2001 年。

67.陳煒湛：《甲骨文簡論》，上海：上海古籍出版社，1987 年。

68.陳夢家：《殷墟卜辭綜述》，北京：中華書局，1988 年。

69.傅佩榮：《儒道天論發微》，臺北：臺灣學生書局，1985 年。

70.勞思光：《新編中國哲學史》，臺北：三民書局，1984 年。

71.勞榦：《古代中國的歷史和文化》，臺北：聯經出版公司，2006 年。

72.彭裕商：《殷墟甲骨斷代》，北京：中國社會科學出版社，1994 年。

73.馮時：《中國古代的天文與人文》，北京：中國社會科學出版社，2006 年。

74. 馮時：《古文字與古史新論》，臺北：臺灣書局，2007 年。

75. 黃天樹：《殷墟王卜辭的分類與斷代》，臺北：文津出版社，1991 年。

76. 黃天樹：《黃天樹古文字論集》，北京，學苑出版社，2006 年。

77. 楊升南：《甲骨文商史叢考》，北京：線裝書局，2007 年。

78. 楊希枚：《先秦文化史論集》，北京：中國社會科學出版社，1995 年。

79. 楊寶成：《殷墟文化研究》，臺北：臺灣古籍出版社，2004 年。

80. 溫少峰、袁庭棟：《殷墟卜辭研究——科學技術篇》，成都，四川省社會科學院，1983 年。

81. 董作賓：《甲骨文斷代研究例》，臺北，中央研究院歷史語言研究所，1965 年。

82. 董作賓：《董作賓先生全集》，臺北：藝文印書館，1977 年。

83. 董芳苑：《原始宗教》，臺北：久大文化出版，1991 年。

84. 裘錫圭：《古文字學論集》北京：中華書局，1992 年。

85. 詹鄞鑫：《神靈與祭祀》，南京：江蘇古籍出版社，2000 年。

86. 詹鄞鑫：《華夏考——詹鄞鑫文字訓詁論集》，北京：中華書局，2006 年。

87. 鄒衡：《夏商周考古論文集》，北京：文物出版社，1980 年。

88. 雷漢卿：《《說文》示部字與神靈祭祀考》，成都，巴蜀書社，2000 年。

89. 蒲慕州：《追尋一己之福：中國古代的信仰世界》，上海：上海古籍出版社，2007 年。

90. 趙誠：《甲骨文字學綱要－卜辭分類讀本》，北京：商務印書館，1993 年。

91. 趙誠：《甲骨文與商代文化》，瀋陽：遼寧人民出版社，2000 年。

92. 劉源：《商周祭祖禮研究》，北京：商務印書館，2004 年。

93. 劉文英：《中國古代的時空觀念（修訂本）》，天津：南開大學出版社，2000 年。

94. 鄭志明：《傳統宗教的文化詮釋：天地人鬼神五位一體》，臺北：文津出版，2009 年。

95. 鄭若葵：《中國遠古暨三代習俗史》，北京：人民出版社，1994 年。

96. 鄭繼娥：《甲骨文祭祀卜辭研究》，成都：巴蜀書社，2007 年。

97. 蕭兵、葉舒憲：《老子的文化解讀：性與神話學之研究》，武漢：湖北人民出版社，1994 年。

98. 諶中和：《夏商時代的社會與文化》，蘭州：甘肅人民出版社，2006 年。

99. 魏慈德：《中國古代風神崇拜》，臺北：臺灣古籍出版有限公司，2002 年。

100. 嚴一萍：《〈伯根氏舊藏甲骨文字〉考釋》，臺北：藝文印書館，1991 年。

101. 嚴一萍：《殷商史記》全三冊，臺北：藝文印書館，1989 年。

參、單篇論文（按作者筆劃排列）

1. 卜工：〈磁山祭祀遺址及相關問題〉，《文物》1987 年第 11 期，頁 43～47。

2. 王暉：〈殷人火祭說〉，收入《甲骨文獻集成》第 30 冊，頁 397～403。

3. 王光鎬：〈甲文「楚」字辨——兼論正、足不同源〉，《江漢考古》1984 年第 2 期，頁 52～63。

4. 王振鐸：〈司南指南針與羅盤經——中國古代有關靜磁學知識之發現與發明（上）〉，《考古學報》第 3 冊（1948 年），頁 119～259。

5. 甘露：〈甲骨文方位詞研究〉，《殷都學刊》1999 年第 4 期，頁 1～6。

6. 匡瑜，張國碩：〈鹿臺崗遺址自然崇拜遺跡的初步研究〉，《華夏考古》1994 年第 3 期，頁 68～71。

7. 朱鳳瀚：〈商周時期的天神崇拜〉，《中國社會科學》1993 年第 4 期，頁 191～211。

8. 朱鳳瀚：〈論彫祭〉，《古文字研究》第 24 輯（2002 年），頁 87～94。

9. 江林昌：〈甲骨文四方風與古代宇宙觀〉，《殷都學刊》1997 第 3 期，頁 21～25。

10. 何樹環：〈釋「五丰臣」〉，《第十三屆全國暨海峽兩岸中國文字學學術研討會論文集》，臺北：萬卷樓圖書股份有限公司，2002 年，頁 189～196。

11. 宋鎮豪：〈商代的疾患醫療與衛生保健〉，《歷史研究》2004 年第 2 期，頁 3～26。

12. 李零：〈楚帛書與「式圖」〉，《江漢考古》1991 年第 1 期，頁 59～62。

13. 李濟：〈殷墟出土青銅禮器之總檢討〉，收入張光直、李光謨編：《李濟考古學文選集》，北京：文物出版社，1990 年，頁 720～764。

14. 李宗焜：〈卜辭所見一日內時稱考〉，《中國文字》新 18 期（1994 年），頁 173～208。

15. 李宗焜：〈從甲骨文看商代的疾病與醫療〉，《中央研究院歷史語言所集刊》第 72 本第 2 分（2001 年），頁 339～391。

16. 李洪甫：〈連雲港將軍崖岩畫遺跡調查〉，《文物》1981 年第 7 期，頁 21～24。

17. 李洪甫：〈將軍崖岩畫遺跡的初步探索〉，《文物》1981 年第 7 期，頁 25～27。

18. 李學勤、彭裕商：〈殷墟甲骨分期新論〉，《中原文物》1990 年第 3 期，頁 37～44。

19. 李學勤：〈評陳夢家卜辭綜述〉，《考古學報》1957 年 3 期，119～130。

20. 李學勤：〈論「婦好」墓的年代及有關問題〉，《文物》1977 年第 11 期，頁 32～37。

21. 李學勤：〈論殷墟卜辭的「星」〉，《鄭州大學學報（哲學社會科學版）》1981年第 4 期，頁 89～90。

22. 李學勤：〈小屯南地甲骨與甲骨分期〉，《文物》1981 年第 5 期，頁 27～33。

23. 李學勤：〈殷墟甲骨分期的兩系說〉，《古文字研究》第 18 輯（1992 年），頁 26～30。

24. 李學勤：〈癸酉日食說〉，《中國文化研究》第 21 期（1998 年），頁 25～29。

25. 李學勤：〈續說「鳥星」〉，收入《夏商周年代學札記》，瀋陽：遼寧大學出版社，1999 年），頁 62～66。

26. 李學勤：〈甲骨文同辭同字異構例〉，《江漢考古》2000 年第 1 期，頁 30～31。

27. 李學勤：〈論卜辭的新星〉，《北京師範大學學報（社會科學版）》2000 年第 2 期，頁 14～17。

28. 李錦山：〈農業文明與史前宗教禮儀性建築〉，《農業考古》1998 年第 3 期，頁 193～208。

29. 沈建華：〈論亡囚、亡壱、亡尤、亡災、亡戈、亡𢀈的辭義異同〉，《中國語文研究》第五期（1983 年），頁 23～27。

30. 沈建華：〈甲骨文中所見廿八宿星名初探〉，《中國文化》第十期（1994 年），頁 77～87。

31. 沈建華：〈由卜辭看古代社祭之範圍及起源〉，《出土文獻研究》第 5 集（1999 年），頁 73～78。

32. 周偉：〈商代後期殷墟氣候探索〉，《中國歷史地理論叢》1999 年第 1 期，頁 185～196。

33. 周鳳五：〈說巫〉，《臺大中文學報》第 3 期（1989 年），頁 269～291。

34. 孟蓬生：〈釋案〉，《古文字研究》25 輯（2004 年），頁 267～272。

35. 季旭昇：〈《雨無正》解題〉，《古籍整理研究學刊》2002 年第 3 期，頁 8～15。

36. 林澐：〈無名組卜辭父丁稱謂的研究〉，《古文字研究》第 13 輯（1986 年），頁 25～39。

37. 林小安：〈武乙文丁卜辭補證〉，《古文字研究》第 13 輯（1986 年），頁 40～55。

38. 林小安：〈再論「歷組卜辭」的年代〉，《故宮博物院院刊》2000 年第 1 期，頁 8～17。

39. 林宏明：〈從一條新綴的卜辭看歷組卜辭的年代〉，《古文字研究》第 25 輯（2004 年），頁 86～90。

40. 林志強：〈論卜辭河岳之神格〉，《福建師範大學學報（哲學社會科學版）》1994 年第 2 期，頁 54～60。

41. 林志強：〈卜辭所見河岳神之地位〉，《福建師範大學學報（哲學社會科學版）》1996 年第 2 期，頁 57～60。

42. 胡厚宣：〈釋殷代求年于四方和四方風名的祭祀〉，《復旦學報（人文科學）》1956 年第 1 期，頁 49～86。

43. 胡厚宣：〈殷卜辭中的上帝和王帝（上）〉，《歷史研究》1959 年第 9 期，頁 23～50。

44. 胡厚宣：〈殷卜辭中的上帝和王帝（下）〉，《歷史研究》1959 年第 10 期，頁 89～110。

45. 唐蘭：〈中國有六千多年的文明史——論大汶口文化是少昊文化〉，《大公報在港復刊三十周年紀念文集》，上冊，香港，香港大公報，1978 年，頁 23～58。

46. 唐曉峰：〈卜辭「岳」之地望〉，《九州》第 3 輯（北京：商務印書館，2003 年），頁 83～91。

47. 徐義華：〈商代的天命思想〉，《古文字研究》第 27 輯（2008 年），頁 34～38。

48. 晁福林：〈論殷代神權〉，《中國社會科學》1990 年第 1 期，頁 99～112。

49. 高明：〈從甲骨文中所見王與帝的實質看商代社會〉，《古文字研究》第 16 輯（1989 年），頁 21～28。

50. 常正光：〈殷人祭「出入日」文化對後世的影響〉，《中原文物》1990 年第 3 期，頁 68～73。

51. 張玉金：〈卜辭「我其巳㱿乍帝降若」再解〉，《中國文字研究》第 1 輯（1999 年），頁 172～179。

52. 張玉金：〈論甲骨金文中的「賓」字及相關問題〉，《古漢語研究》1999 年第 2 期，頁 5～11。

53. 張玉金：〈論殷代的禦祭〉，《中國文字》新 29 期（2003 年），頁 53～73。

54. 張玉金：〈論殷商時代的祰祭〉，《中國文字》新 30 期（2005 年），頁 1～30。

55. 張秉權：〈祭祀卜辭中的犧牲〉，《中央研究院歷史語言研究所集刊》第 38 本（1968 年），頁 181～232。

56. 張秉權：〈殷代的農業與氣象〉，《中央研究院歷史語言研究所集刊》第 42 本 2 分（1970 年），頁 267～336。

57. 張秉權：〈殷代的祭祀與巫術〉，《中央研究院歷史語言研究所集刊》第 49 本 3 分（1978 年），頁 445～486。

58. 曾昭旭：〈骨肉相親，志業相承－孝道觀念的發展〉，黃俊傑主編：《天道與人道》，臺北：聯經出版公司，1993 年），頁 211～241。

59. 連紹名：〈商代祭祀活動中的壇位〉，《古文字研究》第 22 輯（2000 年），頁 13～21。

60. 連紹名：〈說殷卜辭中的虹——殷商社會觀念之一例〉，《殷都學刊》2006 年第 1 期，頁 1～4。

61. 郭大順、張克舉：〈遼寧省喀左縣東山嘴紅山文化建築群址發掘簡報〉，《文物》1984 年 11 期，頁 1～11。

62. 陳文華：〈新石器時代的農事崇拜、祭祀和宗教萌芽〉，《農業考古》2003 年第 1 期，頁 105～117。

63. 陳佩芬：〈繁卣、趞鼎及梁其鐘銘文詮釋〉，《上海博物館集刊》總第 2 期（1982 年），頁 15～25。

64. 郭振祿：〈小屯南地甲骨綜論〉，《考古學報》1997 年第 1 期，頁 23～56。

65. 陳煒湛：〈「歷組卜辭」的討論與甲骨文斷代研究〉，《出土文獻研究》（1985 年），頁 1～21。

66. 陳夢家：〈古文字中之商周祭祀〉，《燕京學報》第十九期（1936 年），頁 91～151。

67. 彭明瀚：〈卜辭取祭考〉，《殷都學刊》1995 年第 2 期，頁 9～10。

68. 彭裕商：〈卜辭中的「土」、「河」、「岳」〉，《四川大學學報叢刊》第十輯（1982 年），頁 194～228。

69. 焦志勤：〈卜辭燎祭的演變〉，《殷都學刊》2001 年第 1 期，頁 27～29。

70. 馮時：〈殷代農季與殷曆曆年〉，《中國農史》1993 年第 1 期，頁 72～83。

71. 馮時：〈殷卜辭四方風研究〉，《考古學報》1994 年第 2 期，頁 131～153。

72. 黃天樹：〈歷組卜辭時代補論〉，《文博》1992 年第 3 期，頁 9～15。

73. 楊升南：〈殷墟甲骨文中的「河」〉，《殷墟博物苑苑刊》創刊號（1989 年），頁 54～63。

74. 葉文憲：〈商人的方土觀及其演變〉，《殷都學刊》1988 年第 4 期，頁 8～14。

75. 董作賓：〈卜辭中所見之殷曆〉，《安陽發掘報告》第 3 期（1931 年），頁 481～522。

76. 董作賓：〈殷代禮制的新舊兩派〉，《大陸雜誌》，第 6 卷第 3 期（1950 年），頁 69～74。

77. 葛毅卿：〈釋滴〉，《中央研究院歷史語言研究所集刊》第 7 本第 4 分（1939
年），頁 545～546。

78. 裘錫圭：〈論「歷組卜辭」的時代〉，《古文字研究》第 6 輯（1981 年），
頁 263～321。

79. 裘錫圭：〈關於商代的宗族組織與貴族和平民兩個階段的初步研究〉，《文
史》第 17 輯（1982 年），頁 1～26。

80. 雷紫翰：〈殷代神靈信仰的動因與實質述論──寫在甲骨文發現一百周年之
際〉，《蘭州大學學報》2001 年第 1 期，頁 8～14。

81. 趙林：〈商代宗教信仰的對象及其崇拜對象〉，《國立政治大學學報》第 72
期（1996 年），頁 1～20。

82. 趙誠：〈甲骨文虛詞探索〉，《古文字研究》第 15 輯（1986 年），頁 277～
302。

83. 劉桓：〈殷墟卜辭「大賓」之祭及「乍邑」、「宅邑」問題〉，《中國史研究》
2005 年第 1 期，頁 3～10。

84. 劉釗：〈卜辭所見殷代的軍事活動〉，《古文字研究》第 16 輯（1989 年），
頁 67～140。

85. 劉釗：〈卜辭「雨不正」考釋──兼《雨無正》篇題新證〉，《殷都學刊》
2001 年第 4 期，頁 1～3。

86. 劉復：《帝與天》，《北京大學研究所國門學月刊》第一卷第三號（1926 年），
頁 310～315。

87. 劉源：〈論商代后期祭祖儀式類型〉，《歷史研究》2002 年第 6 期，頁 80
～94。

88. 鄭州市博物館：〈鄭州大河村遺址發掘報告〉，《考古學報》1979 年第 3 期，
頁 301～376。

89. 蕭良瓊：〈卜辭中的「立中」與商代的圭表測影〉，原載《科技史文集》
第 10 輯（1983 年），收入《甲骨文獻集成》第 32 冊，頁 377～382。

90. 蕭楠：〈安陽小屯南地發現的𠂤組卜甲──兼論「𠂤組卜辭的時代及其相關
問題」〉，《考古》1976 年第 4 期，234～241。

91. 蕭楠：〈論武乙文丁卜辭〉，《古文字研究》第 3 輯（1980 年），頁 43～79。

92. 賴昭吟：〈說卜辭中的「万」〉，《研究與動態》第 15 期（2007 年），頁 99
～114。

93. 遼寧省文物考古研究所：〈遼寧省牛河梁洪紅山文化「女神廟」與積石冢
群發掘簡報〉，《文物》1986 年第 8 期，頁 1～17。

94. 鍾柏生：〈說「異」兼釋與「異」並見諸詞〉，《中央研究院歷史語言研究
所集刊》第五十六本第三分（1985 年），頁 545～563。

95. 羅琨：〈卜辭中的「河」及其在祀典中的地位〉，《古文字研究》第 22 輯（2000 年），頁 6～12。

96. 羅琨：〈甲骨文「閃」字探析——兼說卜辭中的「鶉火」〉，《古文字研究》第 25 輯（2004 年），頁 5～10。

97. 饒宗頤：〈殷卜辭所見星象與參商、龍虎、二十八宿諸問題〉，《甲骨文獻集成》第 32 冊，頁 543～546。

肆、會議論文（按作者筆劃排列）

1. 朱鳳瀚：〈商人諸神之權能與其類型〉，《盡心集：張政烺先生八十慶壽論文集》，北京：中國社會科學出版社，1996 年，頁 57～79。

2. 李先登：〈考古地層學和歷組卜辭斷代〉，《紀念殷墟甲骨文發現一百周年國際學術研討會》，北京：社會科學文獻出版社，2003 年，頁 332～334。

3. 宋國定：〈商代中期祭祀禮儀考——從鄭州小雙橋遺址的祭祀儀存談起〉，《2004 年安陽殷商文明國際學術研討會論文集》，北京：社會科學文獻出版社，2004 年，頁 416～421。

4. 汪濤：〈關於殷代雨祭的幾個問題〉，《華夏文明與傳世藏書－中國國際漢學研討會論文集》，北京：中國社會科學出版社，1996 年，頁 333～359。

5. 周國正：〈卜辭兩種祭祀動詞的語法特徵及其有關句子的語法分析〉，《古文字學論集‧初編》，香港：香港中文大學中國文化研究所，1983 年，頁 229～307。

6. 馬如森：〈酒、酙辨〉，《紀念殷墟甲骨文發現一百周年國際學術研討會論文集》，北京：社會科學文獻出版社，2003 年，頁 209～221。

7. 高江濤：〈殷人四方尊位探討〉，《2004 年安陽殷商文明國際學術研討會論文集》，頁 327～333。

8. 常玉芝：〈「帝五臣」、「帝五丰臣」、「帝五丰」的所指〉，《紀念王懿榮發現甲骨文 110 周年國際學術研討會論文集》（2009 年中國福山），北京：社會科學出版社，2009 年，頁 365～378。

9. 張玉金：〈殷墟甲骨文「正」字考釋〉，《2004 年安陽殷商文明國際學術研討會論文集》，頁 11～16。

10. 黃天樹：〈說殷墟甲骨文中的方位詞〉，《2004 年安陽殷商文明國際學術研討會論文集》，頁 118～126。

11. 裘錫圭：〈關於殷墟卜辭的「瞽」〉，《2004 年安陽殷商文明國際學術研討會論文集》，頁 1～5。

12. 謝濟：〈上帝崇拜在商代宗教信仰中的地位〉，《紀念殷墟甲骨文發現一百周年國際學術研討會論文集》，頁 468～484。

13. 羅琨：〈殷墟卜辭中的火──兼說去火〉，《紀念殷墟甲骨文發現一百周年
國際學術研討會論文集》，頁 155～164。

伍、學位論文（按作者筆劃排列）

1. 李立新：《甲骨文所見祭名研究》，北京：中國社會科學院研究生院中國
古代史專業博士學位論文，2003 年。

2. 孫叡徹：《從甲骨卜辭來研討殷商的祭祀》，臺北：臺灣大學中文研究所
碩士班，1980 年。

3. 張宇衛：《甲骨文武丁時期王卜辭與非王卜辭之祭祀研究》，臺南：成功
大學中國文學研究所碩士論文，2007 年。

4. 陳佩君：《甲骨文「又」字句研究》，臺中：靜宜大學中國文學研究所碩
士論文，2005 年。

5. 黃淑雲：《甲骨文中所見之天神資料研究》，臺南：成功大學歷史語言研
究所，1991 年。

陸、國外學者論著（按國名、作者筆劃排列）

1. 〔日〕白川靜著，溫天河、蔡哲茂譯：《甲骨文的世界──古殷王朝的締
構》，臺北：巨留圖書公司，1977 年。

2. 〔日〕伊藤道治著，江藍生譯：《中國古代王朝的形成──以出土資料爲
主的殷周史研究》，北京：中華書局，2002 年。

3. 〔日〕島邦男：《殷墟卜辭研究》，臺北：鼎文書局，1958 年。

4. 〔日〕斎木哲郎，馬志冰譯：《〈方帝考〉補》，《殷都學刊》1990 年第 4
期，頁 13～19。

5. 〔日〕高島謙一：〈商代語言中帶「乍」（作）字的使役結構〉，《漢語上
古音構擬國際學術研討會》（2005 年 12 月）。

6. 〔法〕路先・列維～布留爾著，丁由譯：《原始思維》，臺北：臺灣商務
印書館，2001 年。

7. 〔波蘭〕馬凌諾斯基著，朱岑樓譯：《巫術、科學與宗教》，臺北：協志
工業叢書出版，1989 年。

8. 〔美〕杜普瑞著，傅佩榮譯：《人的宗教向度》，臺北：幼獅文化出版，
1988 年。

9. 〔美〕班大爲著，徐鳳先譯：《中國上古史實揭密：天文考古學研究》，
上海：上海古籍出版社，2008 年。

10. 〔英〕艾蘭著，劉學順譯：〈「帝」的甲骨字形〉，《湖南大學學報（社會
科學版）》2007 年第 5 期，頁 5～11。

11. 〔英〕柴爾德著，周進凱譯：《遠古文化史》，北京：中華書局，1956 年。

12. 〔英〕愛德華‧泰勒著，連樹聲譯：《原始文化》，桂林：廣西師範大學出版社，2005 年。

13. 〔英〕詹‧喬‧弗雷澤著，徐育新，汪培基，張澤石譯：《金枝：巫術與宗教之研究》全兩冊，北京：中國民間文藝出版社，1987 年。

14. 〔瑞士〕弗力茨‧施托而茨著，根塞‧馬庫斯譯：《宗教學概論》，臺北：國立編譯館，2001 年。

15. 〔義〕安東尼奧‧阿馬薩里著，劉儒庭、王天清、齊明譯：《中國古代文明——從商朝甲骨刻辭看中國史前史》，北京：社會科學文獻出版社，1997 年。

16. 〔德〕費爾巴哈著，王太慶譯：《宗教的本質》，北京：人民出版社，1999 年。

17. 〔羅馬尼亞〕米洽爾‧伊利亞德著，楊素娥譯：《聖與俗：宗教的本質》，臺北：桂冠圖書出版，2000 年。

18. 〔羅馬尼亞〕米洽爾‧伊利亞德著，晏可佳，姚蓓琴譯：《神聖的存在：比較宗教的範型》，桂林：廣西師範大學出版社，2008 年。

柒、網路電子資源

1. 中央研究院歷史語言研究所甲骨文拓片：

   http://ndweb.iis.sinica.edu.tw/rub_public/System/Bone/home2.htm

2. 成功大學甲骨文全文影像資料庫：

   http://ttssearch.lib.ncku.edu.tw/ttscgi/ttsweb1.exe?@1;12106;1;shell@@0.3071484208138334

3. 漢達文庫：http://www.chant.org/

4. 林宏明：〈甲骨新綴第卅二～卅四例〉，中國社會科學院歷史研究所先秦史研究室網站。收稿日期 2009 年 10 月 21 日。

5. 方稚松：〈談談甲骨金文中的「肇」字〉，復旦大學出土文獻與古文字研究中心，發佈時間：2008 年 1 月 17 日。

6. 《趙燕晚報》〈石家庄首次發現大規模先商遺址〉2010 年 5 月 11 日。

   http://www.he.xinhuanet.com/zfwq/wenwu/2010-05/11/content_19743338.htm